AF752888

Entwicklung und Kontinuität des namibischen Rechtssystems von der deutschen Kolonialzeit bis zur Unabhängigkeit Namibias am Beispiel des Bergrechts

Martin Cai Hermann Lockert

Entwicklung und Kontinuität des namibischen Rechtssystems von der deutschen Kolonialzeit bis zur Unabhängigkeit Namibias am Beispiel des Bergrechts

PL ACADEMIC RESEARCH

Bibliografische Information der Deutschen Nationalbibliothek
Die Deutsche Nationalbibliothek verzeichnet diese Publikation in der Deutschen Nationalbibliografie; detaillierte bibliografische Daten sind im Internet über http://dnb.d-nb.de abrufbar.

Zugl.: Münster (Westfalen), Univ., Diss., 2013

D 6
ISBN 978-3-631-64852-0 (Print)
E-ISBN 978-3-653-03841-5 (E-Book)
DOI 10.3726/978-3-653-03841-5

© Peter Lang GmbH
Internationaler Verlag der Wissenschaften
Frankfurt am Main 2013
Alle Rechte vorbehalten.
PL Academic Research ist ein Imprint der Peter Lang GmbH.

Peter Lang – Frankfurt am Main · Bern · Bruxelles · New York · Oxford · Warszawa · Wien

Das Werk einschließlich aller seiner Teile ist urheberrechtlich geschützt. Jede Verwertung außerhalb der engen Grenzen des Urheberrechtsgesetzes ist ohne Zustimmung des Verlages unzulässig und strafbar. Das gilt insbesondere für Vervielfältigungen, Übersetzungen, Mikroverfilmungen und die Einspeicherung und Verarbeitung in elektronischen Systemen.

www.peterlang.com

Meinen Eltern

Vorwort

Die vorliegende Arbeit wurde im Sommersemester 2013 von der Rechtswissenschaftlichen Fakultät der Westfälischen Wilhelms-Universität Münster als Dissertation angenommen.

Mein besonderer Dank gilt Herrn Professor Dr. Thomas Lundmark für die Betreuung der Dissertation und die Erstellung des Erstgutachtens. Während meiner spannenden und lehrreichen Zeit als Wissenschaftliche Hilfskraft an der Professur für Common Law und vergleichende Rechtstheorie in Münster hat er das Entstehen der Arbeit stets durch vielfältige Ratschläge und Hinweise gefördert und mir zudem durch eine Freistellung einen mehrmonatigen Forschungsaufenthalt in Namibia ermöglicht. Herrn Professor Dr. Wolfram Timm danke ich für die zügige Erstellung des Zweitgutachtens.

Zutiefst verbunden bin ich als meinem Freund und Ausbilder Herrn Rechtsanwalt Wolf Wohlers aus Windhoek, der mich während meiner Referendarzeit in das namibische Recht eingeführt und die Erstellung dieser Arbeit zunächst angeregt und sodann interessiert begleitet hat. Er und seine Familie haben mich bei meinen Aufenthalten in Namibia stets selbstlos unterstützt.

Unverzichtbar für das Gelingen dieser Arbeit war der Zugang zu der wohlsortierten Bibliothek und dem umfangreichen Archiv der Rechtsanwaltskanzlei Lorentz Angula Inc. in Windhoek, deren Partnern und Mitarbeitern ich meinen herzlichen Dank ausspreche. Ebenso danke ich den Mitarbeitern der Sam Cohen-Bibliothek der Wissenschaftlichen Gesellschaft Swakopmund.

Stellvertretend für die Freunde, die mir während der Zeit des Promotionsstudiums uneigennützig geholfen haben, möchte ich Frau Dr. Katharina C. Kähler und Herrn Rechtsanwalt Dr. Stefan Schmidt nennen. Ihnen allen gilt mein Dank.

Von Herzen dankbar bin ich meinen lieben Eltern, die mir meine Ausbildung und die Anfertigung dieser Arbeit durch ihre fortwährende und großzügige Unterstützung ermöglicht und mir dabei mit Ratschlägen und wohlmeinender Kritik stets zur Seite gestanden haben. Ihnen widme ich diese Arbeit.

Buxtehude, im September 2013

Gliederung

Inhaltsverzeichnis

Literaturverzeichnis

Abendroth, Wolfgang (1936): Die völkerrechtliche Stellung der B- und C-Mandate. Breslau: M. & H. Marcus Verlag (Abhandlungen aus dem Staats- und Verwaltungsrecht mit Einschluß des Völkerrechts, Bd. 54).

Amoo, Sam (2008): An Introduction to Namibian Law. Materials and Cases. Windhoek: Macmillan Education Namibia Publishers.

Ansprenger, Franz (1984): Die SWAPO. Profil einer afrikanischen Freiheitsbewegung. Mainz, München: Matthias-Grünewald-Verlag, Chr. Kaiser Verlag (Entwicklung und Frieden, Bd. 33).

Arndt, Adolf (1916): Zur Geschichte und Theorie des Bergregals und der Bergbaufreiheit. Ein Beitrag zur Wirtschaftsgeschichte. Freiburg im Breisgau: J. Bielefelds Verlag.

Auswärtiges Amt (2010): Länderinformation Namibia – Wirtschaft. Hg. v. Auswärtiges Amt. Online verfügbar unter http://www.auswaertiges-amt.de/DE/Aussenpolitik/Laender/Laenderinfos/Namibia/Wirtschaft_node.html, zuletzt aktualisiert im März 2010, zuletzt geprüft am 11.05.2012.

Bauerfeld, Erich (1917): Verordnungsgewalt in den deutschen Schutzgebieten. Leipzig: Robert Noske Druck.

Bertelsmann, Werner (1968): Current Legal Developments in South Africa. In: The Comparative and International Law Journal of Southern Africa, S. 156–157.

Bertelsmann, Werner (1969): Current Legal Developments in South West Africa. In: The Comparative and International Law Journal of Southern Africa, S. 337–338.

Bertelsmann, Werner (1979): Die deutsche Sprachgruppe Südwestafrikas in Politik und Recht seit 1915. Windhoek: John Meinert (Pty) Ltd.

Bilger, Harald (1976): Südafrika in Geschichte und Gegenwart. Konstanz: Druckerei und Verlagsanstalt Konstanz.

Blumhagen, Hugo (1934): Südwestafrika einst und jetzt. Berlin: Verlag von Dietrich Reimer / Ernst Vohsen.

Böckmann, Kurt von (1912): Die Geltung der Reichsverfassung in den deutschen Kolonien. Karlsruhe: G. Braunsche Hofbuchdruckerei und Verlag (Freiburger Abhandlungen aus dem Gebiete des öffentlichen Rechts, Bd. 20).

Boer, Jan de (1978): De Winning van Delftstoffen in het Romeinse Recht, de Middel Eeuwse Juridische Literatuur en het Franse Recht tot 1810. Leiden: Rijksuniversiteit te Leiden.

Bösl, Anton;
Horn, Nico (Hg.) (2008): Independence of the Judiciary in Namibia. Konrad-Adenauer Stiftung. Windhoek: Macmillan Education Namibia Publishers.

Brassert, Hermann (1899): Bergwesen in Deutsch-Südwestafrika. In: Zeitschrift für Bergrecht Bd. 40, S. 263–266.

Brenke, Gabriele (1989): Die Bundesrepublik Deutschland und der Namibia-Konflikt. Dissertation. München: Oldenbourg Verlag.

Brüggemann, Bernd (1992): Probleme der Staatensukzession – Erläutert am Beispiel der Unabhängigkeit Namibias. Dissertation. Münster.

Cawood, F.T., Minnitt R.C.A (1998): A historical perspective on the economics of the ownership of mineral rights. In: The Journal of The Southern African Institute of Mining and Metallurgy 1998, S. 369–376.

Chamber of Mines of Namibia (2011): Annual Review 2010. Hg. v. Chamber of Mines of Namibia. Windhoek. Online verfügbar unter http://www.chamberofmines.org.na/uploads/media/Chamber_of_Mines_Annual_Review_2010.pdf, zuletzt aktualisiert im März 2011, zuletzt geprüft am 11.05.2012.

Drechsler, Horst (1996): Südwestafrika unter deutscher Kolonialherrschaft. Die großen Land- und Minengesellschaften (1885-1914). 2 Bände. Stuttgart, Berlin, Köln, Mainz: Franz Steiner Verlag (Beiträge zur Kolonial- und Überseegeschichte, Bd. 63).

Du Pisani, André (1986): SWA/Namibia: The Politics and Continuity of Change. Johannesburg: Jonathan Ball Publishers.

Du Plessis, Lourens Marthinus (1999): An Introduction to Law. Third Edition. Kenwyn: Juta.

Dugard, John (Hg.) (1973): The South West Africa/Namibia Dispute. Documents and Scholarly Writings on the Controversy between South Africa and the United Nations. University of California Press: Berkeley, Los Angeles, London.

Duggal, N. K. (1987): Namibia: Legal Framework and Development Strategy Options for the Mining Industry. Unter Mitarbeit von M. D. Bomani, H. S. Aulakh, W. W. Asombang und C. Ushewokunze. Lusaka: United Nations Institute for Namibia (Namibia Studies Series, Vol. 10).

Eberhardt, Martin (2007): Zwischen Nationalsozialismus und Apartheid. Die deutsche Bevölkerungsgruppe Südwestafrikas 1915-1965. Berlin: LIT Verlag.

Erasmus, H.J (2000): Roman Law and Common Law in Southern Africa: Past and Future. In: Manfred O. Hinz, W.J Kamba und J.E Spruit (Hg.): Roman Law at the Crossroads. Kenwyn: Juta, S. 43–52.

Erzberger, Matthias (1910): Millionengeschenke: die Privilegienwirtschaft in Südwestafrika. Mit einer Materialiensammlung über die bergrechtlichen Verhältnisse dieses Schutzgebietes. Berlin: Germania Verlag.

Esterhuyse, J. H. (1968): South West Africa 1880-1894. The Establishment of German Authority in South West Africa. Cape Town: C. Struik (Pty) Ltd.

Fagan, Eduard (1996): Roman-Dutch Law in its South African Historical Context. In: Daniel Visser und Reinhard Zimmermann (Hg.): Southern Cross. Civil Law and Common Law in South Africa. Kenwyn: Juta Legal and Academic Publishers, S. 33–64.

Faris, J. A. (1977): South Africa's Severance of Links with South West Africa. In: South African Yearbook of International Law (Vol. 3), S. 49–64.

Faris, J. A. (1979): The Administration of Walvis Bay. The Legal-Administrative Basis. In: South African Yearbook of International Law (Vol. 5), S. 63–81.

Fisch, Jörg (1991): Geschichte Südafrikas. 2. Aufl., München: Deutscher Taschenbuch-Verlag.

Florack, Franz (1905): Die Schutzgebiete, ihre Organisation in Verfassung und Verwaltung. Tübingen: J.C.B. Mohr (Paul Siebeck) (Abhandlungen aus dem Staats-, Verwaltungs- und Völkerrecht, Band I).

Freytagh-Loringhoven, Axel Freiherr von (1938): Das Mandatsrecht in den deutschen Kolonien. Quellen und Materialien. München: Duncker & Humblodt.

Gibson, J. T. R. (1977): Wille's Principles of South African Law. 7th Edition. Cape Town, Wynberg, Johannesburg: Juta.

Graichen, Gisela; Gründer, Horst (2007): Deutsche Kolonien. Traum und Trauma. Unter Mitarbeit von Holger Dietrich. Berlin: Ullstein.

Hahlo, Herman Robert (1959): The Great South-West African Diamond Case. A Discourse. In: South African Law Journal 76, S. 151–186.

Hahlo, Herman Robert; Kahn, Ellison (1968): The South African Legal System and its Background. Cape Town: Juta.

Harneit-Sievers, Axel (1985): SWAPO of Namibia. Entwicklung, Programmatik und Politik seit 1959. Hamburg: Verbund Stiftung Deutsches Afrika-Institut (Arbeiten aus dem Institut für Afrika-Kunde, Bd. 49).

Harneit-Sievers, Axel (1990): Namibia: Wahlen zur Verfassungsgebenden Versammlung 1989. Analyse und Dokumentation. Hamburg: Institut für Afrikakunde (Arbeiten aus dem Institut für Afrika-Kunde, Bd. 69).

Heathcote, Raymond (2009): Section 16 of the Supreme Court Act. In: Namibian Law Journal 1. Ed. (Vol. 1), S. 91–96.

Hess, Klaus; Becker, Klaus (Hg.) (2002): Vom Schutzgebiet bis Namibia 2000. Göttingen, Windhoek, Kiel: Klaus Hess Verlag/Publishers.

Hesse, Hermann (1905): Die Schutzverträge in Südwestafrika. Ein Beitrag zur rechtsgeschichtlichen und politischen Entwicklung des Schutzgebietes. Berlin: Wilhelm Süsserott.

Hesse, Hermann (1906): Die Landfrage und die Frage der Rechtsgültigkeit der Konzessionen in Südwestafrika. Ein Beitrag zur wirtschaftlichen und finanziellen Entwicklung des Schutzgebietes. Jena: Hermann Costenoble.

Hintrager, Oskar (1952): Geschichte von Südafrika. München: Verlag R. Oldenbourg.

Hintrager, Oskar (1956): Südwestafrika in der deutschen Zeit. München: Verlag R. Oldenbourg.

Hinz, Manfred O. (2003): Customary Law in Namibia: Development and Perspective. 8th Edition. Windhoek: Centre for Applied Social Sciences.

Hinz, Manfred O. (2008): Traditional Courts in Namibia – Part of the Judiciary? Jurisprudential Challenges of Traditional Justice. In: Anton Bösl und Nico Horn (Hg.): Independence of the Judiciary in Namibia. Windhoek: Macmillan Education Namibia Publishers, S. 149–176.

Hinz, Manfred O. (2009): More administrative justice in Namibia? A comment on the initiative to reform administrative law by statutory enactment. In: Namibian Law Journal 1. Ed. (Vol. 1), S. 81–90.

Hoffmann (Edler von), Hermann (1907): Deutsches Kolonialrecht. Leipzig: G. J. Göschen'sche Verlagshandlung.

Hoffmann (Edler von), Hermann (1908): Verwaltungs- und Gerichtsverfassung der deutschen Schutzgebiete. Leipzig: G. J. Göschen'sche Verlagshandlung.

Horn, Nico (2008): The independence of the judiciary in pre-independent Namibia. Legal challenges under the pre-independence Bill of Rights (1985-1990). In: Anton Bösl und Nico Horn (Hg.): Independence of the Judiciary in Namibia. Windhoek: Macmillan Education Namibia Publishers, S. 45–65.

Huber, Ernst Rudolf (1969): Deutsche Verfassungsgeschichte seit 1789. Struktur und Krisen des Kaiserreichs. 2. Aufl., Bd. 4. Stuttgart, Berlin, Köln, Mainz: W. Kohlhammer Verlag.

Hugo, Charl (1996): Negotiable Instruments. In: Daniel Visser und Reinhard Zimmermann (Hg.): Southern Cross. Civil Law and Common Law in South Africa. Kenwyn: Juta Legal and Academic Publishers, S. 481–520.

Hunt, Michael W. (2009): Mining Law in Western Australia. 4th Ed. Sydney: Federation Press.

Jordaan, Barney (1996): Employment Relations. In: Daniel Visser und Reinhard Zimmermann (Hg.): Southern Cross. Civil Law and Common Law in South Africa. Kenwyn: Juta Legal and Academic Publishers, S. 389–415.

Joubert, W. A.; Faris, J. A. (Hg.) (2007): The Law of South Africa. Unter Mitarbeit von P. J. Badenhorst, H. Mostert und M. Dendy. 2. Edition. (Minerals and Petroleum, Vol. 18). Durban, Pretoria: LexisNexis.

Joubert, W. A.;
Scott, T. J. (Hg.) (1983): The Law of South Africa. Unter Mitarbeit von Blen Lloyd Franklin. 1. Edition. (Mining and Minerals, Vol. 18). Durban, Pretoria: Butterworths Law.

Kaulich, Udo (2000): Die Geschichte der ehemaligen Kolonie Deutsch-Südwestafrika (1884 – 1914). Dissertation. Frankfurt am Main, Mainz.

Kießewetter, Antje (1993): Die Verfassungsentwicklung in Namibia. Dissertation. Frankfurt am Main, Mainz: Verlag Peter Lang GmbH (Schriften zum Staats- und Völkerrecht, Bd. 51).

Koschitzky, Max von (1888): Deutsche Colonialgeschichte. II. Theil. Leipzig: Eduard Baldamus.

Krech, Hans (1999): Die Kampfhandlungen in den ehemaligen deutschen Kolonien in Afrika während des 1. Weltkrieges (1914-1918). Berlin: Köster (Wissenschaftliche Schriftenreihe Geschichte, Bd. 8).

Kühl, Holger (1992): Der rechtliche Rahmen der Wirtschaftsbeziehungen Deutschlands zu Namibia. Dissertation. Berlin.

Kuhn, Hellmuth (1913): Die deutschen Schutzgebiete. Erwerb, Verwaltung und Gerichtsbarkeit. Berlin: Verlag von Emil Ebering (Rechts- und Staatswissenschaftliche Studien, Bd. XLVII).

Külz, Wilhelm (1909a): Deutsch-Südafrika im 25. Jahre Deutscher Schutzherrschaft. Skizzen und Beiträge zur Geschichte Deutsch-Südafrikas. Berlin: Wilhelm Süsserott.

Külz, Wilhelm (1909b): Die Selbstverwaltung für Deutsch-Südafrika. Berlin: Wilhelm Süsserott.

Kuntze, Lisa (2002): Die große Zeit der Diamantenfunde. In: Klaus Hess und Klaus Becker (Hg.): Vom Schutzgebiet bis Namibia 2000. Göttingen, Windhoek, Kiel: Klaus Hess Verlag/Publishers, S. 429–439.

Laband, Paul (1964): Das Staatsrecht des Deutschen Reiches – 2. Band. Neudruck der 5. Auflage (Tübingen 1911). Aalen: Scientia Verlag.

Längin, Bernd (2005): Die deutschen Kolonien. Schauplätze und Schicksale 1884-1918. Unter Mitarbeit von Michael Schindler. Hamburg, Berlin, Bonn: Verlag E.S. Mittler & Sohn.

Lau, Brigitte (Hg.) (1987): Charles John Andersson Papers, Vol. 1. The Matchless Copper Mine in 1859. Correspondence of Manager C.J. Andersson. Windhoek Archives. Windhoek (Windhoek Archives Publications, Series 7).

Le Roux, Rochelle (2010): The Evolution of the Contract of Employment in South Africa. In: Industrial Law Journal 39. Ed. (Vol. 2), S. 139–165.

Lenssen, Hans Emil (Hg.) (1999): Chronik von Deutsch-Südwestafrika. Eine kurzgefaßte Aufzählung geschichtlicher Ereignisse aus der deutschen Kolonialzeit von 1883 – 1915; [Neubearbeitung mit Anmerkungen und einem Personen- und Ortsnamenregister]. Windhoek: Wissenschaftliche Gesellschaft Namibia.

Lillian Goldman Law Library (Hg.) (2008): The Covenant of the League of Nations. Yale Law School. Online verfügbar unter avalon.law.yale.edu/20th_century/leagcov.asp, zuletzt aktualisiert 2008, zuletzt geprüft am 11.05.2012.

Lord Mackay of Clashfern (Hg.) (2003): Halsbury's Laws of England. Mines, Minerals and Quarries (Vol. 31). Unter Mitarbeit von Richard Dey. London: LexisNexis.

Louis, William Roger (1971): Das Ende des deutschen Kolonialreiches. Britischer Imperialismus und die deutschen Kolonien 1914-1919. Düsseldorf: Bertelsmann Universitätsverlag (Studien zur modernen Geschichte, Bd. 6).

Löwis of Menar, Henning von (1983): Namibia im Ost-West-Konflikt. Köln: Verlag Wissenschaft und Politik.

Ministry of Mines and Energy (2002): Minerals Policy of Namibia. Final Draft. Hg. v. Ministry of Mines and Energy. Windhoek. Verfügbar unter: http://www.mme.gov.na/pdf/minerals_policy_draft_final.pdf, zuletzt geprüft am 11.05.2012.

Mostert, Hanri; Badenhorst, P. J.; Pienaar, Juanita (2006): Silberberg and Schoeman: The Law of Property. 5th Ed. Johannesburg: Butterworths South Africa.

Müller, Wolfgang (1992): Verfassung von Namibia: Ethnische Vielfalt und Elemente eines Minderheitenschutzes. Zürich: Huber Druck AG.

Naujoks, Siegfried (Red.) (1994): Das Bergbau-Handbuch, 5. Auflage, Wirtschaftsvereinigung Bergbau e.V. (Hg.), Essen: Verlag Glückauf GmbH.

Okrusch, Martin; Matthes, Siegfried (2009): Mineralogie: Eine Einführung in die Spezielle Mineralogie, Petrologie und Lagerstättenkunde. 8. Auflage. Berlin, Heidelberg, New York: Springer.

Otzen, Max (1952): Historical Review of Diamond Taxation and Mining Legislation in South West Africa. Kimberley: Consolidated Diamond Mines of South West Africa, Ltd.

Riehl, Axel (1993): Der „Tanz um den Äquator“. Bismarcks antienglische Kolonialpolitik und die Erwartung des Thronwechsels in Deutschland 1883 bis 1885. Dissertation. Berlin: Duncker & Humblodt.

Ruppel-Schlichting, Katharina (2008): The independence of the Ombudsman in Namibia. In: Anton Bösl und Nico Horn (Hg.): Independence of the Judiciary in Namibia. Windhoek: Macmillan Education Namibia Publishers, S. 271–289.

Sander, Ludwig (1912): Geschichte der deutschen Kolonial-Gesellschaft für Südwest-Afrika – von ihrer Gründung bis zum Jahre 1910. 2 Bände. Berlin: Dietrich Reimer (Ernst Vohsen) A.-G.

Schack, Friedrich (1923): Das deutsche Kolonialrecht in seiner Entwicklung bis zum Weltkriege. Die allgemeinen Lehren – eine berichtende Darstellung der Theorie und Praxis nebst kritischen Bemerkungen. Hamburg: L. Friedrichsen & Co. (Abhandlungen aus dem Gebiet der Auslandskunde, Bd. 12).

Schinz, Hans (1891): Deutsch-Südwest-Afrika. Forschungsreisen durch die deutschen Schutzgebiete Gross Nama- und Hereroland, dem Kunene, dem Ngami-See und die Kalahari 1884-1887. Oldenburg: Schulzesche Hof-Buchhandlung.

Schippling, Heinz (1991): Der Bergbau in Namibia. Ökonomisch-technische Prozesse und produktionsräumliche Entwicklung. In: Frankfurter Wirtschafts- und Sozialgeographische Schriften (56), S. 161–190.

Schmidt-Jortzig, Edzard (1991): The Constitution of Namibia: An Example of a State Emerging under Close Supervision and World Scrutiny. In: German Yearbook of International Law 34, S. 413–428.

Schnee, Heinrich (1920): Deutsches Kolonial-Lexikon. 1. Band. Leipzig: Quelle & Meyer.

Schneider, Gabi (1989): Die Bedeutung des Bergbaus für die Wirtschaft Südwestafrikas / Namibias. In: Frankfurter Wirtschafts- und Sozialgeographische Schriften (Bd. 53), S. 259–274.

Schneider, Gabi (2002): Die verborgenen Schätze – der Bergbau. In: Klaus Hess und Klaus Becker (Hg.): Vom Schutzgebiet bis Namibia 2000. Göttingen, Windhoek, Kiel: Klaus Hess Verlag, S. 79–84.

Schneider, Gabi (2009): Treasures of the Diamond Coast. A Century of Diamond Mining in Namibia. Windhoek: Macmillan Education Namibia Publishers.

Schrage, Eltjo (1992): Locatio conductio. In: Robert Feenstra und Reinhard Zimmermann (Hg.): Das römisch-holländische Recht. Fortschritte des Zivilrechts im 17. und 18. Jahrhundert. 1 Band. Berlin: Duncker & Humblodt (Schriften zur Europäischen Rechts- und Verfassungsgeschichte, Bd. 7), S. 245–273.

Schramm, Percy Ernst (1950): Deutschland und Übersee. Der deutsche Handel mit den anderen Kontinenten, insbesondere Afrika, von Karl V. bis zu Bismarck. Ein Beitrag zur Geschichte der Rivalität im Wirtschaftsleben. Braunschweig: Georg Westermann Verlag.

Schumacher, Ulrike; Naudascher, Kyra (1990): Die Wahlen zur Verfassungsgebenden Versammlung in Namibia vom 7. bis 11.11.1989. Bonn: Deutsche Afrika-Stiftung (Schriftenreihe Deutsche Afrika-Stiftung, Bd. 55).

Seitz, Theodor (1920): Südafrika im Weltkriege. Der Zusammenbruch in Deutsch-Südwestafrika – Die Politik der südafrikanischen Union während des grossen Krieges – Weltfriede? Berlin: Dietrich Reimer (Ernst Vohsen) A.-G.

Silagi, Michael (1977): Von Deutsch-Südwest zu Namibia. Wesen und Wandlungen des völkerrechtlichen Mandats. Ebelsbach: Verlag Rolf Gremer (Abhandlungen zur rechtswissenschaftlichen Grundlagenforschung, Bd. 29).

Smuts, Jan Christiaan (1918): The League of Nations – A Practical Suggestion. London: The Nation Press.

Tesdorpf, Alfred (1889): Geschichte der Kaiserlich Deutschen Kriegsmarine in Denkwürdigkeiten von allgemeinem Interesse. Kiel: Lipsius und Tischer.

Tjombe, Norman (2008): Appointing Acting Judges to the Namibian Bench: A Useful System or a Threat to the Independence of the Judiciary? In: Anton Bösl und Nico Horn (Hg.): Independence of the Judiciary in Namibia. Windhoek: Macmillan Education Namibia Publishers, S. 229–242.

Tshosa, Onkemetse (2010): The Status of International Law in Namibian National Law. A Critical Appraisal of the Constitutional Strategy. In: Namibian Law Journal 2. Ed. (Vol. 1), S. 3–30.

United Nations Publications (1990): UNTAG in Namibia: A New Nation Is Born. Genf: United Nations Publications.

United States Department of State (2011): Background Note: Namibia. Bureau of African Affairs, United States Department of State. Online verfügbar unter http://www.state.gov/r/pa/ei/bgn/5472.htm, zuletzt aktualisiert am 08.12.2011, zuletzt geprüft am 11.05.2012.

van Groenewegen, Simon (1649): Tractatus de legibus abrogatis et inusitatis in Hollandia vicinisque regionibus. Leiden.

Vedder, Heinrich (1934): Das alte Südwestafrika. Südwestafrikas Geschichte bis zum Tode Mahareros 1890. Berlin: Martin Warneck Verlag.

Vedder, Heinrich (2001): Einführung in die Geschichte Südwestafrikas. Unter Mitarbeit von Walter Moritz. 1. Aufl. Tsumeb: Nation Press (Aus alten Tagen in Südwest, Bd. 16).

Viljoen, Henning Pieter (1975): The rights and duties of the holder of mineral rights. Leiden: Rijksuniversiteit te Leiden.

Visser, Daniel; Zimmermann, Reinhard (1996): Introduction. In: Daniel Visser und Reinhard Zimmermann (Hg.): Southern Cross. Civil Law and Common Law in South Africa. Kenwyn: Juta Legal and Academic Publishers, S. 1–30.

Walker, Eric A. (1963): The Cambridge History of the British Empire. South Africa, Rhodesia and the High Commission Territories. 2. Aufl. Cambridge: Cambridge University Press (The Cambridge History of the British Empire, Vol. 8).

Watson, Arthur C. (1930): The Guano Islands of Southwestern Africa. In: Geographical Review Vol. 20 (4), S. 631–641.

Watz, Frank Leonhard (2003): Die Grundrechte in der Verfassung der Republik Namibia vom 21. März 1990. Dissertation. Christian-Albrechts-Universität Kiel, Göttingen, Windhoek, Kiel.

Wellington, John H. (1967): South West Africa and its Human Issues. Oxford: Oxford University Press.

Westhoff, Wilhlem; Schlüter, Wilhelm (1910): Geschichte des deutschen Bergrechts. Das Bergrecht in den deutschen Schutzgebieten. In: Zeitschrift für Bergrecht, Bd. 51, S. 217–276.

Wieacker, Franz (1944): Vom römischen Recht. Wirklichkeit und Überlieferung. Leipzig: Koehler & Amelang.

Willecke, Raimund (1977): Die deutsche Berggesetzgebung. Essen: Verlag Glückauf GmbH.

Woeller, Axel (2005): Die Landfrage und Landreform in Namibia. München, Leipzig.

Zimmermann, Reinhard (1983): Das römisch-holländische Recht in Südafrika. Einführung in die Grundlagen und Usus Hodiernus. Darmstadt: Wissenschaftliche Buchgesellschaft (Einführungen in das fremdländische Recht).

Zimmermann, Reinhard (1992): Römisch-holländisches Recht – ein Überblick. In: Robert Feenstra und Reinhard Zimmermann (Hg.): Das römisch-holländische Recht. Fortschritte des Zivilrechts im 17. und 18. Jahrhundert. Berlin: Duncker & Humblodt (Schriften zur Europäischen Rechts- und Verfassungsgeschichte, Bd. 7), S. 9–58.

Zweigert, Konrad;
Kötz, Hein (1996): Einführung in die Rechtsvergleichung. 3. Auflage. Tübingen: Mohr.

Hinsichtlich der verwandten Abkürzungen wird verwiesen auf:

Kirchner, Hildebert;
Fiala, Jana (2008): Abkürzungsverzeichnis der Rechtssprache, 6. Auflage, Berlin: De Gruyter.

Einleitung

Diese Arbeit verfolgt das Ziel, die Entwicklungsstufen des namibischen Rechtssystems seit der deutschen Kolonialzeit aufzuzeigen und beispielhaft anhand des Bergrechts nachzuvollziehen. Der besondere Fokus der Betrachtung soll dabei auf die Übergänge sowohl von der deutschen Kolonialzeit zur südafrikanischen Mandats- und Besatzungszeit sowie schließlich zur namibischen Unabhängigkeit gelegt werden.

Die Zusammenfassung seiner Ausarbeitung zur Geschichte der deutschen Bevölkerungsgruppe in Südwestafrika leitet Martin Eberhardt mit der Feststellung ein, dass ein prägender Schlüsselpunkt für die irredentistischen Konflikte der folgenden Jahrzehnte in dem Ausbleiben der konsequenten Abschaffung des deutschen Kolonialreiches im Jahre 1919 zu sehen sei.[1] Die vorliegende Ausarbeitung will untersuchen, inwieweit diese Aussage zur Kontinuität auch für die Entwicklung des Rechtssystems in Namibia im Allgemeinen und für das Bergrecht im Besonderen zutrifft.

Bei der Beantwortung dieser Frage will diese Arbeit dem Leser eine zusammenhängende, einführende Beschreibung des namibischen Rechtssystems und seiner historischen Entwicklung bieten. Während das deutsche Kolonialrecht – das im Rahmen der allgemeinen Begeisterung für alles Koloniale am Anfang des 20. Jahrhunderts unter den deutschen Juristen ein ausgesprochenes Modethema war – sowie der namibische Unabhängigkeitsprozess und die daraus resultierende Verfassung für sich allein genommen Gegenstand vieler Untersuchungen waren, beschäftigen sich die Abhandlungen zu Südwestafrika unter südafrikanischer Herrschaft fast ausschließlich mit dem Unabhängigkeitskampf und den daraus resultierenden völkerrechtlichen Konflikten. Abgesehen von dem einführenden juristischen Lehrbuch von Sam Amoo,[2] dessen Schwerpunkt vor allem auf der Vermittlung von allgemeinem juristischen Grundlagenwissen liegt, mangelt es bislang an einem wissenschaftlichen Überblick, durch den die Entwicklung des Rechtssystems in und für Südwestafrika während der verschiedenen geschichtlichen Perioden in einen Gesamtzusammenhang gesetzt wird. Einen solchen Überblick über die Entwicklung der Grundzüge des namibischen Rechtssystems zu bieten ist der erste Anspruch dieser Ausarbeitung.

---

1 Eberhardt 2007, S. 533.

2 Amoo 2008.

Basierend auf einer Darstellung der grundlegenden politischen Entwicklungen in Südwestafrika und der in den verschiedenen Phasen jeweils gültigen Rechtsquellen soll zunächst allgemein untersucht werden, ob und in welcher Form die unterschiedlichen Rechtssysteme einander ersetzt, verdrängt oder ergänzt haben. Die so gewonnenen Erkenntnisse sollen sodann genutzt werden, um am Beispiel der Berggesetze konkret und vertieft zu untersuchen und herauszuarbeiten, inwieweit deutsche Komponenten in Abgrenzung zu den in der Folgezeit geltenden Regelungen erhalten geblieben sind und noch im aktuellen namibischen Bergrecht fortwirken.

Obwohl die Bedeutung des Dienstleistungssektors, insbesondere des Tourismus, für die Wirtschaft Namibias[3] in den letzten Jahren stetig zugenommen hat,[4] ist die Nutzung und Ausbeutung der natürlichen Rohstoffe als eine zentrale Säule der Volkswirtschaft Namibias anzusehen. Die Primärindustrien Fischfang, Bergbau und Landwirtschaft erwirtschafteten 2009 ein Viertel des Bruttoinlandsproduktes Namibias, der Bergbau alleine nimmt dabei einen Anteil von 10% ein.[5] Diamanten, Kupfer und Uran machen 60% des Exportvolumens des Landes aus. Insbesondere der Diamantenbergbau ist seit jeher eine ökonomische Triebfeder, die sowohl unter deutscher als auch unter südafrikanischer Herrschaft maßgeblich zum wirtschaftlichen Aufbau des Landes beigetragen hatte und dessen Konzessionierung Gegenstand umfangreicher Rechtsregelungen war und ist.[6] Die praktische Arbeit mit dem namibischen Bergrecht macht Uneingeweihten dabei bislang mangels einer anschaulichen Übersicht der Regelungen Mühe. Bislang gab es noch keine wissenschaftliche Betrachtung dieser Materie, die einen solchen Überblick liefert.

Mit dieser Darstellung soll dem Leser insoweit auch ein Einstieg in das wissenschaftlich noch weitgehend unbearbeitete namibische Bergrecht und seine grundlegende Systematik geboten werden. Auch wenn nicht der Anspruch erhoben wird, die Materie ganzheitlich und abschließend darzustellen,[7] will sich die

---

3 Der Begriff „Namibia“ ist ein Kunstwort, das sich aus dem Namen der ca. 15% des heutigen Staatsgebiets umfassenden Namib-Wüste und dem lateinischen Suffix „ia“ zusammensetzt. Es wurde in Abgrenzung zu der vormals gebräuchlichen, rein regionalen Bezeichnung „Südwestafrika“ am 12. Juni 1968 in der UN-Vollversammlung durch Resolution 2372 (XXII) geprägt.

4 Über die Hälfte des Volkseinkommens Namibias wird mittlerweile im Dienstleistungssektor erwirtschaftet. Auswärtiges Amt 2010.

5 United States Department of State 2011.

6 S. u. III. A. 3., III. A. 4. c), III. B. 1. e), III. B. 2. e), III. C. 4. a).

7 In der Aufarbeitung und Darstellung der einzelnen materiellen Bestandteile der jeweiligen Berggesetze bleibt die Darstellung schon aus Platzgründen häufig auf die Grundsätze beschränkt, die zur Klärung der Ausgangsfrage der Kontinuität notwendig sind. Für eine vertiefende Auseinandersetzung mit den Grundlagen des deutschen sowie des südafrikanischen Bergrechts wird insoweit bereits jetzt auf die jeweils zitierte Literatur verwiesen.

Arbeit dennoch auch in der im dritten Teil erfolgenden Vorstellung des namibischen Bergrechts in seinen Grundzügen als wissenschaftliche Grundlagenarbeit und Einstieg in die Materie verstehen, der in Einzelfragen über die für die Beantwortung der gegenständlichen Frage der Kontinuität der rechtlichen Regelungen notwendigen Umfang hinausgeht und dem Leser einen breit gefassten Überblick über die relevanten Regelungen und deren historische Entwicklung geben kann.

II. Überblick über das namibische Rechtssystem und seine Entwicklungsgeschichte

Das namibische Rechtssystem – eine „mixed jurisdiction“[8] mit Geschichte.

Der folgende Abschnitt gibt die historische Entwicklung des namibischen Rechtssystems in Grundzügen wieder und ordnet diese in den politischen und wirtschaftlichen Kontext der jeweiligen geschichtlichen Periode ein.

Die Darstellung ist bewusst knapp gehalten. Sie kann und soll eine umfassende landeskundliche Beschreibung Namibias und seiner wendungsreichen Geschichte nicht ersetzen.[9] Vorgestellt werden lediglich die historischen Ereignisse und Einflüsse, die notwendig sind, um die verschiedenen Komponenten, aus denen das Rechtssystem Namibias heute besteht, erklären zu können. Eine intensive Auseinandersetzung mit dem rechtlichen Regelwerk der bergbaulichen Tätigkeit in Namibia kann nur dann zu einem Erkenntnisgewinn führen, wenn zuvor eine zumindest grundlegende Kenntnis der historischen, politischen und wirtschaftlichen Eckpunkte der Materie gewährleistet ist.

Einer Auseinandersetzung mit der historischen Entwicklung Südwestafrikas in politischer und rechtsgeschichtlicher Hinsicht folgen eine Darstellung der aktuellen Rechtsquellen der *Republic of Namibia* sowie eine kurze, kritische Vorstellung der namibischen Judikative. Ein besonderer Fokus soll dabei auf der Betrachtung der „Nahtstellen“ zwischen den einzelnen geschichtlichen Perioden liegen und in folgende Fragestellung münden: Inwiefern haben sich die Umwälzungen der politischen Herrschaft, durch die das heutige Namibia in Kontakt mit drei großen Rechtskreisen – dem deutschen Recht, dem römisch-holländischen Gemeinrecht und dem britischen *common law* – gekommen ist, jeweils auf die allgemeine Wirkung und Gültigkeit des vermeintlich überkommenen, vormaligen Rechtssystems ausgewirkt?

---

8 Zu diesem Begriff siehe: Erasmus 2000, S. 44.

9 Der interessierte Leser sei an dieser Stelle zum Einstieg auf die lesenswerten Episoden in Hess und Becker 2002 verwiesen.

A. Historische Entwicklung

1. Vorkoloniale Zeit

Die (Rechts-) Geschichte Südwestafrikas[10] beginnt selbstredend nicht erst mit der Entdeckung und Besiedelung des Landes durch die Europäer. Erste Spuren der auch heute noch als Jäger und Sammler lebenden Ureinwohner des Landes, der San, lassen sich auf die Zeit 4000-5000 v. Chr. zurückdatieren.[11] Das Land wurde von den Stämmen der Nama und Damara besiedelt; etwa im 14. Jahrhundert wanderten aus dem Norden die Stämme der Ovambo und Herero ein.[12] Alle Stämme hatten eigene Gesetze und Systeme zu deren Durchsetzung, durch die das Verhalten des Einzelnen in der Gemeinschaft geregelt wurde. Inhaltlich behandelten diese Gesetze vor allem Haftungsfragen, die Nutzung von Weideflächen sowie das Familien- und Erbrecht.[13] So verschieden das Recht der Stämme in seiner jeweiligen inhaltlichen Ausprägung auch sein mochte, so glich es sich doch darin, dass es ausschließlich mündlich überliefert und mithin nicht kodifiziert wurde.[14]

Die Anfänge des europäischen Einflusses lassen sich auf das Jahr 1485 festlegen, als Diogo Cão im Dienst der portugiesischen Krone als erster Europäer nachweislich die Küste Südwestafrikas am heutigen Kap Cross betrat und dieses Ereignis mittels eines Steinkreuzes dokumentierte. Sein Landsmann Bartolomëu Dias landete 1487 in der „engen Bucht“, portugiesisch *Angra Pequena*, dem heutigen Lüderitz.[15] Diese ersten Vorstöße blieben jedoch für Jahrhunderte praktisch folgenlos. Die unwirtliche Beschaffenheit der Küste verhinderte eine Ansiedlung der Europäer und eine weitere Erforschung des Binnenlandes. Die Erschließung des südwestafrikanischen Binnenlandes erfolgte schließlich aus südlicher Richtung: Kapländische Händler drangen seit Anfang des 19. Jahrhunderts nach Südwestafrika vor und gründeten 1835 zunächst eine Niederlassung in *Angra Pequena*, 1841 dann eine Handelsstation in *Walfish Bay* und betrieben

10 Die Verwendung des Begriffes “Südwestafrika“ ist in dieser Arbeit ungeachtet der zur jeweiligen Zeit herrschenden politischen Verhältnisse als geographische Umschreibung der Region zu verstehen, die heute das Staatsgebiet der Republik Namibia ausmacht. So auf das *Schutzgebiet Deutsch-Südwestafrika*, *South West Africa* als Besatzungsgebiet der südafrikanischen Union bzw. der Republik Südafrika oder die *Republik Namibia* als politische Gebilde Bezug genommen werden soll, werden diese explizit in der obigen Form benannt.

11 Fisch 1991, S. 33.

12 United States Department of State 2011; ausführlich zu den verschiedenen Volksstämmen Namibias siehe: Müller 1992, S. 58–70 und Wellington 1967, S. 129–157.

13 Für eine ausführliche Auseinandersetzung mit dem *customary law* in Namibia siehe Hinz 2003.

14 Amoo 2008, S. 102 f.

15 Kaulich 2000, S. 38.

von dort aus Viehhandel.[16] Seit 1814 ließen sich zudem europäische Missionsgesellschaften in Südwestafrika nieder, deren Missionsstationen zu frühen wirtschaftlichen Zentren der Region wurden.[17]

Eine politische und damit rechtliche Einflussnahme Europas oder der an Weisungen aus London gebundenen britischen Kolonialregierung in Kapstadt erfolgte bis zur Errichtung der deutschen Schutzgebietsherrschaft im Jahr 1884 mit wenigen Ausnahmen nicht. Obwohl die dort ansässigen Händler und Missionare seit den 1870er Jahren auf eine Annexion Südwestafrikas durch Großbritannien oder die Errichtung einer Schutzherrschaft drängten und die kapländische Kolonialregierung 1876 entsprechende vorbereitende Erkundungen veranlasste, beschränkte sich das *Colonial Office* in London lediglich auf die Annexion der an Guano reichen Pinguininseln[18] vor der heutigen Lüderitzbucht im Jahr 1866, sowie die 1878 erfolgte Annexion von *Walfish Bay*, das über den einzigen natürlichen Tiefwasserhafen der südwestafrikanischen Küste verfügt.[19] Sowohl *Walfish Bay* als auch die Pinguininseln bildeten während der deutschen Kolonialzeit zunächst eine britische Enklave, gingen am 31. Mai 1910 auf die *Union of South Africa* über und wurden erst mit Wirkung zum 1. März 1994 an die Republik Namibia rückübereignet.[20]

2. Rechtssystem des Schutzgebietes Deutsch-Südwestafrika

a) Exkurs: Deutscher Kolonialismus vor 1884

Beginnende deutsche Kolonialinteressen zeigten sich bereits im frühen 16. Jahrhundert in den Bestrebungen der Handelshäuser der Fugger und Welser, ihre Geschäfte in Zusammenarbeit mit dem habsburgischen Kaiser Karl V. auf dessen Besitzungen in Südamerika auszudehnen.[21] Von privaten Vorstößen und kurzlebigen Einzelunternehmungen einiger deutscher Fürstentümer abgesehen unter-

16 Von *Walfish Bay* aus erfolgte unter anderem die Versorgung des in St. Helena exilierten Napoleon.

17 Kaulich 2000, S. 40 f. 1806 begann die Missionierung durch die *London Missionary Society*, und erfolgte seit 1842 in besonders großem Umfang durch die 1828 in Barmen gegründete Rheinische Missionsgesellschaft, die einen großen Anteil an der „Zivilisierung" der indigenen Stämme hatte. So sind die vormals nomadisch lebenden Nama erst durch den Einfluss der Missionsgesellschaft sesshaft geworden. Ausführlich zur Arbeit der Missionen Esterhuyse 1968, S. 8 ff, Kaulich 2000, S. 517 ff.

18 S. unten III. A. 1. a) (2) (b) Exkurs: Die Ausbeutung der südwestafrikanischen Guano-Inseln.

19 Kaulich 2000, S. 42 f, Fisch 1991, S. 185.

20 Vgl. Transfer of Walvis Bay to Namibia Act No. 203 of 1993 vom 28.01.1994 (RSA).

21 Kaulich 2000, S. 44.

blieb eine konzentrierte, staatlich getragene koloniale Expansion der deutschen Länder nach Übersee bis zum Ende des 19. Jahrhunderts.[22]

Die Vorstellung des Erwerbs von Kolonien fand in der öffentlichen Debatte bereits ab der ersten Hälfte des 19. Jahrhunderts immer mehr Fürsprecher. Ökonomische Interessen von Handelshäusern, die am einträglichen Handel mit Kolonialwaren teilhaben und neue Absatzmärkte für die deutsche Industrie erschließen wollten, mischten sich dabei – angefacht durch die Revolution von 1848/1849 – mit gesellschaftspolitischen und nationalistischen Strömungen.[23] Diese Entwicklung mündete 1882 in die Gründung des Deutschen Kolonial-Vereins, der die kolonialen Bestrebungen fokussieren wollte und 1885 bereits 15.000 Mitglieder zählte.[24]

Die verfassungsrechtlichen Voraussetzungen für die Errichtung von Kolonien lagen sowohl in der Verfassung des Norddeutschen Bundes vom 26. Juli 1867[25], als auch in der Reichsverfassung vom 16. April 1871[26] vor, deren Artikel 4 jeweils fast wortgleich festlegte:

> „*Der Beaufsichtigung seitens des Bundes [Reiches] und der Gesetzgebung desselben unterliegen die nachstehenden Angelegenheiten:*
>
> *1) die Bestimmungen über Freizügigkeit, Heimaths- und Niederlassungsverhältnisse, Staatsbürgerrecht, Paßwesen und Fremdenpolizei und über den Gewerbebetrieb, einschließlich des Versicherungswesens, soweit diese Gegenstände nicht schon durch den Artikel 3 dieser Verfassung erledigt sind, desgleichen über die Kolonisation und die Auswanderung nach außerdeutschen Ländern;*
>
> [...]
>
> *7) Organisation eines gemeinsamen Schutzes des Deutschen Handels im Auslande, der Deutschen Schiffahrt und ihrer Flagge zur See und Anordnung gemeinsamer konsularischer Vertretung, welche vom Bunde [Reiche] ausgestattet wird;*
>
> [...]“.

Die Forderungen nach deutschen Kolonien erfuhren zunächst jedoch keine hoheitliche Umsetzung, was zumindest bis zur Reichsgründung 1871 auf das Fehlen eines einheitlich gelenkten Staatswesens, im Folgenden jedoch hauptsächlich auf die ablehnende Haltung Bismarcks zurückzuführen war, der den Schwerpunkt auf die Konsolidierung des Reiches setzte und einen Erwerb von deutschen Kolonien zunächst ablehnte.[27]

---

22 Schramm 1950, S. 15–50.

23 Huber 1969, S. 605–607; Esterhuyse 1968, S. 46 f. Dazu ausführlich Kaulich 2000, S. 45 ff.

24 Esterhuyse 1968, S. 47, Watz 2003, S. 26.

25 Bundesgesetzblatt 1867, S. 1 ff.

26 Reichsgesetzblatt 1871, S. 63 ff.

27 Kaulich 2000, S. 47.

So bat die Rheinische Missionsgesellschaft im Jahr 1868 die preußische Regierung unter Ministerpräsident Bismarck, der zugleich Bundeskanzler des Norddeutschen Bundes war, unter Verweis auf Artikel 4 der Verfassung des Norddeutschen Bundes um den Schutz einer von ihr übernommenen Kupfermine im südwestafrikanischen *Otjimbingwe*, der ihr unter Hinweis auf die vermeintlich entgegenstehenden Interessen Großbritanniens jedoch versagt wurde.[28] Die Tragfähigkeit dieser Begründung wird durch die Tatsache in Zweifel gezogen, dass ein ähnliches Gesuch deutscher Missionare an das britische *Foreign Office* in London zur Errichtung eines Kolonialprotektorates aufgrund mangelnden Interesses abschlägig beschieden wurde.[29] Noch 1880 lehnte die britische Regierung ein Schutzgesuch der Missionare aus *Otjimbingwe* ab und verwies darauf, dass sie ihre Verantwortlichkeit auf das britische Gebiet um *Walfish Bay* begrenzt sehe.[30] Diese Vorgänge bezeugen das geringe Interesse im Allgemeinen, das die europäischen Staaten der Region Südwestafrikas noch in den sechziger Jahren des 19. Jahrhunderts entgegenbrachten, sowie Bismarcks damalige Ablehnung[31] eines deutschen Kolonialismus im Speziellen. Seine Ansicht wird veranschaulicht durch einen Brief von 1868:

> *„Einerseits beruhen die Vortheile welche man sich von Colonien für den Handel und die Industrie des Mutterlandes verspricht, zum größten Theil auf Illusionen. Denn die Kosten, welche die Gründung, Unterstützung und namentlich die Behauptung der Colonien veranlaßt, übersteigen, wie die Erfahrungen der Colonialpolitik Englands und Frankreichs beweisen, sehr oft den Nutzen, den das Mutterland daraus zieht, ganz abgesehen davon, daß es schwer zu rechtfertigen ist, die ganze Nation zum Vortheile einzelner Handels- und Gewerbezweige, zu erheblichen Steuerlasten heranzuziehen. [...] Endlich würde der Versuch, Colonien auf Gebieten zu gründen, deren Oberhoheit andere Staaten, gleich ob mit Recht oder mit Unrecht, in Anspruch nehmen, zu mannigfachen und unerwünschten Conflikten führen können.“*[32]

b) Entstehung und Aufwuchs der Kolonie Deutsch-Südwest-Afrika

(1) Die deutsche Besitzergreifung von Angra Pequena

Die kurze koloniale Ära des Deutschen Reiches fand schließlich ihren Anfang in den Bestrebungen des Bremer Kaufmannes Franz Adolf Eduard Lüderitz, seine Unternehmung um eine Niederlassung an der südwestafrikanischen Küste zu erweitern, nachdem ihm Mitarbeiter mit Ortskenntnis von den dortigen Handelsmöglichkeiten berichteten. Lüderitz hatte bereits Erfahrung im Afrikahandel:

---

28 Watz 2003, S. 25.
29 Headlam, Cecil, in: Walker 1963, S. 481, 526 f.
30 Esterhuyse 1968, S. 30.
31 Richl 1993, S. 21–28.
32 Zit. nach Riehl 1993, S. 22.

1881 hatte er ein Kontor in Lagos an der Goldküste eröffnet, das jedoch nach kurzer Zeit aufgrund der hohen britischen Importsteuern, die fremde Staatsbürger benachteiligte, geschlossen werden musste.[33]

Wohl nicht zuletzt aufgrund dieser Erfahrung ersuchte er im November 1882 die Reichsregierung, seine neue geplante Niederlassung unter den Schutz des Reiches zu stellen. Nachdem schon eine staatliche Unterstützung des Hamburger Handelshauses C. A. Goddefroy & Sohn in der Südsee, die sogenannte Samoa-Vorlage, am 27. April 1880 im Reichstag gescheitert war, wurden auch die von Lüderitz im Folgenden wiederholt gestellten Schutzgesuche zunächst abgelehnt, soweit sie über den üblichen konsularischen Schutz für deutsche Reichsangehörige im Ausland hinaus gingen. Die Anfragen führten jedoch dazu, dass im Februar 1883 die deutsche Regierung unter Betonung ihres Desinteresses an einer Kolonialisierung des Gebietes die britische Regierung aufforderte, den in Südwestafrika tätigen deutschen Händlern Schutz zu gewähren.[34]

Am 1. Mai 1883 schlossen die Vertreter von Lüderitz einen Vertrag mit dem Häuptling Joseph Fredericks und erwarben die später in Lüderitzbucht umbenannte *Angra Pequena*-Bucht sowie das Gebiet im Umkreis von fünf Meilen für einen Preis von 100 Pfund in Gold und 200 Gewehre.[35] Am 25. August des gleichen Jahres wurde dieses Gebiet für den Preis von 500 Pfund in Gold und 60 Gewehren auf den gesamten Küstenstreifen vom Oranjefluss bis zum 26. Grad südlicher Breite samt dem Hinterland bis zu 20 Meilen[36] landeinwärts ausgedehnt.[37]

Die britische Regierung wollte zunächst keine Ansprüche auf das Gebiet um *Angra Pequena* geltend machen und reagierte auf die deutsche Anfrage nicht. Auf Drängen der kapländischen Regierung revidierte sie ihre ursprüngliche Ansicht jedoch und teilte dem deutschen Botschafter am 21. November 1883 mit:

> *„[...] although Her Majesty's Government have not proclaimed the Queen's sovereignty along the whole country, but only at certain points, such as Walfish Bay and the Angra Pequena Islands, they consider that any claim to sovereignty or jurisdiction by a foreign power between the southern point of Portuguese jurisdiction at the latitude 18°and the frontier of the Cape Colony would infringe their legitimate rights.“*[38]

---

33 Esterhuyse 1968, S. 38.

34 Kaulich 2000, S. 79.

35 Vertrag abgedruckt bei Hess und Becker 2002, S. 262 f.

36 Sowohl bei diesem wie auch dem Vertrag vom 1. Mai 1883 wurde Fredericks bewusst über den Umfang der Ausdehnung getäuscht: dieser legte nämlich englische Meilen (ca. 1,6 km), Lüderitz hingegen deutsche Meilen (ca. 7,4 km) zugrunde; Kaulich 2000, S. 50.

37 Sander 1912, S. 4, Band II.

38 Zitiert nach Kaulich 2000, S. 51.

In seiner Rückfrage,

> *„auf welche Titel dieser Anspruch begründet ist und welche Einrichtungen England dort besitzt, um deutsche Unterthanen in ihren Handelsunternehmungen und rechtmäßigen Erwerbungen daselbst solchen Rechtsschutz zu gewähren, welcher das Reich der Pflicht überhöbe, seinen Angehörigen in jenen Gebieten selbst und direkt den Schutz zu gewähren, dessen sie bedürfen können"*[39],

ging es dem Reichskanzler Bismarck zunächst ausschließlich um eine juristische Absicherung des Reiches gegen mögliche Ersatzansprüche von in Südwestafrika zu Schaden gekommenen Reichsangehörigen.[40] Mit dem Argument, den Schutz für seine Besitztümer nur für die Gewährleistung der territorialen Integrität gegen äußere Einwirkung durch dritte Mächte zu übernehmen und Lüderitz ansonsten nach dem Vorbild der britischen „*Royal Charter*" alle übrigen Kosten und Verpflichtungen aufzutragen, konnte Bismarck davon überzeugt werden, Lüderitz am 21. April 1884 den umfassenden Schutz des Reiches für seine Erwerbungen in Südwestafrika zuzusagen und dem deutschen Konsul in Kapstadt in dem berühmten Telegramm vom 24. April 1884 die folgende Anweisung zu geben:

> *„Nach Mitteilung des Herrn Lüderitz bezweifeln die Kolonialbehörden, ob seine Erwerbungen nördlich des Oranje Anspruch auf deutschen Schutz haben. Sie wollen amtlich erklären, daß er und seine Niederlassungen unter dem Schutz des Deutschen Reiches stehen."*[41]

Die Gründe, die Bismarck letztlich dazu bewogen haben, durch diese Anweisung entgegen seiner ursprünglichen Überzeugung der Errichtung von deutschen Schutzgebieten zuzustimmen und damit im Ergebnis den Grundstein für einen deutschen Kolonialismus zu legen, waren lange umstritten. Nach aktuellen Erkenntnissen verfolgte Bismarck vor allem innenpolitische Interessen: Ihm ging es darum, durch deutsche Kolonien in Afrika einen möglichen Anlass für eine begrenzte Konfrontation mit England zu haben, um so die von ihm unerwünschte, aber erwartete Intensivierung der deutsch-britischen Beziehungen und die Etablierung eines libertären Regimes nach englischem Vorbild durch den England-affinen Kronprinzen Wilhelm nach Ableben des greisen Kaisers Wilhelm I. torpedieren zu können.[42]

Zu einer Eskalation des Konfliktes über die südwestafrikanische Frage kam es jedoch nicht. England erkannte die deutschen Ansprüche auf *Angra Pequena* am 21. Juni 1884 an, hielt jedoch zeitgleich die Regierung der Kapkolonie an, den nördlich gelegenen Küstenstreifen für die Krone zu annektieren.[43] Der so ge-

39 Zitiert nach Kaulich 2000, S. 51.

40 Kaulich 2000, S. 52.

41 Kaulich 2000, S. 53 f.; Telegramm zitiert nach Lenssen 1999, S. 19.

42 Kaulich 2000, S. 54, vgl. dazu ausführlich: Riehl 1993.

43 Kaulich 2000, S. 57 f., Esterhuyse 1968, S. 57, 66.

nannte „*Scramble for Africa*“ hatte begonnen, in dem die Kolonialmächte versuchten, das Hinterland ihrer Besitzungen an den Küsten Afrikas nun auch völkerrechtlich formell zu annektieren, um somit den konkurrierenden europäischen Mächten den Zugriff darauf abzuschneiden.

(2) Aufwuchs und Konsolidierung der Kolonie

(a) Errichtung der deutschen Schutzherrschaft

Einer englischen Annexion durch die Kapkolonie kam das Deutsche Reich jedoch zuvor, indem im August 1884 die Besatzungen von Kanonenbooten die südwestafrikanische Küste vom Oranjefluss bis zum Kap Frio durch das Hissen der Reichsflagge offiziell unter die Schutzherrschaft des Reiches stellten.[44] Um diesen Vorstoß und die privaten Erwerbungen durch Lüderitz völkerrechtlich abzusichern[45], entsandte der Reichskanzler im Herbst 1884 den zum kaiserlichen Generalkonsul und Kommissar für die Westküste von Afrika ernannten Gustav Nachtigal, der mit den indigenen Häuptlingen in Südwestafrika Schutz- und Freundschaftsverträge abschloss, wodurch im weiteren Verlauf bis 1894 fast alle Stämme Südwestafrikas vertraglich an das Deutsche Reich gebunden wurden.[46] Gerade in der Anfangsphase dienten als Anknüpfungspunkt für diese Verträge nicht nur die fortgesetzten Landerwerbungen Lüderitz, sondern auch Minenkonzessionen, die sich deutsche Unternehmen von den Häuptlingen der indigenen Stämme hatten zusichern lassen.[47]

(b) Territoriale Ausdehnung des Schutzgebietes

Am 30. Dezember 1886 wurde die nördliche Abgrenzung des deutschen Schutzgebietes zu den portugiesischen Gebieten im heutigen Angola vertraglich vereinbart.[48] Großbritannien sicherte seine Interessen – die hauptsächlich darin bestanden, eine Einkesselung der Kapkolonie nach Norden hin zu verhindern – durch die Errichtung des Betschuanaland-Protektorates, dem heutigen Botswana. Die

44 Vgl. die vom Kommandanten der Korvette SMS „Elisabeth“ in *Angra Pequena* verlesene Proklamation vom 7. August 1884, abgedruckt in: Tesdorpf 1889, S. 311.

45 Die völkerrechtliche Notwendigkeit dieser Verträge ist in der zeitgenössischen Literatur durchaus umstritten, vgl. Florack 1905, S. 14.

46 Dazu ausführlich: Kaulich 2000, S. 204–211, Esterhuyse 1968, S. 98 ff.

47 S. u. III. A. 1. b) (1).

48 Erklärung zwischen der Kaiserlich-Deutschen und Königlich-Portugiesischen Regierung, betreffend die Abgrenzung ihrer beiderseitigen Besitzungen und Interessensphären in Südafrika vom 30. Dezember 1886, abgedruckt in: Deutsche Kolonialgesetzgebung, Band I, S. 89-92.

östliche Grenze des Schutzgebiets zwischen dem Deutschen Reich und Großbritannien wurde daraufhin am 10. Dezember 1884 auf den 20. Grad östlicher Länge festgesetzt. Im Rahmen des allgemeinen deutsch-englischen Kolonialausgleichs vom 1. Juli 1890, dem sogenannten „Helgoland-Sansibar-Abkommen“[49], erhielt das deutsche Schutzgebiet Süd-West-Afrika mit dem „Caprivi-Zipfel“ seine endgültige Ausdehnung.

(c) Gründung der Deutschen Kolonialgesellschaft für Südwestafrika

Nach Bismarcks Plänen sollte die Hoheitsgewalt in den neu erworbenen Schutzgebieten nicht vom Deutschen Reich selbst, sondern lediglich unter dessen Oberhoheit von privilegierten Gesellschaften ausgeübt werden, denen ein entsprechender „Kaiserlicher Schutzbrief“ ausgestellt werden sollte.[50] Zu diesem Zweck wurden die Erwerbungen von Lüderitz im April 1885 in der „Deutschen Kolonial-Gesellschaft für Südwest-Afrika“[51] (DKGfSWA) zusammengefasst, nachdem dieser in finanzielle Schwierigkeiten geraten war.[52] Der Schwerpunkt der am 30. April 1885 gegründeten DKGfSWA sollte im Bergbau liegen. Man erhoffte sich, dass es im Zuge dieser Tätigkeit zu der Errichtung der notwendigen Infrastruktur und dem Aufbau einer Verwaltungsorganisation durch die Gesellschaft kommen würde. Die unterkapitalisierte DKGfSWA verharrte jedoch in Passivität und beantragte keinen „Kaiserlichen Schutzbrief“.[53]

Auch wenn die DKGfSWA und andere Kolonialgesellschaften am administrativen Aufbau der Kolonie keinen nennenswerten Anteil hatten, spielten sie doch insbesondere nach der Jahrhundertwende als Inhaber von ausgedehnten Bergbaukonzessionen eine ausgeprägte Rolle in der wirtschaftlichen Entwicklung des Schutzgebietes.[54]

---

49 Abkommen zwischen Deutschland und England vom 1. Juli 1890, abgedruckt in: Deutsche Kolonialgesetzgebung, Band I, S. 92-102.

50 Kaulich 2000, S. 281.

51 Die offizielle Schreibweise lautete nach einer Satzungsänderung im Jahr 1908: „Deutsche Kolonial-Gesellschaft von Südwestafrika“. Die Bezeichnung und die Abkürzung DKGfSWA wird hier durchgehend verwendet. Zur Geschichte der DKGfSWA ausführlich: Sander 1912; Drechsler 1996.

52 Esterhuyse 1968, S. 90–93.

53 Vielmehr beantragt die Gesellschaft im Jahr 1890 die Zustimmung des Reiches zu einem Verkauf ihrer Besitzungen an ein englisch-holländisches Konsortium, die jedoch nicht gewährt wurde; Lenssen 1999, S. 40. Im Verlauf der deutschen Kolonialgeschichte wurden nur drei Kaiserliche Schutzbriefe ausgestellt: der Deutsch-Ostafrikanischen Gesellschaft am 27. Februar 1885, sowie der Neu-Guinea-Kompanie am 17. Mai 1885 und 13. Dezember 1886.

54 Dazu unten III. A. 1. und 3.

(d) Auf- und Ausbau der deutschen Exekutive

Das Deutsche Reich sah insbesondere aufgrund der mittlerweile von England erhobenen Forderung, den Schutz von englischen Staatsbürgern in den neuen Schutzgebieten nunmehr auch tatsächlich zu gewährleisten[55], die Notwendigkeit, seine Hoheitsgewalt durch Repräsentanten vor Ort zumindest formell auszuüben.[56] Dazu wurden drei Personen entsandt, die im August 1885 in Südwestafrika landeten und in den Anfangsjahren die gesamte Verwaltung des Schutzgebietes stellten – der Kaiserliche Kommissar Dr. Heinrich Göring, der Referendar Louis Nels und der Polizeimeister Hugo von Goldammer, die sich in *Otjimbingwe* niederließen.

In den Anfangsjahren hatte die deutsche Präsenz also einen eher symbolischen Charakter. Die Durchsetzung des deutschen Hoheitsanspruches beschränkte sich auf den Abschluss von Freundschaftsverträgen, deren Einhaltung durch das einzige „Exekutivorgan" in Südwestafrika, den Polizeimeister von Goldammer, nicht hätte durchgesetzt werden können. 1888 wurde noch in Zusammenarbeit mit der DKGfSWA mit der Aufstellung einer weniger als 30 Mann starken Schutztruppe begonnen, die den deutschen Hoheitsanspruch durchsetzen und den Schutz der Minen der DKGfSWA übernehmen sollte.[57] Die Truppenstärke war jedoch viel zu gering, um die gestellten Aufgaben ausführen zu können. Im Jahr 1888 drohte die deutsche Herrschaft durch die Aufkündigung des Schutzvertrages durch den Oberhäuptling der Herero zugunsten der Engländer sowie durch den kriegerischen Widerstand des Orlamhäuptlings Hendrik Witbooi im Jahr 1889 nachhaltig zu scheitern.[58]

Diese Entwicklung manifestierte das endgültige Scheitern der Idee Bismarcks, die Verwaltung der Schutzgebiete in private Hand zu legen. Die Reichsregierung überlegte im Frühjahr 1889, sich ganz aus Südwestafrika zurückzuziehen oder die Kolonie mit Großbritannien gegen Helgoland auszutauschen, entschied sich aber letztlich vor allem aus Prestigegründen dazu, das koloniale Engagement fortzuführen und nunmehr auch staatlich durchzusetzen.[59]

Nach der Entlassung Bismarcks durch Kaiser Wilhelm II. im März 1890 wurde unter dem neuen Reichskanzler von Caprivi am 1. April 1890 im Auswärtigen Amt die Kolonial-Abteilung gegründet.[60] Im Oktober 1890 schloss sich die

55 Külz 1909, S. 187.

56 Kaulich 2000, S. 78 f.

57 Kaulich 2000, S. 141, siehe auch unten III. A. 1. d) und e).

58 Kaulich 2000, S. 143, 146 f.

59 Esterhuyse 1968, S. 145–147.

60 Bekanntmachung betreffend die Zuständigkeit der Kolonialabteilung des Auswärtigen Amtes, abgedruckt in: Deutsche Kolonialgesetzgebung, Band I, S. 3.

Gründung des Kolonial-Rates an, der im Folgenden einen maßgeblichen Einfluss auf die Entwicklung der deutschen Kolonialpolitik nehmen konnte, obwohl er nur beratende Funktion hatte.[61] Es erfolgte eine Änderung der Kolonialpolitik mit einem anwachsenden staatlichen Engagement des Reiches in den Schutzgebieten, zunächst insbesondere dem Ausbau einer militärischen Präsenz.[62]

Der Kommandeur der 1890 neu entsandten Schutztruppen, Hauptmann Curt von François, wurde im November 1893 zum Landeshauptmann von Deutsch-Südwestafrika ernannt. Dieses neu geschaffene Amt ersetzte den Kaiserlichen Kommissar und unterstellte damit die vorhandene Verwaltung einer militärischen Spitze.[63] Im März 1894 wurde von François durch den Major Theodor Leutwein abgelöst, der im September 1894 den Orlamhäuptling Hendrik Witbooi unterwerfen und den deutschen Herrschaftsanspruch bis 1897 auch militärisch durchsetzen konnte.

Verwaltungssitz war seit 1891 Windhuk. Ab 1894 wuchs die Verwaltung weiter auf, eine dezentralisierte Lokal- und Selbstverwaltung entwickelte sich im Schutzgebiet.[64] Mit Friedrich von Lindequist, der im April 1898 zum Kaiserlichen Gouverneur ernannt wurde[65], stand wieder ein Zivilist an der Spitze der lokalen Verwaltung. In der zentralen Verwaltungsbehörde in Windhuk existierten zehn verschiedene, von Fachbeamten besetzte Referate, darunter auch ein Referat für das Bergwesen.[66]

Die nachhaltigsten Wendepunkte in der Geschichte Deutsch-Südwestafrikas waren die blutige Niederschlagung der Herero- und Nama-Aufstände von 1904 bis 1907[67] sowie die Diamantenfunde im Süden des Schutzgebietes von 1908[68]. Während der Aufstand zu einem Paradigmenwechsel im Selbstverständnis der deutschen Kolonialherren und ihres Verhältnisses zu der indigenen Bevölkerung führte, ermöglichte der Diamantenfund den wirtschaftlichen „Durchbruch" der Kolonie und beschleunigte deren Aufwuchs enorm. Die Diamanten wurden auf einem Gebiet gefunden, für das die DKGfSWA die Bergbaukonzessionen innehatte. Diese Tatsache führte in der Folgezeit zu kurzfristigen Änderungen und Umwälzungen der Regelungen der Bergbaukonzessionen im Schutzgebiet, durch

---

61 Esterhuyse 1968, S. 167.

62 Kaulich 2000, S. 86–90.

63 Allerhöchste Verfügung, betreffend Einführung des Titels Landeshauptmann vom 17. November 1893, abgedruckt in: Deutsche Kolonialgesetzgebung, Band II, S. 57.

64 Dazu ausführlich Külz 1909b; s. unten II. A. 2. c) (2) (c).

65 Allerhöchste Verordnung, betreffend Beilegung des Titels Kaiserlicher Gouverneur vom 18. April 1898, abgedruckt in: Deutsche Kolonialgesetzgebung, Band II, S. 29.

66 Zum Aufbau der Verwaltung s. Kaulich 2000, S. 90.

67 Vedder 2001, S. 38–46. Dazu ausführlich Kaulich 2000, S. 247–267.

68 S. u. III. A. 3.

welche sich das Deutsche Reich und die in Südwestafrika eingesetzte Administration die Hoheit über die Verwertung des neuentdeckten Reichtums zu sichern suchten.[69]

Beide Ereignisse gingen einher mit umfangreichen Reformen in der Verwaltung des Schutzgebietes, die sowohl vor Ort als auch im Deutschen Reich ausgebaut wurde. 1907 wurde mit dem Reichskolonialamt eine oberste Reichsbehörde geschaffen[70], die für alle militärischen und zivilen Angelegenheiten der Kolonien zuständig war und bis zum Verlust der Kolonien bestehen blieb.[71]

c) Ausgestaltung des Rechtssystems in Deutsch-Südwestafrika

(1) Staatsrechtliche Grundlagen der deutschen Kolonien

Das deutsche Staatsrecht schwieg sich vor 1884 zum rechtlichen Status von Kolonien weitgehend aus. Die Reichsverfassung von 1871 erwähnte zwar in Artikel 4 die grundlegende Zuständigkeit des Reiches für die Regelung der „Kolonisation und Auswanderung nach außerdeutschen Ländern"[72], enthielt darüber hinaus jedoch keine weitergehenden Bestimmungen. Die verfassungsrechtliche Einordnung von Kolonien in ihrer Beziehung zum Deutschen Reich war infolgedessen unter zeitgenössischen Juristen hoch umstritten.[73] Da die neuen Kolonien nicht zu den in Artikel 1 der Reichsverfassung abschließend enumerierten Staaten des Bundesgebietes zählten, hatte die Reichsverfassung, deren Anwendbarkeit nach ihrem Artikel 2 auf das Bundesgebiet beschränkt war, in ihnen keine Gültigkeit.[74] Offen blieb auch die sich daraus ergebende rechtliche Frage, ob die Kolonien gegenüber dem Reich als Inland oder Ausland zu gelten haben. Mangels einer grundsätzlichen Regelung wurde insoweit jeweils für den Einzelfall entschieden, in welchem Verhältnis Reich und Kolonien zueinander stehen.[75]

Die Gebiete des späteren Schutzgebietes Deutsch-Südwestafrika waren nicht als herrenlos annektiert worden. Stattdessen haben sich die ursprünglichen Herrscher vor Ort vertraglich in ein Abhängigkeitsverhältnis zum Deutschen Reich

---

69 Dazu ausführlich unten III. A. 3. b) und c).

70 Allerhöchster Erlaß, betreffend die Errichtung des Reichs-Kolonialamts vom 17. Mai 1907, in: Deutsche Kolonialgesetzgebung, Band XI, S. 239.

71 Kaulich 2000, S. 74.

72 S.o. II. A. 2. a).

73 Ausführliche Wiedergabe des zeitgenössischen Meinungsstandes in: Schack 1923, S. 15–61.

74 Huber 1969, S. 628. Ausführlich zur theoretischen Herleitung und dem praktischen Umgang s. von Böckmann 1912.

75 Mehrheitlich wurden die Kolonien als Inland eingestuft, vgl. Florack 1905, S. 16 f., Hoffmann (Edler von) 1907, S. 23, Laband 1964, S. 285–287.

begeben und ihre Hoheitsrechte abgetreten.[76] Nukleus aller staatsrechtlichen Regelungen waren somit die Einzelabkommen mit den jeweiligen Häuptlingen.[77] In den meisten Verträgen war vereinbart worden, dass die neuen Schutzherren sich nicht in die rechtlichen Angelegenheiten der indigenen Bevölkerung einzumischen haben. Für deutsche Staatsbürger galt deutsches Recht in einer Form, welche durch die deutsche Regierung festzulegen war; übergreifende Streitigkeiten wurden einer eigenständigen, neu geschaffenen Gerichtsbarkeit[78] übertragen.[79] Die Schutzverträge wurden nach der endgültigen Niederschlagung der Aufstände der indigenen Bevölkerung von 1897 eingeschränkt, 1904 schließlich für nichtig erklärt und hatten somit ihre Bedeutung noch vor Ende der deutschen Kolonialzeit in Südwestafrika komplett verloren.[80]

Die Reichsregierung sah zunächst keine Notwendigkeit einer genaueren Ausgestaltung des rechtlichen Rahmens für die durch diese vertraglichen Vereinbarungen neugewonnenen Kolonien, sollte die Ausübung der Hoheitsgewalt und Verwaltung nach dem ursprünglichen Willen des Reichskanzlers doch in den Verantwortungsbereich vor Ort tätiger, privater Gesellschaften gelegt werden.[81] Als das Deutsche Reich sich trotz dieser Pläne gezwungen sah, Kaiserliche Kommissare in die neue Kolonie zu entsenden, um seinen Hoheitsanspruch dort dokumentieren und zumindest auch formell ausüben zu können, entschloss sich der deutsche Gesetzgeber, *„für die Errichtung und Ausübung einer geordneten Rechtspflege in jenen Gebieten Sorge zu tragen“*[82].

---

76 Anfangs trat das Deutsche Reich dabei in die bereits von Privaten, insbesondere dem Bremer Kaufmann Lüderitz abgeschlossenen Verträge ein, später schloss es diese durch seine Beauftragten mit den örtlichen Autoritäten selbst ab, wodurch auch die völkerrechtlich zumindest zweifelhafte Inbesitznahme der Küstenstreifen Südwestafrikas im Nachhinein legitimiert wurde; s.o. II. A. 1. b) (2) (a).

77 Hesse 1905; Schack 1923, S. 254-299, 332-347.

78 Hoffmann (Edler von) 1908, S. 79–82.

79 Esterhuyse 1968, S. 74. Vgl. beispielhaft für die oben genannten Vereinbarungen Art. I und IV des Schutzvertrages mit Maharero Katyamuaha, dem Häuptling der Hereros, vom 21. Oktober 1885, abgedruckt in RT-Vhdl., 6. LP, 2. Session, 6. Band – Anlagen, S. 1388 f.; ebenso Punkt Nr. 1 und 4 des Schutzvertrages mit Jan Hendriks, Kapitän des Namaquastammes der Veldschuhträger, vom 21. August 1890; abgedruckt in Anlage 7 der Denkschrift des Reichskanzlers, RT-Vhdl., 11. LP, 1. Session 1903/1905, 5. Band – Anlagen, S. 2773.

80 Bauerfeld 1917, S. 31; Hoffmann (Edler von) 1908, S. 80; zur inhaltlichen Entwicklung der Schutzgewalt in Deutsch-Südwestafrika und den ausnahmsweise weitergeltenden Schutzverträgen s. Schack 1923, S. 332–347.

81 S.o. II. A. 1. b) (2) (a) und (b).

82 Begründung zum Entwurf eines Gesetzes betreffend die Rechtspflege in den deutschen Schutzgebieten vom 12. Januar 1886 (abgedruckt in RT-Vhdl., 6. LP, 2. Session 1885/1886, 4. Band Anlagen, S. 441 f.), zitiert nach Kaulich 2000, S. 119.

Am 17. April 1886 wurde daraufhin vom Reichstag das *Gesetz, betreffend die Rechtsverhältnisse in den deutschen Schutzgebieten* erlassen,[83] das am 19. März 1888[84] neu gefasst und erweitert und mit Wirkung vom 1. Januar 1901 durch das *Schutzgebietsgesetz* (SchGG)[85] ersetzt wurde. Diese Vorschriften bildeten das gesetzliche Grundgerüst für das Engagement des Reiches in den neuen Kolonien. Ihr jeweiliger § 1 übertrug die Ausübung der Schutzgewalt in den deutschen Schutzgebieten „*aus Gründen praktischer Zweckmäßigkeit und insbesondere im Hinblick auf die wechselnden Bedürfnisse der Verwaltung in den noch unterentwickelten überseeischen Gebieten*"[86] dem Kaiser.

Die Grundlagen der deutschen Kolonialgesetzgebung waren kein abstraktes Konstrukt, sondern orientierten sich an den jeweils vorherrschenden politischen Plänen für den Auf- und Ausbau der Kolonien, und nicht zuletzt an den sich dort ergebenden praktischen Notwendigkeiten. Da es sich insoweit um eine lebendige juristische Diskussion handelte, verwundert es nicht, dass schon die rechtliche Herleitung der grundlegenden Begriffe Kolonie, Schutzgebiet und Interessengebiet und die damit jeweils implizierte Bedeutung, insbesondere die Frage der Zuständigkeit der Reichsgesetzgebung für koloniale Rechtsverhältnisse, in der zeitgenössischen juristischen Literatur umstritten waren und ausgiebig diskutiert wurden, wobei im Ergebnis der Hoheitsanspruch des Reiches als solcher jedoch von keiner Auffassung verneint wurde.[87]

(2) Rechtsquellen in Deutsch-Südwestafrika

Neben den bereits 1904 außer Kraft gesetzten und insoweit hier ausgeklammerten, grundlegenden Schutzverträgen mit der indigenen Bevölkerung, waren die Rechtsquellen des deutschen Kolonialrechts in Deutsch-Südwestafrika die

83 RGBl. 1886, S. 75 f., geändert durch die Gesetze vom 7. Juli 1887 (RGBl. 1887, S. 307) und vom 15. März 1888 (RGBl. 1888, S. 71-75).

84 Bekanntmachung wegen Redaktion des Gesetzes betreffend die Rechtsverhältnisse der deutschen Schutzgebiete vom 19. März 1888 (RGBl. 1888, S. 75-79), geändert durch die Gesetze vom 2. Juli 1899 (RGBl. 1899, S. 365 f.) und 25. Juli 1900 (RGBl. 1900, S. 809-812).

85 Schutzgebietsgesetz vom 10. September 1900 (RGBl. 1900, S. 812-817), in Kraft gesetzt durch § 1 der Allerhöchsten Verordnung vom 9. November 1900 (RGBl. 1900, S. 1005); geändert durch die Gesetze vom 16. Juli 1912 (RGBl. 1912, S. 443) und 22. Juli 1913 (RGBl. 1913, S. 599 f.).

86 Dritte Beratung des Entwurfs eines Gesetzes betreffend die Rechtspflege in den deutschen Schutzgebieten am 10. April 1886 im Reichstag (abgedruckt in RT-Vhdl., 6. LP, 2. Session 1885/1886, 3. Band, S. 2028), zitiert nach Kaulich 2000, S. 119.

87 Vgl. Hoffmann (Edler von) 1907, S. 7–21; mit Verweisen auf den umfangreichen Meinungsstand: Florack 1905, S. 14–16 und Bauerfeld 1917, S. 26–28; grundlegend: von Böckmann 1912.

Rechts- und Verwaltungsverordnungen sowie Verfügungen des Kaisers, des Reichskanzlers und der nachgeordneten Reichs- und Kolonialbehörden, die auf die Kolonien anwendbaren oder explizit für diese erlassenen Reichsgesetze sowie mit Beginn des 20. Jahrhunderts – wenn auch nur in sehr geringem Umfang – die Regelungen der zur Selbstverwaltung geschaffenen Gemeinde- und Bezirksverbände sowie des Landesrates.[88] Hinsichtlich der Rechte einer Person und der Anwendbarkeit von Gesetzen und Verordnungen ist vorab grundsätzlich festzuhalten, dass immer zwischen Weißen und Farbigen sowie Inländern und Ausländern unterschieden wurde.[89]

(a) Kaiserliche Verordnungen

Der Kaiser übte die ihm durch den jeweiligen § 1 der Schutzgebietsgesetze[90] übertragene Schutzgewalt durch Verordnungen aus.[91] Als Verordnung wurde eine ohne Mitwirkung der Volksvertretung aus dem freien Willen der Exekutive, also des Kaisers, entstandene Maßnahme bezeichnet, die Rechtssätze oder Verwaltungsvorschriften enthält und insoweit in an die Untertanen gerichtete Rechtsverordnungen und an Behörden adressierte Verwaltungsverordnungen unterteilt werden kann.[92] So nur die Regelung eines Einzelfalles in Frage stand, wurde dabei nicht von einer Verordnung, sondern von einer Verfügung gesprochen.[93]

Der Begriff der Schutzgewalt wurde in Südwestafrika spätestens mit der Außerkraftsetzung der ursprünglichen Schutzverträge nach Beginn der Aufstände der indigenen Bevölkerung ab 1904 anerkanntermaßen mit der vollen Staatsgewalt gleichgesetzt.[94] Die Verordnungen des Kaisers mussten verkündigt werden und

88 Hoffmann (Edler von) 1907, S. 11.

89 Vgl. beispielhaft §§ 4, 7 Abs. 3 SchGG vom 10. September 1900 i.V.m. § 4 der Kaiserlichen Verordnung vom 9. November 1900 (RGBl. S. 1005) zur Differenzierung von „Eingeborenen". Das ursprünglich nur auf deutsche Staatsbürger anwendbare KGG wird in seiner Neufassung vom 7. April 1900 in § 2 Abs. 1 Nr. 2 um die Konstruktion des ausländischen „Schutzgenossen" ergänzt.

90 S.o. II. A. 2. c) (1).

91 Ausführlich zur Verordnungsgewalt in den Schutzgebieten Bauerfeld 1917. Zur Reichweite der Befugnisse des Kaisers und kritischen Auseinandersetzung mit dem zeitgenössischen Meinungsstand Kuhn 1913, S. 83–87.

92 Bauerfeld 1917, S. 20 f.

93 Bauerfeld 1917, S. 23.

94 Bauerfeld 1917, S. 34; der Terminus „Schutzgewalt" wurde insoweit als irreführend kritisiert, als damit von den für die Begriffswahl verantwortlichen ursprünglichen Plänen Bismarcks, nach denen das Deutsche Reich mit seiner Hoheitsgewalt nur einen Schutz der neuerworbenen Gebiete gegen ausländische dritte Mächte sichern sollte, abgewichen wurden, vgl. Hoffmann (Edler von) 1907, S. 20.

waren zuvor vom Reichskanzler gegenzuzeichnen, wodurch eine zumindest formelle Beteiligung des Parlaments gewährleistet werden sollte.[95] Obwohl dies nicht notwendig war, bediente sich der Kaiser darüber hinaus zur Regelung von wesentlichen Aspekten mitunter anstelle von Verordnungen eines Gesetzes und beschritt damit den legislativen Weg, der für das Reichsgebiet vorgesehen war.[96]

Diese umfassende Verordnungsgewalt war im Wesentlichen nur durch die reichsgesetzlichen Bestimmungen über das Etat- und Finanzwesen der Schutzgebiete[97] sowie die Schutzgebietsgesetze, in deren jeweiligem § 2 etwa das bürgerliche Recht und das Strafrecht, das Prozessrecht sowie die Gerichtsverfassung den Regelungen der Konsulargerichtsbarkeit unterworfen wurden,[98] eingeschränkt.[99]

(b) Verordnungen des Reichskanzlers

Eine weitere Einschränkung der kaiserlichen Verordnungsgewalt enthielten die Schutzgebietsgesetze insoweit, als dem Reichskanzler durch sie ebenfalls eine originäre Verordnungsgewalt zugestanden wurde. Er war durch deren Vorschriften gleichsam als oberster Verwalter der Schutzgebiete[100] gesetzlich zum Erlass von *„zur Ausführung des Gesetzes erforderlichen Anordnungen*" sowie von *„sonstige[n] die Verwaltung betreffenden Vorschriften*" berechtigt.[101] Trotz des in dieser Hinsicht nicht eindeutigen Wortlautes der entsprechenden Vorschriften waren unter diesen im zuletzt maßgeblichen § 15 Absatz 1 und 2 SchGG erwähnten Anordnungen und Vorschriften nicht nur Verwaltungs-, sondern auch Rechtsverordnungen zu verstehen.[102]

Ein weiteres gesetzliches Verordnungsrecht ergab sich mittelbar aus dem zuletzt durch § 3 SchGG zur Anwendung gebrachten Gesetz über die Konsularge-

95 Florack 1905, S. 31 f; Kuhn 1913, S. 103–110; Bauerfeld 1917, S. 39–46.

96 Florack 1905, S. 27–30, Huber 1969, S. 629 f.

97 Gesetz über die Einnahmen und Ausgaben der Schutzgebiete vom 30. März 1892, (RGBl. 1892, S. 369); geändert durch Gesetz vom 18. Mai 1908, (RGBl. 1908, S. 207).

98 Dazu näher unten II. A. 2. c) (2) (d).

99 Laband 1964, S. 293 f. Zu den Beschränkungen ausführlich Kuhn 1913, S. 87–103.

100 Inoffiziell wurde der Reichskanzler oft als „Kolonialminister" bezeichnet; Kuhn 1913, S. 139.

101 § 11 Abs. 1, 2 des Gesetzes betreffend die Rechtsverhältnisse der deutschen Schutzgebiete vom 17. April 1886 (RGBl. 1886, S. 75 f.) i.d.F. der Bekanntmachung wegen Redaktion des Gesetzes betreffend die Rechtsverhältnisse der deutschen Schutzgebiete vom 19. März 1888 (RGBl. 1888, S. 75-79); § 15 Abs. 1, 2 Schutzgebietsgesetz vom 10. September 1900 (RGBl. 1900, S. 812-817); ausführlich zur Verordnungsgewalt des Reichskanzlers Kuhn 1913, S. 138–154.

102 Kuhn 1913, S. 165; ausführlich zum Umfang der Befugnis Bauerfeld 1917, S. 64–69.

richtsbarkeit (KGG)[103], nach dessen § 23 Absatz 3 der Reichskanzler anstelle einer Landeszentral- oder höheren Verwaltungsbehörde Anordnungen oder Verfügungen treffen konnte, soweit auf diesen in preußischen oder Gesetzen des Reiches im Sinne des § 19 KGG verwiesen wurde.[104]

Das theoretische Konfliktpotential, das sich durch die Herleitung einer originären Verordnungsgewalt sowohl des Reichskanzlers als auch des Kaisers aus der gleichen Rechtsquelle, nämlich dem Schutzgebietsgesetz ergab, wurde in der Praxis immer zugunsten des Kaisers aufgelöst.[105]

Davon zu trennen war ein derivatives Verordnungsrecht des Reichskanzlers, das der Kaiser in Ausübung seiner umfassenden Schutzgewalt an ihn übertragen und auch jederzeit zurücknehmen konnte.[106]

(c) Regelungen der Kolonialverwaltung

Auf der derivativen Verordnungsgewalt von Kaiser oder Reichskanzler beruhte zudem die gesamte Administration und Verwaltung der Schutzgebiete. Die Kompetenzen aller nachgeordneten Kolonialbehörden – ob zentral im Reich oder lokal vor Ort – leiteten sich aus ihr ab.[107]

(i) Zentralverwaltung im Reich

Die zentrale Verwaltung der Schutzgebiete wurde vom Kaiser zunächst an das Auswärtige Amt, ab 1894 an die dort neu gebildete Kolonialabteilung,[108] und schließlich an das 1907 gegründete, zu einer obersten Reichsbehörde erhobene

---

103 Gesetz über die Konsulargerichtsbarkeit vom 10. Juli 1879 (RGBl. 1879, S. 197-206), geändert und ergänzt durch Gesetz vom 7. April 1900 (RGBl. 1900, S. 213-228).

104 Bauerfeld 1917, S. 70.

105 Bauerfeld 1917, S. 66.

106 So etwa § 3 der Kaiserlichen Verordnung, betreffend die Rechtsverhältnisse in den deutschen Schutzgebieten vom 9. November 1900, durch den dem Reichskanzler *bis auf weiteres* die Befugnis erteilt wird, das Grundstücks- und Bergrecht zu regeln, soweit keine entsprechende Kaiserliche Verordnung existiert; dieses und weitere Beispiele für Übertragungen an den Reichskanzler bei Kuhn 1913, S. 145–151.

107 Bauerfeld 1917, S. 72. Ausführlich zum Aufbau der Verwaltung in den Schutzgebieten Hoffmann (Edler von) 1908.

108 Allerhöchste Verordnung, betreffend die Verwaltung der Schutzgebiete vom 12. Dezember 1894, abgedruckt in: Deutsche Kolonialgesetzgebung, Band II, S. 133.

Reichskolonialamt[109] delegiert, das als Zentralverwaltung für alle deutschen Kolonien mit Ausnahme von Kiautschou fungierte.[110]

Entsprechend den Regelungen von § 2 des Stellvertretungsgesetzes vom 17. März 1878[111] erfolgte in der Praxis die Gegenzeichnung der Anordnungen des Kaisers und der Erlass von Verordnungen aus dem Zuständigkeitsbereich des Reichskanzlers zumeist vom Staatssekretär des Reichskolonialamtes,[112] an den die Befugnisse des Reichskanzlers durch den Allerhöchsten Erlaß vom 17. Mai 1907 übertragen wurden.

(ii) Lokalverwaltung in Südwestafrika

Kaiser, Reichskanzler und Zentralverwaltung wiederum delegierten ihre Befugnisse in zunehmender Weise an die in den jeweiligen Schutzgebieten ansässig gemachte Lokalverwaltung. Diese Funktion wurde in Deutsch-Südwestafrika zunächst durch das Amt des Kaiserlichen Kommissars, später des Landeshauptmannes und schließlich durch das Amt des Gouverneurs sowie einen nachgeordneten, im Verlauf der Entwicklung der Kolonie ständig anwachsenden Behördenapparat[113] ausgefüllt.

Die dem 1885 eingesetzten Kaiserlichen Kommissar übertragene Verordnungsbefugnis war noch auf Regelungen beschränkt, die für die allgemeine Verwaltung und das Steuer- und Zollwesen notwendig waren.[114] Seine Befugnisse gingen 1893 in dem neu geschaffenen Amt des Landeshauptmannes auf,[115] das die Funktionen des Kaiserlichen Kommissars mit denen des Kommandeurs der Schutztruppen vereinte, in dieser Doppelfunktion jedoch angesichts der Herausforderungen der 1890er Jahre weitgehend militärisch geprägt blieb.[116]

---

109 Allerhöchster Erlaß, betreffend die Errichtung des Reichs-Kolonialamts vom 17. Mai 1907, in: Deutsche Kolonialgesetzgebung Bd. XI, S. 239.

110 Kuhn 1913, S. 154–158. Die Verwaltung des Schutzgebietes Kiautschou oblag dem Reichsmarineamt. Ausführlich zum Auf- und Ausbau der Zentralverwaltung Kaulich 2000, S. 71–96; Hoffmann (Edler von) 1908, S. 12–14.

111 Reichsgesetzblatt 1878, S. 7.

112 Kuhn 1913, S. 139.

113 Dazu oben II. A. 2. b) (2).

114 Allerhöchste Verordnung betreffend den Erlaß von Verordnungen auf dem Gebiet der allgemeinen Verwaltung, des Zoll- und Steuerwesens für die westafrikanischen Schutzgebiete vom 19. Juli 1886, abgedruckt in: Deutsche Kolonialgesetzgebung, Band I, S. 177 f.

115 Allerhöchste Verfügung, betreffend Einführung des Titels Landeshauptmann vom 17. November 1893, abgedruckt in: Deutsche Kolonialgesetzgebung, Band II, S. 57.

116 Kaulich 2000, S. 88 f.

Eine umfassendere rechtliche Regelung erfuhr die Lokalverwaltung mit Schaffung des Gouvernements für Deutsch-Südwestafrika im Jahre 1898.[117] Als kaiserlich bestallter Kolonialbeamter übte der Gouverneur einer Kolonie die Befugnisse des Kaisers an dessen Stelle vor Ort aus, er fungierte als oberste Behörde in der Kolonie und stand an der Spitze der örtlichen Zivil- und Militärverwaltung.[118]

Der Reichskanzler hatte das ihm nach § 15 Absatz 2 SchGG zustehende Verordnungsrecht seit 1903 auf die Gouverneure der Kolonien übertragen, das diese in seinem Auftrag ausübten.[119] Die Gouverneure konnten somit umfangreiche Rechts- und Verwaltungsverordnungen erlassen,[120] zumal ihnen die Vorgaben der Zentralverwaltung häufig großen Spielraum für eigenständiges Handeln überließen.[121] Auch die genaue Ausgestaltung von Kaiserlichen Verordnungen durch den Erlass von konkreten Ausführungsbestimmungen wurde häufig, gegebenenfalls über den Umweg einer entsprechenden Verfügung des Reichskanzlers, an die Gouverneure delegiert.[122]

Das Gouvernement in Deutsch-Südwestafrika untergliederte sich neben der Zentralverwaltung in Windhuk[123] in verschiedene Bezirke und Distrikte,[124] in denen der Gouverneur jeweils durch einen Bezirkshauptmann, später Bezirksamtmann vertreten wurde, der im Rahmen seiner Tätigkeit ebenfalls Verordnungen erlassen konnte.[125]

(iii) Selbstverwaltung in Südwestafrika

Seit Anfang des 20. Jahrhunderts nahmen parallel zum Wachstum der Kolonie auch die Pläne für einen Ausbau der Selbstverwaltung in Deutsch-Südwestafrika

117 Allerhöchste Verordnung, betreffend Beilegung des Titels Kaiserlicher Gouverneur vom 18. April 1898, abgedruckt in: Deutsche Kolonialgesetzgebung, Band II, S. 29.

118 Kuhn 1913, S. 162.

119 § 15 Abs. 3 SchGG i.V.m. § 5 der Verfügung des Reichskanzlers betreffend die seemannsamtlichen und konsularischen Befugnisse und das Verordnungsrecht der Behörden in den Schutzgebieten Afrikas und der Südsee vom 27. September 1903, abgedruckt in: Deutsche Kolonialgesetzgebung Bd. VII, S. 214.

120 Zu den formellen Anforderungen siehe Bauerfeld 1917, S. 75–80.

121 Kaulich 2000, S. 95.

122 Ausführliche Beispiele bei Kuhn 1913, S. 167–176.

123 Zu Aufbau und Zuständigkeiten der verschiedenen Abteilungen/Referate siehe Kaulich 2000, S. 90–94.

124 Hoffmann (Edler von) 1908, S. 70–82.

125 Instruktion des Kaiserlichen Gouverneurs von Deutsch-Südwestafrika für die Bezirkshauptleute und Distriktschefs vom 1. Mai 1900, § 3; zitiert nach: Kaulich 2000, S. 102.

zu.[126] Der ab 1906 eingeführte, dem Gouverneur zur Seite stehende Gouvernementsrat hatte zunächst lediglich eine beratende Funktion.[127] Im Jahr 1907 wurde mit Wilhelm Külz ein erfahrener Kommunalpolitiker als Referent für Kommunalverwaltung an das Gouvernement in Windhuk gesandt, dessen Vorschläge zur Schaffung von Gemeinde- und Bezirksverbänden sowie einem Landesrat durch die *Verordnung des Reichskanzlers betreffend die Selbstverwaltung in Deutsch-Südwestafrika* vom 28. Januar 1909[128] weitgehend umgesetzt wurden. Die damit geschaffenen Ansätze zur Selbstverwaltung fanden ihren Ursprung somit in der gesetzlichen Verordnungsgewalt des Reichskanzlers.[129]

Den durch diese Verordnung geschaffenen Gemeinde- und Bezirksverbänden[130] wurde eine eingeschränkte Form der Selbstverwaltung gestattet, die sich maßgeblich auf die Daseinsfürsorge und Errichtung von Infrastruktur beschränkte.[131] Auf der Ebene des Gemeindeverbandes konnte ein aus mindestens vier Personen bestehender Gemeinderat[132] dazu durch Beschluss verbindliche Ortsgesetze[133] und Gemeindevorschriften[134] erlassen, während bereits auf Bezirksebene der dem Bezirksrat[135] vorsitzende[136] – nicht frei gewählte, sondern verbeamtete und zur Lokalverwaltung zählende[137] – Bezirksamtmann die zur Umsetzung erforderlichen öffentlich-rechtlichen Vorschriften erließ und den übrigen Mitgliedern des Bezirksrates lediglich ein Vorspracherecht beim Gouverneur verblieb, so der Bezirksamtmann sich über dessen Beschlüsse hinwegsetzte.[138]

Auch der neu gebildete Landesrat, der nunmehr den Gouvernementsrat ersetzte und durch den eine Selbstverwaltung auf der Ebene des gesamten Schutzgebietes ermöglicht werden sollte, hatte zunächst eine lediglich beratende Funk-

126 Dazu ausführlich Külz 1909b; Külz 1909a, S. 199–219.

127 Külz 1909a, S. 201–203; Bauerfeld 1917, S. 75 f.

128 Deutsche Kolonialgesetzgebung, Band XIII, S. 19-34.

129 § 15 Absatz 2 SchGG, die er nach § 15 Absatz 3 SchGG übertragen konnte.

130 § 2, § 86 der Verordnung des Reichskanzlers betreffend die Selbstverwaltung in Deutsch-Südwestafrika vom 28. Januar 1909.

131 §§ 4, 5, 6; §§ 88, 96, 97 der Verordnung vom 28. Januar 1909. Allerdings konnten die Räte der Gemeinde- und Bezirksverbände insbesondere auch über eigene fiskalische Belange entscheiden (§§ 51, 99) und kommunale Abgaben erheben (§§ 74, 75, 102). Zur Gemeindeverwaltung s. Kuhn 1913, S. 223–226.

132 Zu dessen Wahl und Zusammensetzung s. §§ 15-36 der Verordnung vom 28. Januar 1909; dazu auch Kaulich 2000, S. 113–115.

133 § 13 der Verordnung vom 28. Januar 1909; diese mussten jedoch durch die Aufsichtsbehörde genehmigt werden.

134 § 14 der Verordnung vom 28. Januar 1909.

135 Zu dessen Wahl und Zusammensetzung s. §§ 93-95 der Verordnung vom 28. Januar 1909.

136 § 98 der Verordnung vom 28. Januar 1909.

137 Kuhn 1913, S. 176 f.

138 § 101 der Verordnung vom 28. Januar 1909.

tion zur Unterstützung des Gouverneurs.[139] Er tagte unter Vorsitz des Gouverneurs und bestand aus einem gewählten Vertreter jedes Bezirksverbandes und einer gleichen Anzahl vom Gouverneur ernannter Personen.[140] Jedoch war in der Verordnung neben der beratenden auch eine beschließende Funktion des Landesrates für Angelegenheiten angelegt, die durch den Reichskanzler und das Reichskolonialamt festgelegt werden konnten.[141] Durch diese Regelung hätte das Schutzgebiet im Zuge einer wachsenden wirtschaftlichen Unabhängigkeit in zunehmendem Maße größere Entscheidungsbefugnisse erhalten sollen.[142] Obwohl das Beschlussrecht des Landesrates nach langer Auseinandersetzung im Jahre 1913 ausgebaut wurde,[143] wurde eine effektive Selbstverwaltung durch dieses Gremium neben den strengen Wahlvoraussetzungen schon vor allem durch die Vorschriften bezüglich seiner Zusammensetzung torpediert,[144] durch die den seitens der Verwaltung eingesetzten Mitgliedern eine Mehrheit im Landesrat gesichert blieb.

Bis zur Kapitulation der deutschen Schutztruppen im Jahre 1915 änderten sich diese Bedingungen nicht mehr, so dass es bis zum Ende der Kolonie in Deutsch-Südwestafrika keine eigenständige Legislative gab, die in nennenswerter Weise über die Regelung der verhältnismäßig einfachen kommunalen Belange durch die Gemeindeverbände hinausging.[145]

(d) Anwendbarkeit der Reichsgesetze

Die Anwendbarkeit von deutschen Gesetzen für Reichsangehörige wurde durch die Einführung der Konsulargerichtsbarkeit ermöglicht. Sie erfolgte über § 2 des *Gesetzes betreffend die Rechtsverhältnisse in den deutschen Schutzgebieten* vom 17. April 1886[146]. Soweit das KGG keine entsprechende Ausnahme vorsah, wurde die kaiserliche Verordnungsgewalt nach Maßgabe der so anzuwendenden Reichsgesetze eingeschränkt.[147]

---

139 §§ 105, 112 der Verordnung vom 28. Januar 1909.

140 §§ 106, 107, 111 der Verordnung vom 28. Januar 1909.

141 § 113 der Verordnung vom 28. Januar 1909.

142 Dazu Kuhn 1913, S. 218.

143 Verfügung des Reichskanzlers betreffend die Erweiterung der Befugnisse des Landesrates in Deutsch-Südwestafrika vom 26. Juni 1913, Deutsches Kolonialblatt 1913, S. 572.

144 §§ 106, 107, 111 der Verordnung vom 28. Januar 1909.

145 Schon aufgrund der bis zum Ende der Kolonie oft mangelhaften Finanzierung der meisten Gemeindeverbände entfalteten sich nur wenige Aktivitäten, vgl. Kaulich 2000, S. 115.

146 Später ersetzt durch § 3 des Schutzgebietsgesetzes vom 10. September 1900.

147 Laband 1964, S. 293.

Zeitpunkt des Inkrafttretens des Gesetzes über die Konsulargerichtsbarkeit[148] war für das Schutzgebiet Deutsch-Südwestafrika der 1. Januar 1888.[149] Das KGG galt ausschließlich für deutsche Staatsbürger[150] und unterstellte diese dem deutschen Zivil- und Strafrecht.[151] Für die Weißen galten nach der Neufassung von SchGG und KGG im Jahre 1900 in den Kolonien alle *„dem bürgerlichen Rechte angehörenden Vorschriften der Reichsgesetze und der daneben innerhalb Preußens im bisherigen Geltungsbereiche des preußischen Allgemeinen Landrechts in Kraft stehenden allgemeinen Gesetze"*.[152] Maßgeblich für die Beurteilung war dabei der bürgerlich-rechtliche Charakter der einzelnen Vorschrift, nicht des ganzen Gesetzes.[153] Damit galten in den Schutzgebieten beispielsweise auch die Bestimmungen des am 1. Januar 1900 in Kraft getretenen Bürgerlichen Gesetzbuches (BGB). Mit der Novellierung des KGG wurde die Verordnungsbefugnis des Kaisers maßgeblich erweitert und seine Position somit gestärkt.[154]

(3) Gerichtsaufbau

(a) Reichsangehörige und weiße Schutzgenossen

Die Gerichtsverfassung in den Schutzgebieten bestimmte sich für Weiße[155] zunächst allein nach den Vorschriften der Konsulargerichtsbarkeit,[156] welche die erstinstanzliche Zuständigkeit grundsätzlich bei den jeweiligen Konsuln verortete und als finale zweite Instanz das Reichsgericht vorsah.[157]

Im Jahr 1890 schufen im Rahmen ihrer jeweiligen Verordnungsgewalt[158] der Reichskanzler zur Ausübung der erstinstanzlichen Gerichtsbarkeit das Kaiserli-

148 Gesetz über die Konsulargerichtsbarkeit vom 10. Juli 1879 (RGBl. 1879, S. 197-206), geändert und ergänzt durch Gesetz vom 7. April 1900 (RGBl. 1900, S. 213-228).

149 Verordnung, betreffend die Rechtsverhältnisse in dem südwestafrikanischen Schutzgebiet vom 21. Dezember 1887 (RGBl. 1887, S. 535).

150 § 1 Abs. 2 KGG.

151 §§ 3, 4 KGG.

152 § 3 SchGG i. V. m. § 19 Nr. 1 KGG i. d. F. vom 7. April 1900.

153 Hoffmann (Edler von) 1907, S. 107.

154 §§ 19-39 KGG i.d.F. vom 7. April 1900; dazu Kuhn 1913, S. 99–102.

155 Vgl. Fn 91.

156 § 2 Absatz 1 des Gesetzes betreffend die Rechtsverhältnisse der deutschen Schutzgebiete vom 17. April 1886.

157 §§ 5 Absatz 1, 36 Satz 1, 43 Satz 2 KGG i. d. F. vom 10. Juli 1879.

158 §§ 5 Absatz 3 KGG i. d. F. vom 10. Juli 1879; § 2 Absatz 1, 2. Halbsatz und § 3 Ziffer 9 des Gesetzes betreffend die Rechtsverhältnisse der deutschen Schutzgebiete vom 17. April 1886 i. d. F. vom 15. März 1888.

che Gericht des südwestafrikanischen Schutzgebietes,[159] und der Kaiser als zweite und abschließende Instanz an Stelle des Reichsgerichtes das Kaiserliche Obergericht des südwestafrikanischen Schutzgebietes.[160] Nach der Neufassung des KGG und Schaffung des SchGG im Jahr 1900 wurde auch die Gerichtsverfassung in den Schutzgebieten einer Reform unterzogen, wodurch insbesondere die Bezüge zum KGG verringert wurden.[161]

Erstinstanzlich waren nunmehr die Kaiserlichen Bezirksgerichte zuständig.[162] Der Bezirksrichter entschied über alle dem Amtsgericht durch Gerichtsverfassungsgesetz, Zivilprozessordnung, Konkursordnung und dem Gesetz über die freiwillige Gerichtsbarkeit zugewiesenen Sachverhalte als Einzelrichter.[163] Das aus dem Bezirksrichter und zwei, in Strafsachen vier Beisitzern bestehende Bezirksgericht entschied über Sachverhalte, die im Reich in den Zuständigkeitsbereich eines Landgerichtes fielen.[164]

Als Berufungs- und Beschwerdeinstanz fungierte das in Windhuk ansässige Kaiserliche Obergericht.[165] Über Beschwerden gegen die Entscheidungen des Bezirksrichters entschied der Kaiserliche Oberrichter als Einzelrichter, im Übrigen war das Kaiserliche Obergericht zuständig, das sich aus dem Kaiserlichen Oberrichter und vier Beisitzern zusammensetzte.[166]

Gerade in den Anfangsjahren der Kolonie war ein effektiver Rechtsschutz in der Kolonie nicht zuletzt durch die häufige Personalunion von Exekutive und Ju-

---

159 § 2 Nr. 1 der Dienstanweisung, betreffend die Ausübung der Gerichtsbarkeit in dem südwestafrikanischen Schutzgebiet vom 27. August 1890, abgedruckt in: Deutsche Kolonialgesetzgebung, Band I, S. 287-298.

160 § 4 der Allerhöchsten Verordnung, betreffend die Rechtsverhältnisse in dem südwestafrikanischen Schutzgebiet vom 10. August 1890; abgedruckt in: Deutsche Kolonialgesetzgebung, Band I, S. 283-286. Zur nur sehr rudimentären Entwicklung und personellen Besetzung der Gerichtsbehörden in der Zeit bis 1900 s. Kaulich 2000, S. 127–129; Külz 1909a, S. 219–220.

161 Allerhöchste Verordnung, betreffend die Rechtsverhältnisse in den deutschen Schutzgebieten vom 9. November 1900 (RGBl. S. 1005); Verfügung, betreffend die Ausübung der Gerichtsbarkeit in den Schutzgebieten Afrikas und der Südsee vom 25. Dezember 1900, abgedruckt in: Deutsche Kolonialgesetzgebung, Band V, S. 173-186; Laband 1964, S. 300.

162 Auflistung aller Gerichtsbezirke in Deutsch-Südwestafrika und ausführlich zur Zuständigkeit Kuhn 1913, S. 298.

163 § 5 KGG i. d. F. vom 7. April 1900.

164 § 2 SchGG i. V. m. §§ 8-10 KGG i. d. F. vom 7. April 1900 i. V. m. § 7 der Allerhöchsten Verordnung, betreffend die Rechtsverhältnisse in den deutschen Schutzgebieten vom 9. November 1900.

165 § 6 Ziffer 6 SchGG i. V. m. § 14 KGG i. d. F. vom 7. April 1900 i. V. m. § 8 der Allerhöchsten Verordnung, betreffend die Rechtsverhältnisse in den deutschen Schutzgebieten vom 9. November 1900.

166 § 8 der Allerhöchsten Verordnung, betreffend die Rechtsverhältnisse in den deutschen Schutzgebieten vom 9. November 1900. Ausführlich zur Zuständigkeit und Zusammensetzung des Obergerichtes Kuhn 1913, S. 298–300.

dikative beeinträchtigt.[167] Auch wenn sich diese Problematik ab 1900 durch die Ernennung der Bezirksrichter[168] verringerte, bleibt festzuhalten, dass es insbesondere gegen Verwaltungsentscheidungen nur das sehr eingeschränkte Rechtsmittel der Beschwerde gab, ein gesondertes Verwaltungsstreitverfahren hingegen nicht existierte.[169]

Eine angedachte Reform der nicht zuletzt deshalb mehr und mehr als unzureichend empfundenen[170] Gerichtsverfassung in den Kolonien, die maßgeblich durch Einführung einer dritten Instanz in Form eines zentralen Konsular- und Kolonialgerichtshofes in Berlin hätte geprägt werden sollen, konnte vor Beginn des Ersten Weltkrieges nicht mehr umgesetzt werden.[171]

(b) Indigene Bevölkerung

Von der Gerichtsbarkeit für Weiße klar zu trennen war die Gerichtsbarkeit für die indigene Bevölkerung, die in der damaligen Gesetzessprache „Eingeborene" genannt wurden. Diese war zunächst maßgeblich durch die Bestimmungen der jeweiligen Schutzverträge geregelt, die eine eigene Gerichtsbarkeit der indigenen Stammesführer ermöglichte.[172] Deren Regelungen wurde in Abgrenzung zu anderen Schutzgebieten in Deutsch-Südwestafrika auch aufrechterhalten, nachdem durch den entsprechend ermächtigten[173] Reichskanzler die Zuständigkeit für Strafsachen gegen ein Mitglied der indigenen Bevölkerung unter Vorbehalt eines Mitspracherechts der Stammesführer im Jahr 1896,[174] und die Zuständigkeit für

167 von Böckmann 1912, S. 169; Florack 1905, S. 44 f.

168 Welche seit 1910 auch die Befähigung zum Richteramt nachweisen mussten, § 49 Kolonialbeamtengesetz vom 8. Juni 1910 (RGBl. S. 881).

169 von Böckmann 1912, S. 173.

170 Kaulich 2000, S. 124; von Böckmann 1912, S. 172, 180 f.

171 Begründung zum Entwurf eines Gesetzes über die Errichtung eines Kolonial- und Konsulargerichtshofes vom 21. April 1910, Sten. Ber. RT 12. LP/2. Session 1909/11, Band 275, Anl. Nr. 400, nach S. 2160), zitiert nach Kaulich 2000, S. 125; ausführlich zu diesem Vorhaben Kuhn 1913, S. 301–304.

172 Hesse 1905.

173 Allerhöchste Verordnung, betreffend die Gerichtsbarkeit über die Eingeborenen in den afrikanischen Schutzgebieten vom 25. Februar 1896, abgedruckt in: Deutsche Kolonialgesetzgebung, Band II, S. 213.

174 Verfügung des Reichskanzlers wegen Ausübung der Strafgerichtsbarkeit und der Disziplinargewalt gegenüber den Eingeborenen in den deutschen Schutzgebieten von Ostafrika, Kamerun und Togo vom 22. April 1896, abgedruckt in: Deutsche Kolonialgesetzgebung, Band II, S. 215-218; Verfügung des Landeshauptmannes, betreffend die Änderung der Verordnung, betreffend die Strafgerichtsbarkeit der Eingeborenen in Südwestafrika vom 8. November 1896, abgedruckt in: Deutsche Kolonialgesetzgebung, Band II, S. 294 f.

Zivilsachen zwischen „Eingeborenen“ und „Nichteingeborenen“ im Jahr 1903[175] auf die Lokalverwaltung, also die Exekutive, übertragen wurde.

Im Jahr 1908 wurden die bislang existierenden Regelungen durch den Kaiser bestätigt und die Zuständigkeit für die „Eingeborenengerichtsbarkeit“ zentral an das neu gegründete, dem Reichskanzler unterstehende Reichskolonialamt übertragen.[176] Nachdem die Schutzverträge für nichtig erklärt worden waren, wurde die Ausübung der „Eingeborenengerichtsbarkeit“ in Deutsch-Südwestafrika entsprechend der Vorgaben der Zentralverwaltung weitgehend eigenständig durch die Lokalverwaltung geregelt.[177] Als Richter der ersten Instanz fungierten entsprechend der Regelungen von 1896 und 1903 die Bezirksamtmänner und Distriktchefs. Als zweite Instanz für Zivilsachen zwischen „Eingeborenen“ und „Nichteingeborenen“ fungierte der Oberrichter in Windhuk,[178] eine zweite Instanz in Strafsachen gab es für die indigene Bevölkerung nur insoweit, als der Gouverneur Geld- und Gefängnisstrafen ab einer gewissen Höhe sowie die Verhängung der Todesstrafe zu bestätigen hatte.[179]

(4) Gesellschaftsrechtliche Besonderheit: Kolonialgesellschaften

Zur Umsetzung der Vorstellung Bismarcks, die tatsächliche Kolonisierung durch private Unternehmungen durchführen zu lassen, wurde mit Zuschnitt auf die Bedürfnisse der Kolonien die Gesellschaftsform der Kolonialgesellschaften geschaffen, die im Vergleich zu inländischen juristischen Personen weniger streng reglementiert waren und eine größere Bewegungsfreiheit genossen.[180] Erste und prominenteste dieser Gesellschaften war die DKGfSWA. Im Unterschied zu einer Aktiengesellschaft nach dem Aktiengesetz entfiel insbesondere die Notwendigkeit der Beschaffung und Erhaltung eines Grundkapitals.[181] Den Gesellschaf-

---

175 §§ 3, 13 der Verfügung des Reichskanzlers, betreffend Rechtsgeschäfte und Rechtsstreitigkeiten Nichteingeborener mit Eingeborenen im südwestafrikanischen Schutzgebiet vom 23. Juni 1903, abgedruckt in: Deutsche Kolonialgesetzgebung, Band V, S. 163-165.

176 Allerhöchste Verordnung, betreffend die Einrichtung der Verwaltung und die Eingeborenenrechtspflege in den afrikanischen und Südseeschutzgebieten vom 3. Juni 1908, abgedruckt in: Deutsche Kolonialgesetzgebung, Band XII, S. 201.

177 Ausführlich zur Eingeborenengerichtsbarkeit Kuhn 1913, S. 319–342; Hoffmann (Edler von) 1908, S. 79–82; Florack 1905, S. 61–64.

178 § 4 der Verfügung des Reichskanzlers, betreffend Rechtsgeschäfte und Rechtsstreitigkeiten Nichteingeborener mit Eingeborenen im südwestafrikanischen Schutzgebiet vom 23. Juni 1903.

179 §§ 10, 11 der Verfügung des Reichskanzlers wegen Ausübung der Strafgerichtsbarkeit und der Disziplinargewalt gegenüber den Eingeborenen in den deutschen Schutzgebieten von Ostafrika, Kamerun und Togo vom 22. April 1896.

180 Hoffmann (Edler von) 1907, S. 110 f.

181 Laband 1964, S. 316 f.

ten konnten durch einen kaiserlichen Schutzbrief Hoheitsrechte in den Kolonien übertragen werden[182], insbesondere konnte ihnen auch die Befugnis des Reichskanzlers zum Erlass von Ausführungsbestimmungen und Anordnungen für Polizei und Verwaltung übertragen werden.[183] Der Gesellschaftsvertrag, das sogenannte Statut, musste vom Reichskanzler genehmigt werden. Dieser führte die Aufsicht über die Kolonialgesellschaften, seine entsprechenden Befugnisse waren im jeweiligen Gesellschaftsvertrag konkret festzulegen.[184] Durch Beschluss des Bundesrates, der zusammen mit dem Gesellschaftsvertrag im Reichsanzeiger veröffentlicht werden musste, konnte die Kolonialgesellschaft dann die Rechtsfähigkeit sowie eine Beschränkung ihrer Haftung auf das Gesellschaftsvermögen erlangen.[185]

Die Rechtsgrundlage für die Kolonialgesellschaften bildeten die Schutzgebietsgesetze.[186] Nach dem Verlust der Kolonien existierte das SchGG, nunmehr als *Gesetz betreffend die Rechtsverhältnisse der Kolonialgesellschaften* bis zu seiner Abschaffung zum 1. Januar 1977 fort,[187] um die Rechtsgrundlage der Gesellschaften so weiterhin abbilden zu können.

3. Rechtssystem des südafrikanischen South West Africa

In politischer Hinsicht endete die deutsche Herrschaft im Schutzgebiet Deutsch-Südwest abrupt: mit einem Federstrich auf Kilometer 500 der Bahnlinie zwischen Otavi und Khorab erklärte der letzte Kaiserliche Gouverneur Theodor Seitz nach kurzer Auseinandersetzung gegenüber den siegreichen Truppen der Union von Südafrika unter Louis Botha am 9. Juli 1915 die Kapitulation.[188] Von diesem Zeitpunkt an bis zur Erklärung der Unabhängigkeit Namibias am 21. März 1990 stand Südwestafrika ununterbrochen *de facto* unter südafrikanischer Herrschaft.

Diese Zeit lässt sich wiederum anhand der ausgeübten Herrschaftsform in verschiedene Perioden untergliedern. Nach der militärischen Eroberung durch die

---

182 § 8 des Gesetzes betreffend die Rechtsverhältnisse der deutschen Schutzgebiete vom 17. April 1886 (RGBl. 1886, S. 75 f.) i.d.F. der Bekanntmachung wegen Redaktion des Gesetzes betreffend die Rechtsverhältnisse der deutschen Schutzgebiete vom 19. März 1888 (RGBl. 1888, S. 75-79).

183 Ibid. § 11 Abs. 3.

184 Ibid. § 10.

185 Ibid. § 8.

186 §§ 11-13 SchGG.

187 Gesetz über die Auflösung, Abwicklung und Löschung von Kolonialgesellschaften vom 20. August 1975, BGBl. I S. 2253.

188 Übergabevertrag von Khorab vom 9. Juli 1915, abgedruckt bei: Silagi 1977, S. 142–144.

Unionstruppen Südafrikas unter Premierminister Louis Botha stand Südwestafrika zunächst unter einem Militärgouvernement, das am 17. Dezember 1920 von einem durch Südafrika ausgeübten, sogenannten C-Mandat des Völkerbundes abgelöst wurde, das bis zur Auflösung des Völkerbundes nach Ende des Zweiten Weltkrieges Bestand hatte. Nach Gründung der Vereinten Nationen und der Weigerung Südafrikas, die Verwaltung von Südwestafrika dem Mandatssystem der Vereinten Nationen zu unterstellen, komplizierte sich der völkerrechtliche Status Südwestafrikas beziehungsweise der internationalen Anerkennung der Ausübung der Herrschaft durch Südafrika enorm.

Im Folgenden wird zunächst ein Überblick über diese tatsächlichen und politischen Entwicklungen im Laufe der südafrikanischen Herrschaftszeit gegeben, dem sich dann eine Betrachtung der jeweils gültigen Rechtsquellen anschließt. Besonderes Augenmerk soll dabei auf der Untersuchung liegen, in welcher Form der tatsächliche deutsche Einfluss während der südafrikanischen Periode geschwunden ist und inwieweit das deutsche Recht in dieser Zeit durch die Implementierung südafrikanischen Rechts im Allgemeinen ersetzt oder verdrängt wurde. Es geht insoweit um die Fragestellung: Hat die Anwendung des in Deutsch-Südwestafrika gewachsenen Rechts ein ebenso schnelles Ende gefunden wie die deutsche Herrschaft?

a) South West Africa als „fünfte Provinz“ Südafrikas

(1) Der Erste Weltkrieg und der Übergabevertrag von Khorab

Als *Dominion* des *British Empire* unterstand die Union von Südafrika in außenpolitischer Hinsicht weitestgehend Großbritannien.[189] Mit dem Ersten Weltkrieg bot sich für beide Länder nunmehr die Gelegenheit, die Versäumnisse aus den 1880er Jahren wettzumachen und das Deutsche Reich doch noch aus Südwestafrika zu verdrängen, auch wenn sich Motivation und langfristige Absichten in der Region erheblich voneinander unterschieden:

War Großbritannien vor der deutschen Besitzergreifung Südwestafrikas zunächst nicht an diesem Landstrich interessiert, so änderte sich diese Haltung spätestens mit der Stationierung deutscher Truppen an der Küste Südwestafrikas, die als Bedrohung des Seeweges nach Indien gesehen wurde.[190] Neben der Gefahr für seine geostrategischen Interessen während des Krieges sah Großbritannien in den deutschen Kolonien vor allem ein mögliches Faustpfand für die Friedensverhandlungen nach dem Krieg.[191]

---

189 Fisch 1991, S. 235.

190 Ewing, John, in: Walker 1963, S. 741.

191 Silagi 1977, S. 19.

Südafrika hingegen fühlte sich durch ein fremdbesetztes Nachbarland – was nicht nur die deutschen, sondern alle nicht-südafrikanischen Truppen einschloss – dauerhaft in seiner territorialen Integrität bedroht.[192] Aus diesem Grund sollte Deutsch-Südwestafrika zunächst durch Unionstruppen erobert und dort anschließend eine unter südafrikanischer Führung stehende Verwaltung geschaffen werden, um nach einem Sieg in den Friedensverhandlungen eigene Ansprüche auf dieses Gebiet geltend machen zu können.[193] Für diese Haltung sprachen zudem nicht nur sicherheitspolitische Interessen: Das Nachbarland spielte auch eine wichtige Rolle in den wirtschaftlichen Expansionsplänen Südafrikas und sollte neue Beschäftigungsmöglichkeiten für das verarmte weiße südafrikanische Proletariat bieten, insbesondere aber auch die nachhaltige Konkurrenz durch die reichhaltigen südwestafrikanischen Diamantenfelder für den südafrikanischen Bergbau ausschalten.[194]

Nach der britischen Kriegserklärung an das Deutsche Reich am 4. August 1914 erfolgte am 6. und 7. August 1914 in Erwartung eines Einmarsches von Unionstruppen die Ausrufung des Kriegszustandes und zeitgleiche Mobilisierung der Reserve in Deutsch-Südwestafrika.[195] Bereits am 10. August 1914 sagte der südafrikanische Premierminister Louis Botha der britischen Regierung in London zu, ein Expeditionskorps unter seiner Führung gegen Deutsch-Südwestafrika zu entsenden.[196] Diese mit dem Parlament nicht abgesprochene Maßnahme stieß jedoch insoweit auf heftigen Widerstand in der Bevölkerung, als ein großer Teil der Buren[197] aufgrund der noch nicht lange zurückliegenden Ereignisse des zweiten Freiheitskrieges der Buren (1899-1902)[198] den Deutschen sehr wohlgesonnen gegenüberstanden und die Kriegspläne der britischen Elite nicht unterstützen wollte. In dem so genannten Burenkrieg sind die britischen Truppen mit äußerster Härte auch gegen die burische Zivilbevölkerung vorgegangen.[199] Deutschland hingegen, das die Buren vor dem Krieg unter anderem durch den Verkauf moderner Waffen unterstützt hatte, wurde von vielen Buren als „Schutzmacht“ und Verbündeter in ihren Unabhängigkeitsbestrebungen angesehen.[200] Es bleibt an dieser Stelle festzuhalten, dass diese freundschaftliche Verbundenheit zumin-

192 Silagi 1977, S. 18 f.

193 Walker, Eric, in: Walker 1963, S. 782.

194 Eberhardt 2007, S. 46, 49.

195 Seitz 1920, S. 26–28.

196 Hintrager 1952, S. 418.

197 Die sich aus dem niederländischen *boer* (Bauer) ableitende Selbstbezeichnung der alteingesessenen, niederländisch-stämmigen weißen Bevölkerung im südlichen Afrika.

198 Dazu ausführlich: Hintrager 1952, S. 354–375.

199 Fisch 1991, S. 212–214; Hintrager 1952, S. 372–374.

200 Fisch 1991, S. 213, 236.

dest vor Ausbruch des Weltkrieges durch die zivilen Siedler in Deutsch-Südwestafrika mit ebensolcher Wertschätzung erwidert wurde.[201] Die Gefühle der Buren werden verdeutlicht durch den Ausspruch des burischen Republikaners Martinus Steyn, dem letzten Präsidenten des Oranje Freistaates: *„Ich konnte niemals denken, daß eine Afrikanerregierung die Kinder der Konzentrationslager als Kanonenfutter gebrauchen könnte gegen ein Volk, dessen Liebestätigkeit mitgeholfen hat, um diese Kinder am Leben zu erhalten.*"[202]

Nachdem es im September 1914 zu ersten Kriegshandlungen der südafrikanischen Union gegen Deutsch-Südwestafrika gekommen war,[203] entlud sich der Widerstand der Buren Anfang Oktober 1914 in einer militärischen Revolte.[204] Durch den Aufstand von etwa 11.400 burischen Soldaten, der auch von deutscher Seite unterstützt wurde,[205] wurde der Vormarsch der Unionstruppen bis Januar 1915 weitgehend verzögert.[206]

Mit erfolgreicher Niederschlagung des Aufstandes Ende Januar 1915 wurde der Angriff der Unionstruppen, die mit einer Stärke von mehr als 60.000 Mann den deutschen Schutztruppen gegenüberstanden, die samt Reserve und Landwehr weniger als 5.000 Mann ins Feld führten, erfolgreich fortgesetzt.[207] Die geschlagenen deutschen Truppen, die sich bereits Ende April 1915 in den Norden des Landes zurückgezogen hatten, versuchten Ende Mai 1915 einen Waffenstillstand auszuhandeln, was jedoch von Botha, der das gesamte Schutzgebiet für Südafrika erobern wollte, abgelehnt wurde.[208]

Die Kapitulation der deutschen Schutztruppe erfolgte gegenüber General Botha am 9. Juli 1915 durch den Übergabevertrag von Khorab.[209] Die Situation der Zivilbevölkerung wurde durch die vereinbarten Kapitulationsbedingungen nur minimal berührt. Der Übergabevertrag legte fest, dass Unteroffiziere und Mannschaften zu internieren waren (Absatz 3), Offiziere und Reservisten sich jedoch nach Abgabe einer Kapitulationserklärung frei im Land bewegen und ihrem Zivilberuf wieder nachgehen durften (Absätze 2, 4-6). Mit Ausnahme von Angehörigen der Polizei (Absatz 8) wurden hingegen alle deutschen Beamten mit sofortiger Wirkung entlassen (Absatz 9).

201 Seitz 1920, S. 4.

202 Zitiert nach: Hintrager 1952, S. 421; siehe dazu auch den Eintrag in Lenssen 1999, S. 217 f.

203 Lenssen 1999, S. 218–220.

204 Zum Verlauf siehe ausführlich: Hintrager 1952, S. 420–428.

205 Seitz 1920, S. 30 f.

206 Fisch 1991, S. 236.

207 Hintrager 1952, S. 428–430; zum genauen Kriegsverlauf siehe ausführlich: Krech 1999, S. 16–30, Seitz 1920, S. 25–51.

208 Hintrager 1952, S. 430; Seitz 1920, S. 44 f.

209 Abgedruckt bei: Silagi 1977, S. 142–144.

Am 11. Juli 1915 wurde durch Jan Christiaan Smuts, dem Verteidigungsminister der Union von Südafrika, Percival Beves als Militärgouverneur für das nunmehr *South West African Protectorate* genannte Südwestafrika ernannt,[210] der am 28. Oktober 1915 mit Wirkung zum 1. November 1915 durch Sir Edmund Howard Gorges als erster *Administrator* ersetzt wurde.[211]

Die expansionistischen Bestrebungen und die dauerhafte Absicht, Südwestafrika an die Union von Südafrika anzugliedern, wird aus den Aussagen von Premierminister Botha und Verteidigungsminister Smuts deutlich: Botha rechtfertigte den Feldzug mit der Fruchtbarkeit und den Entwicklungsmöglichkeiten des Landes, während Smuts am 14. August 1915 in Johannesburg proklamierte: *„Es besteht nun die Aussicht, daß die Südafrikanische Union beinahe zweimal so groß werden wird als bisher. Wenn wir einig bleiben, werden auch unsere nördlichen Grenzen nicht da bleiben, wo sie jetzt sind, und wir werden unseren Kindern ein stattliches Land hinterlassen.“*[212]

(2) Das C-Mandat des Völkerbundes

(a) Das Treuhandsystem des Völkerbundes

Nach der deutschen Kapitulation wurde Südwestafrika zunächst unter Kriegsrecht von der im Juli 1915 eingesetzten südafrikanischen Militärregierung verwaltet,[213] wobei die langfristige Zukunft des Landes – die ja nicht zuletzt vom Ausgang des Krieges in Europa abhing – vorerst unklar blieb.

Die Pläne der südafrikanischen Regierung, Südwestafrika nach einem Ende des Krieges dauerhaft zu annektieren, genossen zunächst die Billigung der britischen Regierung und der Alliierten, was sich jedoch nach dem Kriegseintritt der Vereinigten Staaten im Jahr 1917 änderte, infolge dessen US-Präsident Woodrow Wilson mit Unterstützung einer schnell wachsenden internationalen Bewegung erfolgreich für die Idee warb, die Gebiete der zerfallenden Mittelmächte nach einem Sieg unter ein Mandat eines neu zu gründenden Völkerbundes (*League of Nations*) zu stellen.[214]

Dieses Vorhaben wurde durch den südafrikanischen Verteidigungs- und späteren Premierminister Smuts auf der Pariser Friedenskonferenz im Januar 1919

---

210 Proclamation by the Minister of Defence appointing a Military Governor for the Protectorate of South West Africa, Union Proclamation vom 11. Juli 1915.

211 Proclamation by the Minister of Defence appointing an Administrator for the Protectorate of South West Africa, Union Proclamation vom 28. Oktober 1915.

212 Zitiert nach: Hintrager 1952, S. 430.

213 S. u. II. A. 3. b) (1) (a).

214 Dazu ausführlich: Silagi 1977, S. 15, 22-48.

unterstützt und maßgeblich vorangetrieben,[215] wobei er jedoch die ehemaligen deutschen Kolonien im Allgemeinen und Südwestafrika im Speziellen nicht unter diese Regelung fassen wollte.[216] Obwohl Präsident Wilson eine Sonderbeziehung zwischen Südafrika und Südwestafrika schon allein aufgrund der geografischen Lage einräumte, bestand er in den Verhandlungen zwecks Vermeidung der Schaffung eines Präzedenzfalles, der andere alliierte Staaten auf eine Annexion der eroberten Gebiete hätte drängen lassen können, auf die Unterstellung auch der deutschen Kolonien unter das von ihm avisierte System des Völkerbundes.[217]

Ein Kompromiss ergab sich aus der Idee Smuts, die dem Völkerbund zu unterstellenden Gebiete nach ihrem „zivilisatorischen Entwicklungsstand" in drei verschiedene Kategorien – sogenannte A-, B- und C-Mandate – einzuteilen und verschiedene Regelungen und Anforderungen hinsichtlich der Vergabe dieser Mandate festzusetzen, die einen zumindest indirekten Einfluss Südafrikas sichern sollten.[218] Die Formulierung dieses auf der Pariser Friedenskonferenz am 30. Januar 1919 beschlossenen Entwurfes[219] hat wortgleichen Eingang in Artikel 22 Absatz 5 und 6 des englischen Urtextes der Völkerbundsatzung vom 28. Juni 1919[220] gefunden:

„5. Other peoples, especially those of Central Africa, are at such a stage that the Mandatory must be responsible for the administration of the territory under conditions which will guarantee freedom of conscience and religion, subject only to the maintenance of public order and morals, the prohibition of abuses such as the slave trade, the arms traffic and liquor traffic, and the prevention of the establishment of fortifications or military training of the natives for other than police purposes and the defence of the territory, and will also secure equal opportunity for the trade and commerce of other Members of the League.

6. There are territories, such as South-West Africa and certain of the South Pacific Islands, which owning to the sparseness of their population, or their small size, or their remoteness from centres of civilisation, or the geographical contiguity to the territory of the Mandatory, and other circumstances, can be best administered under the laws of the Mandatory as integral portions of the Mandatory, subjects to the safeguards above mentioned in the interests of the indigenous population."

Der klare Verweis auf die Kontiguität in Absatz 6 ließ als Mandatar für Südwestafrika ausschließlich Südafrika in Frage kommen.[221] Mit Ausnahme der Gewährleistung freien Handels gegenüber den andern Mitgliedern des Völkerbun-

215 Siehe dazu: Smuts 1918, Teil A Empfehlungen Nr. 1-9.
216 Eberhardt 2007, S. 49; Silagi 1977, S. 28 f.
217 Silagi 1977, S. 46–48.
218 Louis 1971, S. 97.
219 von Freytagh-Loringhoven 1938, S. 37 f.
220 Lillian Goldman Law Library 2008.
221 Silagi 1977, S. 55.

des sah diese Regelung eine von sonstigen äußeren Einflüssen freie Verwaltung durch die südafrikanische Union vor. Auch wenn eine formale Annexion Südwestafrikas durch Südafrika dadurch ausblieb, war ein späteres Zusammenwachsen der beiden Staaten aufgrund dieser – zeitlich nicht fixierten – Regelung auch durchaus im Sinne von Präsident Wilson, der während der entscheidenden Verhandlungen auf der Pariser Friedenskonferenz erklärte: *„It was up to the Union of South Africa to make it so attractive that South West Africa would come into the Union of their own free will.“*[222]

Der Völkerbund wurde durch die Artikel 1 bis 26 des Friedensvertrages von Versailles (FVV) vom 28. Juni 1919 mit Wirkung zum 10. Januar 1920 konstituiert. In Artikel 119 FVV verzichtete Deutschland zugunsten der alliierten und assoziierten Hauptmächte auf alle seine Rechte und Ansprüche bezüglich seiner überseeischen Besitzungen. Daraufhin wurde Südafrika am 17. Dezember 1920 durch den Völkerbund das Mandat für die Verwaltung von Südwestafrika erteilt.[223] Artikel 2 dieses Mandats lautet:

> *„2. The Mandatory shall have full power of administration and legislation over the territory subject to the present Mandate as an integral portion of the Union of South Africa, and may apply the laws of the Union of South Africa to the territory, subject to such local modifications as circumstances may require. [...]“*

Ungeachtet der umstrittenen Frage der völkerrechtlichen Souveränität[224] wird daraus deutlich, dass der südafrikanische Mandatar in Südwestafrika zumindest in legislativer Hinsicht[225] völlig freie Hand hatte. Das Mandat enthält darüber hinaus Regelungen der sich schon aus Artikel 22 Absatz 5 und 6 der Völkerbundsatzung ergebenden Pflichten des Mandatars, in Artikel 6 des Mandats wird eine jährliche Berichtspflicht[226] festgelegt.

Am 2. Januar 1921 bestätigt der südafrikanische *Governor-General* Arthur Frederick die durch *Proclamation* des südwestafrikanischen *Administrators* Gisbert Hofmeyr am Vortag erfolgte Abschaffung des Kriegsrechts in Südwestafrika und legte den rechtlichen Grundstein für eine nunmehr zivile Verwaltung Süd-

---

222 Eberhardt 2007, S. 52.

223 Abgedruckt bei: Silagi 1977, S. 148–150. Für eine ausführliche Untersuchung des formellen Charakters und der normativen Struktur des Mandats und der sich daraus ergebenden Auswirkungen auf den völkerrechtlichen Status Südwestafrikas siehe ebd. S. 57-107.

224 Brüggemann 1992, S. 12; Silagi 1977, S. 96–107; ausführlich dazu: Abendroth 1936, S. 120–160.

225 Abendroth 1936, S. 193.

226 Zu Art und Umfang dieser Berichte: Abendroth 1936, S. 339–344.

westafrikas entsprechend den Vorgaben des Völkerbund-Mandates durch den *Administrator*.[227]

(b) Exkurs: Die Situation der deutschsprachigen Bevölkerung nach dem Ersten Weltkrieg

Abgesehen von dem Ausschluss von der Verwaltung des Landes wurde der Status der Deutschen in Südwestafrika im Zuge dieser Ereignisse kaum angetastet. Der Großteil der deutschen Bevölkerung des ehemaligen Schutzgebietes konnte in der Folgezeit dem gewohnten Leben trotz der Besatzung durch die Südafrikaner relativ ungestört nachgehen,[228] so etwa auch in der Rechtspflege: Deutschen Rechtsanwälten wurde freigestellt, ihre Arbeit nunmehr als *advocates* oder *attorneys* fortzusetzen,[229] die sich vor Gericht auch weiterhin der deutschen Sprache bedienen durften.[230] Die Deutschen wurden durch die Buren geschätzt, und auch die deutschen Siedler standen – zumindest in alltäglicher, praktischer Hinsicht – den Südafrikanern prinzipiell sehr wohlwollend gegenüber, was ein Grund für die grundsätzlich erfolgreiche, friedliche Koexistenz auch nach dem Ersten Weltkrieg sein mag.

Auch wenn sich die Zahl der Deutschen in Südwestafrika zwischen 1914 und 1921 aufgrund von Ausweisungen und Auswanderungen[231] von circa 15.000 auf weniger als 8.000 verringert hatte, spielte diese Gruppe nicht zuletzt ob ihres Grundbesitzes weiterhin eine tragende Rolle in der Wirtschaft des Landes.[232] Um dieses Potential für Südafrika nutz- und vor allem beherrschbar zu machen, plante der südafrikanische Premierminister Smuts, die in Südwestafrika verbliebenen deutschen Staatsangehörigen durch Verleihung der britisch-südafrikanischen Unionsbürgerschaft gleichsam zu naturalisieren.[233] Im sogenannten Londoner Abkommen vom 23. Oktober 1923[234] erreichte er durch Zugeständnisse hinsichtlich Einwanderung, Militärdienst und Schulwesen, dass das Deutsche Reich den Deutschen in Südwestafrika die zusätzliche Annahme dieser Staats-

227 Proclamation by the Governor-General, No. 1 of 1921, Union Gazette Extraordinary vom 2. Januar 1921. Zur genauen Ausgestaltung der Verordnungsmacht des Administrators siehe unten II. A. 3. b) (1) (d).

228 Kühl 1992, S. 87, 89.

229 Administration of Justice, Proclamation No. 21 of 1919, Section 11 Subsection 2, Government Gazette vom 24. Dezember 1919; Du Pisani 1986, S. 52.

230 South West Africa Constitution Act No. 42 of 1925, Section 40 Subsection 2, abgedruckt in: Laws of South West Africa, Vol. IV (1925), S. 60-92.

231 Eberhardt 2007, S. 61.

232 Blumhagen 1934, S. 29, 91 f.

233 Ausführlich zu den Hintergründen: Eberhardt 2007, S. 105 ff.

234 Bertelsmann 1979, S. 159 ff.

bürgerschaft empfahl.[235] Dieses Vorhaben wurde durch den *South West Africa Naturalization of Aliens Act* vom 15. September 1924[236] umgesetzt, nach dem alle deutschen Staatsbürger, die zwischen dem 1. Januar 1924 und dem 15. September 1924 ihren Wohnsitz in Südwestafrika hatten und nicht bis zum 15. März 1925 schriftlichen Widerspruch eingelegt hatten, automatisch die britisch-südafrikanische Staatsbürgerschaft erhielten. Nach anfänglicher Kritik fügten sich die meisten verbliebenen Deutschen diesem Plan, nicht zuletzt um so ein gewisses Maß an (kommunal-) politischem Mitspracherecht wiederzuerlangen.[237]

(3) Der Zweite Weltkrieg und die Auseinandersetzung mit den Vereinten Nationen

(a) Südwestafrika im Zweiten Weltkrieg

Der Ausbruch des Zweiten Weltkrieges signalisierte nicht nur das Scheitern der Ideen des Völkerbundes, sondern bot den Südafrikanern auch Anlass und Gelegenheit, ihrem seit der deutschen Kapitulation im Jahre 1915 gehegten Ziel der Annexion Südwestafrikas ein Stück näher zu kommen. Die Erwartungen, die Bevölkerung Südwestafrikas könnte sich in Gänze freiwillig der Union anschließen, waren zuvor zumindest auch aufgrund des Verhaltens der deutschstämmigen Minderheit obsolet geworden, die zwar ebenfalls eine enge Verbindung zu Südafrika, letztlich aber eine Stärkung der Selbstverwaltung in Südwestafrika anstrebte.[238] Seit der Machtergreifung der Nationalsozialisten in Deutschland verschlechterte sich das Verhältnis der deutschen Minderheit zu der südafrikanischen Bevölkerung in Südwestafrika stetig.[239] Mit Beginn des Zweiten Weltkrieges wurden in Südwestafrika Notstandsbestimmungen[240] eingeführt, die unter anderem zur Internierung eines großen Teils der männlichen deutschsprachigen Einwohner führten.[241] Zudem wurden die seit 1924 automatisch eingebürgerten Deutschen im Jahr 1942 bis auf wenige Ausnahmen wieder ausgebürgert, und die

235 Hintrager 1952, S. 443, Müller 1992, S. 99 f.

236 South West Africa Naturalization of Aliens Act No. 30 of 1924 (Union) vom 15. September 1924.

237 Eberhardt 2007, S. 114 f.

238 Bertelsmann 1979, S. 51 f.

239 Bertelsmann 1979, S. 58–64; der Nationalsozialismus sorgte freilich auch für eine tiefe Spaltung der deutschen Bevölkerung in Südwestafrika, ausführlich dazu Eberhardt 2007, S. 431–438.

240 National Emergency Proclamation No. 209 of 1939 (Union), Laws of Southwest Africa, 1939, S. 34-55.

241 Bertelsmann 1979, S. 66.

Unionsbürgerschaft wurde nunmehr nur auf Antrag verliehen.[242] Erst nachdem Deutschland den Zweiten Weltkrieg verloren hatte, ging von den deutschen Südwestafrikanern kein Widerstand mehr gegen eine zukünftige Annexion durch Südafrika aus.[243]

Als sich im Frühjahr 1943 abzeichnete, dass Deutschland den Krieg verlieren würde, verlangte die südwestafrikanische *Legislative Assembly*[244] in einer einstimmigen Entscheidung, dass der *Administrator* die Union von Südafrika offiziell um die Aufnahme als fünfte Provinz ersuchen solle, was auch geschah.[245] Auch wenn die Union diesem Antrag nicht sofort entsprach, machte der südafrikanische Premierminister Smuts deutlich, dass er das Mandatssystem als beendet ansehe und die Annexion nach der notwendigen Rücksprache mit anderen Staaten alsbald erfolgen würde.[246] Obwohl die Mandatskommission des Völkerbundes ihre Tätigkeit im weiteren Verlauf des Krieges einstellte und auch der Völkerbund als Ganzes ohne die Mitgliedschaft der Vereinigten Staaten, Russlands, Deutschlands, Italiens und Japans jede praktische Bedeutung verloren hatte, erfolgte eine Annexion jedoch bis zum Ende des Zweiten Weltkrieges nicht.[247]

(b) Das Treuhandsystem der Vereinten Nationen

Dieses Versäumnis sollte sich für lange Zeit problematisch auf das Verhältnis zu den am 24. Oktober 1945 gegründeten Vereinten Nationen auswirken, die dem gescheiterten Völkerbund nachfolgten. Während Südafrika durch die Politiker Botha und Smuts durch Vorschläge und ihre aktive Mitarbeit noch einen maßgeblichen Einfluss auf die Gründungsmodalitäten des Völkerbundes ausüben konnte, wurde die auf der *UN Conference on International Organization* vom 25. April bis 26. Juni 1945 in San Francisco ausgearbeitete Charta der Vereinten Nationen (UN-Charta) ohne nennenswerte südafrikanische Beteiligung erstellt.[248]

In den Kapiteln XII und XIII der UN-Charta[249] wurde ein Treuhandsystem zur Verwaltung abhängiger Gebiete eingerichtet, um diese auf ihrem Weg zur Unab-

---

242 Naturalisation and Status of Aliens Amendment Act No. 35 of 1942 (Union), Laws of Southwest Africa, 1942, S. 2-7.
243 Eberhardt 2007, S. 448.
244 Siehe dazu unten II. A. 3. b) (1) (c) (i).
245 Du Pisani 1986, S. 85.
246 Du Pisani 1986, S. 85.
247 Bilger 1976, S. 457.
248 Premierminister Smuts arbeitete lediglich an der Präambel der Charta mit, Bilger 1976, S. 456 f.
249 Artikel 75 – 91 der UN-Charta, abrufbar unter: www.un.org/depts/german/un_charta/charta.pdf, zuletzt abgerufen am 22.03.2012.

hängigkeit, die als Endziel definiert war, zu fördern.[250] Zu den unter dieses System zu stellenden Gebieten zählten auch die noch bestehenden Mandatsgebiete des Völkerbundes, soweit diesbezüglich ein Treuhandabkommen mit den Vereinten Nationen abgeschlossen wurde.[251]

Ein solches bestand für Südafrika mit Hinblick auf Südwestafrika bis zu dessen Auflösung am 18. April 1946 jedoch nur gegenüber dem Völkerbund. In seiner letzten Resolution stellte der Völkerbund fest, dass die Verpflichtungen der Mandatare nach Artikel 22 der Völkerbundsatzung gegenüber den Mandatsgebieten auch nach Ende des Völkerbundes solange in alter Form weiterbestünden, bis die Mandatare mit den neugegründeten Vereinten Nationen über die Integration der verwalteten Gebiete in das durch die Kapitel XII und XIII der UN-Charta aufgestellte Treuhandsystem übereingekommen sind.[252] Somit bestand zwar keine rechtliche, wohl aber eine moralische Verpflichtung Südafrikas, das ehemals unter dem Völkerbundmandat stehende Südwestafrika dem neuen Treuhandsystem der Vereinten Nationen zu unterstellen.

Nachdem Südafrika vor den Vereinten Nationen bereits zu verschiedenen Gelegenheiten[253] darauf hingewiesen hatte, dass Südwestafrika eine Sonderstellung innehabe, die eine erneute Eingliederung in ein Treuhandsystem aus südafrikanischer Sicht verbiete, stellte die Unionsregierung am 4. November 1946 vor dem Treuhandausschuss der Vereinten Nationen den offiziellen Antrag, Südwestafrika wirksam annektieren zu dürfen und nicht dem neuen Treuhandsystem zu unterstellen, wobei sie sich zur Begründung vor allem auf eine Volksbefragung berief.[254] Nicht zuletzt aufgrund des Argumentes, die afrikanischstämmige Bevölkerung habe ihre Interessen in der Befragung nicht ausreichend artikulieren können, lehnte die Generalversammlung der Vereinten Nationen das Ersuchen Südafrikas mit großer Mehrheit ab und empfahl stattdessen die Eingliederung Südwestafrikas in das Treuhandsystem.[255]

Als Reaktion auf diese Ablehnung hielt die südafrikanische Administration zunächst den *status quo* aufrecht und äußerte, Südwestafrika nunmehr „im Geiste des alten Völkerbundmandates“ weiterverwalten zu wollen.[256] Diese Entscheidung wurde jedoch nicht nur auf dem internationalen Parkett, sondern – wenn auch aus entgegengesetzter Richtung – auch von der südafrikanischen Opposi-

250 Vgl. zur Zielsetzung des Treuhandsystems Artikel 76 lit. a)-d) UN-Charta.
251 Art. 77 Abs. 1 lit. a) UN-Charta.
252 Dugard 1973, S. 96 f.
253 Dugard 1973, S. 89–91.
254 Dugard 1973, S. 104–110; Eberhardt 2007, S. 444.
255 GV-Resolution 65 (I) vom 14. Dezember 1946; Dugard 1973, S. 111.
256 Dugard 1973, S. 112.

tion stark kritisiert.[257] Eine Machtverschiebung auf der politischen Bühne Südafrikas führte dazu, dass das Mandat von der neuen südafrikanischen Regierung als beendet betrachtet wurde und sich die Gangart gegenüber den Vereinten Nationen in der Südwestafrika-Frage folglich deutlich verschärfte.[258]

(c) Verhärtung des Konfliktes mit den Vereinten Nationen

Die Vereinten Nationen forderten Südafrika nochmalig auf, eine neue Treuhandvereinbarung für Südwestafrika abzuschließen und beauftragen zeitgleich den Internationalen Gerichtshof (IGH), ein Gutachten über den rechtlichen Status Südwestafrikas zu erstellen.[259] Damit hatte sich der Südwestafrika-Konflikt von der politischen auf die rechtliche Ebene ausgedehnt und sollte dort in der Folgezeit seinen Schwerpunkt finden. Im vom IGH in den folgenden Jahren mehrfach bestätigten Ergebnis dieses Gutachtens wurde am 11. Juli 1950 festgestellt, dass Südafrika zwar nicht gezwungen werden könne, Südwestafrika dem Treuhandsystem der Vereinten Nationen zu unterstellen, jedoch weiterhin den vormals aus Artikel 22 des FVV sowie des Mandatsvertrages mit dem Völkerbund resultierenden Verpflichtungen unterliege, welche nunmehr gegenüber den Vereinten Nationen zu erfüllen seien.[260]

Der Konflikt zwischen Südafrika und den Vereinten Nationen über die Umsetzung dieser Verpflichtungen und vor allem das Ausmaß der Kontrolle konnte auf dem Verhandlungswege auch durch die Bildung verschiedener spezialisierter Komitees seitens der Vereinten Nationen nicht gelöst werden.[261] Diese erarbeiteten jedoch den Vorschlag, zwei ehemalige Mitglieder des Völkerbundes gegen Südafrika klagen zu lassen, um so eine Entscheidung des IGH gegen Südafrika zu erwirken, die im Gegensatz zu den unverbindlichen Rechtsgutachten nach Artikel 94 Absatz 2 der UN-Charta durch Maßnahmen des Sicherheitsrates zwangsweise hätte durchgesetzt werden können.[262] Daraufhin erhoben Äthiopien und Liberia 1960 Klage gegen Südafrika vor dem IGH und verlangten Feststellung, dass Südwestafrika weiterhin Mandatsgebiet sei und Südafrika den Ver-

257 Dugard 1973, S. 112–119.

258 Eberhardt 2007, S. 447.

259 GV-Resolution 337 (IV) vom 6. Dezember 1949.

260 ICJ Reports 1950, S. 128 ff.; ICJ Reports 1955, S. 67 ff.; ICJ Reports 1956, S. 23 ff.; Brüggemann 1992, S. 15, 28-32. Für eine ausführliche Auseinandersetzung mit dem völkerrechtlichen Status Südwestafrikas zu dieser Zeit und der Frage der Zuständigkeit des IGH für diese Rechtsfragen siehe Silagi 1977.

261 *Ad-Hoc-Committee* von 1950, *United Nations Committee on South West Africa* von 1953, *Good Offices Committee on South West Africa* von 1957, siehe Brüggemann 1992, S. 16–19.

262 Brüggemann 1992, S. 32.

einten Nationen insoweit Rechenschaft schulde, und die Art und Weise der Verwaltung aufgrund der unterschiedlichen Behandlung der Rassen gegen Artikel 2 des mit dem Völkerbund geschlossenen Mandatsvertrages verstoße.[263] Nachdem sich der IGH am 21. Dezember 1962 zunächst für zuständig erklärt hatte,[264] wies er die Klage aufgrund fehlender Aktivlegitimation Liberias und Äthiopiens am 18. Juli 1966 in einer seiner bislang umstrittensten Entscheidungen ab.[265]

Eine weitere Eskalation erfuhr der südwestafrikanische Konflikt zwischen Südafrika und den Vereinten Nationen durch die Veröffentlichung der Empfehlungen der sogenannten *Odendaal-Commission.* Um die Entwicklungsmöglichkeiten Südwestafrikas in wirtschaftlicher und politischer Hinsicht zu untersuchen, bildete Südafrika 1962 eine nach ihrem Vorsitzenden Frans Hendrik Odendaal benannte Kommission, die ihre Ergebnisse 1964 vorlegte.[266] In politischer Hinsicht empfahl die Kommission eine administrative Neugliederung Südwestafrikas in zusammenhängende Gebiete, die jeweils einzelnen Ethnien vorzubehalten sind.[267] Effektiv bedeutete die Umsetzung der Vorschläge der Kommission die Einführung der Apartheid[268], die in Südafrika bereits praktiziert wurde.[269]

In Reaktion auf diese von Südafrika beabsichtigte Implementierung des Apartheid-Systems[270] sowie das Urteil des IGH, auf dessen positiven Ausgang die Pläne der Vereinten Nationen für die Fortentwicklung der Situation in Südwestafrika seit 1960 maßgeblich beruhten,[271] erklärte die Generalversammlung der Vereinten Nationen am 27. Oktober 1966 das südafrikanische Mandat über Südwestafrika durch die Resolution 2145 (XXI) für beendet:

---

263 Du Pisani 1986, S. 140; Brüggemann 1992, S. 33.

264 ICJ Reports 1962, S. 319 ff.

265 ICJ Reports 1966, S. 4 ff.; ausführlich zur Urteilsbegründung und der geäußerten Kritik siehe Brüggemann 1992, S. 32–36; Dugard 1973, S. 292-324; 332-373. Beachtenswert ist die Feststellung Bilgers, dass die Entscheidung aufgrund der Abstimmungslage von 7:7 durch den ausschlaggebenden Stimmentscheid des australischen Vorsitzenden getroffen wurde, diese Lage aber nur aufgrund des plötzlichen Todes eines ägyptischen Mitglieds des Gerichts eintreten konnte, das gegen die Abweisung habe stimmen wollen, Bilger 1976, S. 517.

266 Der sogenannte "Odendaal-Report", amtlicher Titel: *Republic of South Africa. Report of the Commission of Enquiry into South-West-Africa Affairs 1962-1963 (R.P. No 12/1964)*, Kapstadt 1964. Die Empfehlungen dieses Reports bildeten bis 1975 die Grundlage für alle von Südafrika in Bezug auf Südwestafrika getroffenen politischen und wirtschaftlichen Entscheidungen, Du Pisani 1986, S. 161 ff.

267 Du Pisani 1986, S. 162 f.; Müller 1992, S. 101–106.

268 Zum Begriff der Apartheid s. Müller 1992, S. 87 f. m. w. N.

269 Kießewetter 1993, S. 21 f.

270 Wogegen die Generalversammlung bereits 1965 protestierte, GV-Resolution 2074 (XX) vom 17. Dezember 1965.

271 Dugard 1973, S. 376.

„The General Assembly, […]

1. *Reaffirms […] the people of South West Africa have the inalienable right to self-determination, freedom and independence in accordance with the Charter of the United Nations;*
2. *Reaffirms further that South West Africa is a territory having international status and that it shall maintain this status until it achieves independence;*
3. *Declares that South Africa has failed to fulfill its obligations in respect of the administration of the Mandated Territory and to ensure the moral and material well-being and security of the indigenous inhabitants of South West Africa and has, in fact, disavowed the Mandate;*
4. *Decides that the Mandate conferred upon His Britannic Majesty to be exercised on his behalf by the Government of the Union of South Africa is therefore terminated, that South Africa has no other right to administer the Territory and that henceforth South West Africa comes under direct responsibility of the United Nations;*
5. *Resolves that in these circumstances the United Nations must discharge those responsibilities with respect to South West Africa;*
6. *Establishes an Ad-Hoc-Committee for South West Africa – composed of fourteen Member States to be designated by the President of the General Assembly – to recommend practical means by which South West Africa should be administered, so as to enable the people of the Territory to exercise the right of self-determination and to achieve independence, and to report to the General Assembly at a special session as soon as possible and in any event not later than April 1967;*
7. *Calls upon the Government of South Africa forthwith to refrain and desist from any action, constitutional, administrative, political or otherwise, which will in any matter whatever alter or tend to alter the present international status of South West Africa;*
8. *Calls the attention of the Security Council to the present resolution; […]"*

(d) Exkurs: Die Situation der deutschsprachigen Bevölkerung während des Zweiten Weltkrieges

Die südafrikanischen Erwartungen, die Bevölkerung Südwestafrikas könnte sich in Gänze freiwillig der Union anschließen, waren nicht zuletzt durch die deutschstämmige Minderheit zunichte gemacht worden, die zwar ebenfalls eine enge Verbindung zu Südafrika, letztlich aber eine Stärkung der Selbstverwaltung in Südwestafrika anstrebte.[272] Mit Beginn des Zweiten Weltkrieges waren in Südwestafrika Notstandsbestimmungen[273] eingeführt worden, die unter anderem zur Internierung eines großen Teils der männlichen deutschsprachigen Einwohner führten.[274] Zudem waren die seit 1924 automatisch eingebürgerten Deutschen im Jahr 1942 bis auf wenige Ausnahmen wieder ausgebürgert worden und die Uni-

272 Bertelsmann 1979, S. 51 f.

273 National Emergency Proclamation No. 209 of 1939 (Union), Laws of Southwest Africa, 1939, S. 34-55.

274 Bertelsmann 1979, S. 66.

onsbürgerschaft wurde nunmehr nur auf Antrag verliehen.[275] Dennoch blieb das eigenständige deutsche Privatschulsystem bis zum Ende des Zweiten Weltkrieges unangetastet,[276] und auch die deutsche Sprache wurde in der öffentlichen Verwaltung neben den beiden offiziellen Amtssprachen Englisch und Afrikaans auch weiterhin faktisch gleichberechtigt genutzt.[277] Erst nachdem Deutschland den Zweiten Weltkrieg verloren hatte, verebbte der Widerstand gegen die Ausweitung des südafrikanischen Einflusses,[278] und es kam zu einer grundlegenden Konsolidierung des Verhältnisses der deutschen Minderheit zu den südafrikanischen Machthabern.[279]

(4) Widerstand, internationale Vermittlung und Politikwechsel

(a) Bewaffneter Widerstand der SWAPO

In etwa zeitgleich mit dem Urteil des IGH[280] erfolgte am 26. August 1966[281] der Beginn des bewaffneten Kampfes der *South West Africa People's Organization* (SWAPO)[282] unter Sam Nujoma, der zwischen der *People's Liberation Army of Namibia* (PLAN), dem militärischen Arm der SWAPO, und der *South African Defense Force* (SADF) sowie untergliederten paramilitärischen Polizeieinheiten erbittert geführt und erst 1989 beendet wurde. Die Unterstützung der hauptsächlich aus Angola heraus operierenden SWAPO durch kommunistische Staaten[283] ließ den Konflikt in den siebziger und achtziger Jahren zu einem Stellvertreterkrieg des Kalten Krieges eskalieren, was eine Einigung sowohl aufgrund der marxistisch ausgerichteten politischen Programmatik der SWAPO als auch von

275 Naturalisation and Status of Aliens Amendment Act No. 35 of 1942 (Union), Laws of Southwest Africa, 1942, S. 2-7.

276 Bertelsmann 1979, S. 79 f.

277 Bertelsmann 1979, S. 80–82.

278 Eberhardt 2007, S. 448.

279 Dazu ausführlich: Eberhardt 2007, S. 459–473.

280 Dessen abschlägige Entscheidung oft als Grund für den bewaffneten Widerstand angeführt wird – vgl. Brüggemann 1992, S. 34 f. m.w.N.; Dugard 1973, S. 377. Tatsächlich begannen die Planungen für die Guerilla-Offensive der SWAPO lange vor der Urteilsverkündung, s. Ansprenger 1984, S. 86.

281 Ansprenger 1984, S. 85.

282 Ausführlich zur Geschichte dieser nationalen Widerstands- und Befreiungsbewegung s. Ansprenger 1984; Harneit-Sievers 1985.

283 Siehe dazu Ansprenger 1984, S. 83–85.

geostrategischen Interessen der westlichen Welt, insbesondere der Vereinigten Staaten von Amerika,[284] lange erschwerte.[285]

Der bewaffnete Widerstand wurde durch die Generalversammlung der Vereinten Nationen ausdrücklich gebilligt[286] und der SWAPO wurde als der einzig anerkannten Vertretung der Bevölkerung Südwestafrikas ein Beobachterstatus in der Generalversammlung der Vereinten Nationen eingeräumt.[287]

(b) Maßnahmen der Vereinten Nationen nach 1966

In ihrer 5. Sondersitzung gründete die Generalversammlung der Vereinten Nationen aufgrund der Vorschläge des nach Punkt Nr. 6 der Resolution 2145 (XXI) zusammengestellten Komitees den *United Nations Council for South West Africa,* der Südwestafrika fortan verwalten und durch die Abhaltung von freien Wahlen und Bildung einer verfassungsgebenden Versammlung bis Juni 1968 in die Unabhängigkeit führen sollte.[288] Die praktische Umsetzung dieser Pläne scheiterte freilich bereits schon daran, dass die südafrikanische Verwaltung den Delegierten im April 1968 schlicht die Einreise verweigerte.[289] Diesen Vorfall verurteilte die Generalversammlung in Resolution 2372 (XXII) vom 12. Juni 1968, in der zudem die offizielle Umbenennung Südwestafrikas in *Namibia*[290] beschlossen wurde. Letzteres geschah unter Berufung auf den vermeintlichen Willen des Volkes, stellte allerdings wohl eher eine politische Unterstützungsmaßnahme für die SWAPO dar, die den Namen zu dieser Zeit exklusiv nutzte.[291]

Bis Anfang der 1970er Jahre verhärteten sich die Fronten zwischen den Vereinten Nationen und Südafrika immer mehr. Obwohl auch der Sicherheitsrat der Vereinten Nationen 1968 aus Anlass der Verurteilung von gefangenen SWAPO-Kämpfern zunächst die Anwendung von südafrikanischem Recht in Südwest-

---

284 Auf Vorschlag des Leiters des Afrika-Teams der US-Regierung, Chester A. Crocker, verknüpfte Südafrika 1981 die Fortführung von Waffenstillstandsverhandlungen an den Abzug von kubanischen Truppen aus Angola (sog. *Cuban Linkage*), wodurch sich eine politische Lösung letztlich noch bis Ende 1988 hinauszögerte, s. Müller 1992, S. 10 f.; Ansprenger 1984, S. 217–219.

285 Ausführlich zu den westlichen und sowjetischen Ansichten im Hinblick auf den Konflikt sowie zu dessen militärischem Verlauf s. Ansprenger 1984, S. 23-39; 126-151; von Löwis of Menar 1983.

286 GV-Resolution 2871 (XXVI) vom 20. Dezember 1971.

287 GV-Resolution 3111 (XXVIII) vom 12. Dezember 1973.

288 GV-Resolution (S-V) 2248 vom 19. Mai 1967.

289 Chronik 1968, in Hess und Becker 2002, S. 297; s. auch Kießewetter 1993, S. 6.

290 Ein Kunstwort, das auf dem Namen der im Westen des Landes gelegenen *Namib*-Wüste basiert.

291 Kritisch dazu: Kießewetter 1993, S. 7 f.

afrika wiederholt für illegal erklärte[292], vollzog Südafrika im gleichen Jahr mit dem *South West Africa Constitution Act*[293] und dem *South West Africa Affairs Act*[294] von 1969 eine rechtlichte Anbindung Südwestafrikas, die der Eingliederung als fünfte Provinz praktisch gleichkam.[295] Der Sicherheitsrat bestätigte darauf die Rechtmäßigkeit der Beendigung des Mandates durch Resolution 2145 (XXI) der Generalversammlung und forderte Südafrika auf, sich bis zum 4. Oktober 1969 vollständig aus Südwestafrika zurückzuziehen und so dessen territoriale Unversehrtheit und politische Souveränität wieder herzustellen.[296] Als Südafrika dieser Aufforderung nicht nachkam, erklärte der Sicherheitsrat die südafrikanische Präsenz explizit für rechtswidrig, alle in Südwestafrika durch die südafrikanische Verwaltung vorgenommenen Handlungen für unwirksam und forderte die Mitgliedsstaaten der Vereinten Nationen zu wirtschaftlichen und diplomatischen Sanktionen[297] auf.[298] Diese Erklärungen des Sicherheitsrates, und damit letztlich auch die Resolution 2145 (XXI) der Generalversammlung, wurden 1971 in einem Rechtsgutachten durch den IGH bestätigt.[299]

(c) Turnhallen-Konferenz von 1975

Wohl nicht zuletzt unter diesem internationalen Druck, aber auch aufgrund der sich andeutenden Ausweitung des militärischen Konfliktes mit SWAPO/PLAN[300] und der fortschreitenden Politisierung der Ovambo, die als größte Volksgruppe des Landes als Arbeiter einen Pfeiler der Wirtschaft bildeten,[301] gab Südafrika das Ziel der Annexion Südwestafrikas ab 1972 auf, näherte sich in seinen Positionen dem Standpunkt der Vereinten Nationen an und bekannte sich dabei insbesondere auch zu einer Entlassung Südwestafrikas in die Unabhängig-

292 SR-Resolution 245 vom 25. Januar 1968 und SR-Resolution 246 vom 14. März 1968; ausführlich zum Hintergrund der sog. *Terrorist-Trials* s. Dugard 1973, S. 413–431.

293 South West Africa Constitution Act No. 39 of 1968 (RSA) vom 5. April 1968.

294 South West Africa Affairs Act No. 25 of 1969 (RSA) vom 1. April 1969.

295 Müller 1992, S. 18; ausführlich dazu unten II. A. 3. b) (1) (c) (iii).

296 SR-Resolution 264 vom 20. März 1969; SR-Resolution 269 vom 12. August 1969.

297 Trotz dieser Aufforderung im Jahre 1970 hat die Bundesrepublik Deutschland ihr Konsulat in Windhoek erst am 31. Oktober 1977 geschlossen, Chronik 1977 in: Hess und Becker 2002, S. 303. Zu rechtlichen Grundlagen und den Auswirkungen der daraufhin gegen Südwest- und Südafrika ergangenen Handelsembargos s. Kühl 1992, S. 58–66.

298 SR-Resolution 276 vom 30. Januar 1970; SR-Resolution 283 vom 29. Juli 1970.

299 ICJ Reports 1971, S. 15 ff.; ausführlich dazu Du Pisani 1986, S. 191–199; Dugard 1973, S. 447–484.

300 Du Pisani 1986, S. 209 f.

301 Bilger 1976, S. 540–548.

keit.[302] Auch wenn Südafrika die Vereinten Nationen nunmehr als Verhandlungspartner für die Frage der Umsetzung der Unabhängigkeit Südwestafrikas anerkannte und die SWAPO international als offizielle Vertreterin der südwestafrikanischen Bevölkerung galt, bedeutete dies nicht, dass Südafrika seinen Einfluss auf diesen Unabhängigkeitsprozess zugunsten dieser beiden Parteien aus der Hand geben wollte.[303] Die südafrikanische Administration favorisiert eine sogenannte „interne" Lösung ohne internationale Beteiligung, bei der freie Wahlen erst nach Errichtung einer Verfassung stattfinden sollten.

Auf südafrikanische Initiative wurde am 1. September 1975 daraufhin die nach ihrem Tagungsort benannte Turnhallen-Konferenz einberufen, auf der Vertreter aller südwestafrikanischen Ethnien einen Verfassungsentwurf ausarbeiten und einstimmig verabschieden sollten.[304] Diese Versammlung verabschiedete am 18. März 1977 einen Verfassungsentwurf[305], der zunächst übergangsweise bis zur eigentlichen Unabhängigkeit gelten sollte, welche für den 31. Dezember 1978 avisiert war.[306]

Die SWAPO, die eine Beteiligung der Vereinten Nationen am Unabhängigkeitsprozess einforderte, präsentierte in einem Diskussionspapier derweil eigene Verfassungsvorschläge[307] und nahm – wie auch andere Oppositionsparteien – an der Versammlung nicht teil.[308]

(d) Die Kontaktgruppe und SR-Resolution 435

Diese sogenannte „interne" Lösung der Südafrikaner wurde auch von den Vereinten Nationen und der internationalen Gemeinschaft nicht unterstützt und scharf kritisiert, insbesondere da die demokratische Wahl der Abgesandten der einzelnen Ethnien nicht immer eindeutig sichergestellt war.[309]

Mit SR-Resolution 385 vom 30. Januar 1976 forderte der Sicherheitsrat nochmalig den südafrikanischen Rückzug aus Südwestafrika und die Abhaltung von freien, von den Vereinten Nationen überwachten Wahlen. Auf Basis dieser Resolution führten fünf westliche Mitglieder des Sicherheitsrates[310] von März 1977

302 Brüggemann 1992, S. 44.
303 Harneit-Sievers 1985, S. 39 f.
304 Ausführlich zu Ablauf und Ergebnissen der Turnhallen-Konferenz: Du Pisani 1986, S. 283–328.
305 Müller 1992, S. 19–22.
306 Du Pisani 1986, S. 331 f.
307 Kießewetter 1993, S. 31–34; Müller 1992, S. 23 f.
308 Du Pisani 1986, S. 293 f.
309 Du Pisani 1986, S. 293.
310 Großbritannien, Frankreich, Kanada, die Vereinigten Staaten von Amerika und die Bundesrepublik Deutschland.

bis April 1978 als sogenannte „Kontaktgruppe“ erfolgreich Verhandlungen mit Südafrika, um eine einseitige Unabhängigkeitserklärung zu verhindern und stattdessen eine unter internationale Aufsicht stehende Fortführung des südwestafrikanischen Unabhängigkeitsprozesses durchzusetzen, die auch von der SWAPO akzeptiert werden konnte.[311]

Das Ergebnis der Verhandlungen wurde als sogenannter „Namibiaplan“ am 10. April 1978 dem Vorsitzenden des Sicherheitsrates der Vereinten Nationen übermittelt und durch Resolution 431 am 27. Juli 1978 vom Sicherheitsrat offiziell zur Kenntnis genommen. Mit dieser Resolution wurde zudem das Amt des Sonderbeauftragten der Vereinten Nationen für Namibia geschaffen, das im September 1978 dem finnischen Diplomaten Martti Ahtisaari übertragen wurde. Am 29. September 1978 verabschiedete der Sicherheitsrat die Resolution 435, die im Folgenden zur maßgeblichen Grundlage des südwestafrikanischen Unabhängigkeitsprozesses wurde:

„The Security Council [...]

1. *Approves the report of the Secretary-General on the implementation of the proposal for a settlement of the Namibian situation and his explanatory statement;*
2. *Reiterates that its objective is withdrawal of South Africa's illegal administration from Namibia and the transfer of power to the people of Namibia with the assistance of the United Nations in accordance with the Security Council resolution 383 (1976);*
3. *Decides to establish under its authority a United Nations Transition Assistance Group in accordance with the above mentioned report of the Secretary General for a period of up to 12 months in order to assist his Special Representative to carry out the mandate conferred upon him by the Security Council in paragraph 1 of its resolution 431 (1978), namely, to ensure the early independence of Namibia through free elections under the supervision and control of the United Nations;*
4. *Welcomes the preparedness of the South West Africa People's Organization to co-operate in the implementation of the Secretary-Generals report, including its expressed readiness to sign and observe the cease-fire provisions as manifested in the letter from its President of 8 September 1978;*
5. *Calls upon South Africa forthwith to co-operate with the Secretary-General in the implementation of the present resolution;*
6. *Declares that all unilateral measures taken by the illegal administration in Namibia in relation to the electoral process, including unilateral registration of voters, or transfer of power, in contravention of resolutions 385 (1976), 431 (1978) and the present resolution, are null and void;*
7. *Requests the Secretary-General to report to the Security Council no later than 23 October 1978 on the implementation of the present resolution. [...]“*

Die Zustimmung zu einer Beteiligung der Vereinten Nationen bei der Durchführung von freien Wahlen in Südwestafrika, die Südafrika unter großem internatio-

311 Brüggemann 1992, S. 50 f.; Harneit-Sievers 1985, S. 40; ausführlich zu Verlauf und Ergebnis der Verhandlungen Du Pisani 1986, S. 335–368.

nalen Druck abgerungen wurde, führte dazu, dass die Entwürfe der Turnhallenkonferenz nunmehr politisch überholt waren, so dass es zu einer Umsetzung dieses Verfassungsentwurfes nicht mehr kam.

(e) Verzögerungen und Kuba-Junktim

Trotz der Zusagen Südafrikas an die Vereinten Nationen änderte sich die tatsächliche Situation in Südwestafrika auch in den achtziger Jahren kaum. Südafrika kehrte schnell zu dem Plan zurück, freie und unabhängige Wahlen unter internationaler Aufsicht erst nach Ausarbeitung einer Verfassung stattfinden zu lassen, um im Rahmen dieser „internen" Lösung eine Steuerungsmöglichkeit des Unabhängigkeitsprozesses zu behalten: Zentrales Anliegen war dabei der Ausschluss der von den Vereinten Nationen unterstützten SWAPO zugunsten von aus südafrikanischer Sicht gemäßigteren Gruppierungen, um nicht zuletzt zu vermeiden, dass sich radikale Kräfte mit einem Verfassungsentwurf durchsetzen könnten, der ihnen die Macht dauerhaft sichert.[312] Vor dem Hintergrund der erfolgreichen marxistischen Revolution in Angola und der Eskalation des Guerilla-Krieges mit dem bewaffneten Arm der SWAPO Ende der siebziger Jahre wurde Südafrika in dieser Haltung von der im November 1980 in den Vereinigten Staaten von Amerika an die Macht gekommenen Regierung Reagan unterstützt, die eine Zustimmung zur Umsetzung der Resolution 435 mit einem Abzug der kubanischen Truppen aus Angola verknüpfte.[313]

Der geplanten Umsetzung der Resolution 435 stand zudem das innenpolitische Problem der Zersplitterung der pro-südafrikanischen Parteien in Südwestafrika entgegen, die mit dem vom südafrikanischen Staatspräsidenten zwecks Vorbereitung von unabhängigen Wahlen eingesetzten *Administrator-General*[314] Marthinus Theunis Steyn um Einfluss rangen.[315] Eine aus international nicht anerkannten Wahlen hervorgegangene Übergangsregierung, die neben dem *Administrator-General* aus einem mit Vertretern der elf anerkannten Bevölkerungsgruppen besetzten Ministerrat bestand, zerbrach am 18. Januar 1983.[316] Nachdem

312 Harneit-Sievers 1985, S. 127; Kießewetter 1993, S. 11.

313 von Löwis of Menar 1983, S. 51 f.; Harneit-Sievers 1985, S. 132; Ansprenger 1984, S. 217–219; ausführlich zur Verzögerungspolitik Südafrikas und dem Kurswechsel der US-amerikanischen Politik s. Brenke 1989, S. 77–99.

314 Establishment of office of Administrator-General: South West Africa, Proclamation No. 180 vom 18. August 1977, Official Gazette Extraordinary of South West Africa vom 26. August 1977. Dazu ausführlich unten II. A. 3. b) (1) (d).

315 Diesem Streit lag neben persönlichen Animositäten vor allem die Frage nach Umsetzung bzw. Abschaffung der in Südafrika praktizierten Prinzipien der Apartheid zugrunde, s. Du Pisani 1986, S. 369–377.

316 Brüggemann 1992, S. 46; Du Pisani 1986, S. 483 f.

Südwestafrika in der Folgezeit allein durch den *Administrator-General* verwaltet wurde, implementierte der südafrikanische Präsident Pit Botha im Sommer 1985 eine Übergangsverfassung, durch welche die Regierungskompetenz in Teilen auf eine südwestafrikanische Nationalversammlung übertragen, die grundsätzliche Oberherrschaft Südafrikas jedoch nicht berührt wurde.[317]

Der durch den Kalten Krieg gebildete außenpolitische Rahmen konnte erst durch die sowjetische Entspannungspolitik der späten achtziger Jahre durchbrochen werden, die auch eine Entschärfung der Regionalkonflikte möglich machte.[318] Nachdem die Sicherheit Südafrikas durch verschiedene zusätzliche bilaterale Abkommen[319] gewährleistet war, wurde der Abzugsplan der kubanischen Truppen im Protokoll von Genua und Brazzaville[320] ausgearbeitet und der 1. April 1989 mit Zustimmung der Vereinigten Staaten und Südafrika als Datum für die Durchführung der Resolution 435 festgehalten, wofür der Sicherheitsrat mittels Resolution 632 vom 16. Februar 1989 seine Zustimmung erklärte. Der Übergang in die Unabhängigkeit sollte Südwestafrika nunmehr offen stehen.

(f) Exkurs: Die Situation des deutschen Bevölkerungsanteils und das Verhältnis zu Deutschland nach dem Zweiten Weltkrieg

Die deutschsprachige Bevölkerung wandte sich in der Zeit nach dem Zweiten Weltkrieg den verschiedenen weißen, südafrikafreundlichen Parteien zu, beharrte aber auf ihrer kulturellen Eigenständigkeit.[321] Dem südafrikanischen System der Apartheid stand der Großteil der Deutschstämmigen zunächst loyal gegenüber, da durch dieses letztlich auch die Aufrechterhaltung ihrer Privilegien gewährleistet wurde.[322] Nicht zuletzt aufgrund der engen wirtschaftlichen[323] und kulturellen Anbindung an die Bundesrepublik[324], insbesondere auf dem Gebiet der Bildung[325], wandelte sich diese Einstellung unter dem Einfluss der Liberalisierung der bundesdeutschen Gesellschaft seit den späten sechziger Jahren.[326] Während die Deutsche Demokratische Republik keinerlei Beziehungen zu Südafrika

317 South West Africa Legislative and Executive Authority Establishment Proclamation No. 101 (Union) vom 17. Juni 1985. Siehe dazu unten II. A. 3. b) (1) (d).

318 Müller 1992, S. 11.

319 Müller 1992, S. 11.

320 UN-Document S/20109 vom 10. August 1988 und UN-Document S/20325 vom 14. Dezember 1988.

321 Eberhardt 2007, S. 527–529.

322 Eberhardt 2007, S. 529.

323 Zu den rechtlichen Grundlagen ausführlich Kühl 1992.

324 Brenke 1989, S. 155-159, 244-260.

325 Brenke 1989, S. 119–124.

326 Eberhardt 2007, S. 531 f.

und Südwestafrika unterhielt,[327] hatte sich die Bundesrepublik schon aufgrund der kolonialen Vergangenheit auch vor der Unabhängigkeit Namibias stets in einer Sonderrolle[328] gesehen und ein enges Verhältnis gepflegt.

Auch wenn es vereinzelt zur Gründung von Parteien und Interessengruppen durch die deutschsprachige Bevölkerung gekommen war, gewannen diese nach dem Zweiten Weltkrieg keinen maßgeblichen Einfluss, was sowohl der vergleichsweise geringen Größe als auch der – im Gegensatz zu kulturellen Belangen – unterschiedlichen politischen Interessen innerhalb dieser Gruppe geschuldet war.[329] Einzig die 1977 gegründete Interessengemeinschaft Deutschsprachiger Südwester konnte sich in den Unabhängigkeitsverhandlungen der achtziger Jahre erfolgreich von den übrigen, südafrikanisch dominierten weißen Parteien absetzen und auf internationaler Bühne eigene Standpunkte vortragen, blieb innenpolitisch aber dennoch weitgehend bedeutungslos.[330]

(5) Übergang zur Unabhängigkeit

Der letztlich durch den russischen Politikwechsel unter Michail Gorbatschow und eine gewisse Kriegsmüdigkeit in Südafrika ermöglichte Waffenstillstand von Brazzaville[331] sollte mit dem endgültigen Ende des bewaffneten Konfliktes im südwestlichen Afrika die Grundvoraussetzung für die Umsetzung der Resolution 435 schaffen. Nachdem der vereinbarte Abzug der kubanischen Truppen aus Angola seit Dezember 1988 durch die *United Nations Angola Verification Mission I* (UNAVEM I)[332] überwacht wurde, entsandten die Vereinten Nationen die *United Nations Transition Assistance Group* (UNTAG)[333], die dem Kommando des Sonderbeauftragten für Namibia, Martti Ahtisaari, unterstellt wurde und den Unabhängigkeitsprozess durch die Organisation und Überwachung der in Resolution 435 vorgesehenen freien Wahlen zu einer verfassungsgebenden Versammlung ab dem 1. April 1989 unterstützen sollte.

---

327 Jedoch den Widerstandskampf der SWAPO als Blockstaat in vielfältiger Form unterstützte, vgl. Schleicher, Hans-Georg, „*DDR-Solidarität mit dem Befreiungskampf*“, in: Hess und Becker 2002, S. 93–99.

328 Ganns, Harald, „*Der Anfang war schwer…*“, in: Hess und Becker 2002, S. 85–92. Für eine umfangreiche Schilderung der Beziehung zur Bundesrepublik Deutschland s. Brenke 1989, S. 109–284.

329 Brenke 1989, S. 38 f.

330 Brenke 1989, S. 39–42.

331 UN-Document S/20325 vom 14. Dezember 1988.

332 Ausführlich zu Zielen und Ablauf der Mission: http://www.un.org/en/peacekeeping/missions/past/unavem1/unavemi.htm, zuletzt abgerufen am 6. Februar 2012.

333 Ausführlich zu Zielen und Ablauf der Mission: http://www.un.org/en/peacekeeping/missions/past/untag.htm, zuletzt abgerufen am 6. Februar 2012.

Doch noch bevor es zu einer umfassenden Stationierung der UNTAG-Truppen kommen konnte, überquerten 1.600 SWAPO-Kämpfer bereits am 1. April 1989 die südangolanische Grenze und marschierten in das Landesinnere und wurden in eines der schwersten Gefechte mit den südafrikanischen Armee- und Polizeikräften seit Beginn der Auseinandersetzung verwickelt.[334] Dieser heftige Zwischenfall drohte den Unabhängigkeitsprozess unvermittelt zum Scheitern zu bringen, noch bevor mit seiner eigentlichen Umsetzung begonnen worden war. Nur durch eine sofort einberufene Konferenz einigten sich die Konfliktparteien Kuba, Angola und Südafrika unter Vermittlung sowohl der USA als auch der Sowjetunion darauf, die Umsetzung der Resolution 435 wie geplant fortzusetzen.[335]

Durch die Arbeit der bislang größten Friedensmission der Vereinten Nationen erfolgten vom 7. bis 11. November 1989 freie und unabhängige Wahlen einer verfassungsgebenden Versammlung, der *Constituent Assembly*.[336] Aus diesen Wahlen ging wie erwartet die SWAPO als klare Siegerin hervor, verfehlte allerdings die Zweidrittelmehrheit, so dass sie in der Ausarbeitung der Verfassung auf die Mitarbeit und Zustimmung der übrigen Parteien, insbesondere der größten Oppositionspartei DTA angewiesen war.[337]

Die *Constituent Assembly* in Namibia trat am 21. November 1989 zusammen. Die eigentliche Ausarbeitung der Verfassung erfolgte in weniger als drei Monaten, ein von allen beteiligten Parteien akzeptierter Entwurf wurde bereits am 9. Februar 1990 verabschiedet.[338] Festzuhalten bleibt allerdings, dass dieser Entwurf letztlich das Ergebnis eines Prozesses war, der mit der Turnhallenkonferenz bereits im Jahr 1975 begonnen hatte.[339]

Am 21. März 1990, dem Tag der Unabhängigkeit des neuen souveränen Staates Namibia, legte der frühere SWAPO-Führer Sam Nujoma als erster Staatspräsident von Namibia vor dem Generalsekretär der Vereinten Nationen, Pérez de Cuellar, den Eid auf die Verfassung ab, an deren Ausarbeitung sich neben vielen internationalen Experten auch Menschenrechtsorganisationen beteiligt

---

334 Brüggemann 1992, S. 56.

335 Brüggemann 1992, S. 57 f.

336 Zu Hintergründen, Ablauf und Ergebnissen der Wahl: Harneit-Sievers 1990; ausführlich: Schumacher und Naudascher 1990.

337 Müller 1992, S. 37 f.; Brüggemann 1992, S. 58–60.

338 Ausführlich zum Verlauf der *Constituent Assembly*: Watz 2003, S. 30–33.

339 Müller 1992, S. 38, zusammenfassend den einzelnen Verfassungsvorschlägen s. S. 23-36. Für eine ausführliche Darstellung der Verfassungsentwürfe von SWAPO und DTA s. Kießewetter 1993, S. 43–161.

hatten[340] und die zum Zeitpunkt ihres Inkrafttretens als die modernste Verfassung westlicher Prägung in der Staatengemeinschaft gelten durfte.[341]

Der als Kommandeur der UNTAG eingesetzte Martti Ahtisaari, der sich seit 1978 als Sonderbeauftragter für Namibia mit dem Unabhängigkeitsprozess beschäftigt hatte, kommentierte dieses Ereignis am 22. März 1990 wie folgt:

> „*Many people are calling this a success for the United Nations, which it is. But we who worked so closely with Namibians in every corner of this country – through repatriation, registration, the campaign and the election – know that the real success is yours. We admire your determination in seeing through the election process fairly, your generous spirit in seeking reconciliation with each other and your wisdom in drafting a constitution that is an inspiration to the world. We leave Namibia grateful for having had the opportunity to help an extraordinary people achieve a historic goal. We will cherish the memory of this experience for the rest of our lives.*“[342]

b) Ausgestaltung des Rechtssystems in South West Africa

(1) Staatsrechtliche Grundlagen

In diesem Abschnitt werden die staatsrechtlichen Grundlagen der südafrikanischen Herrschaft während der Mandatszeit in Südwestafrika dargestellt. Diese Ausführungen beschränken sich dabei auf das Innenverhältnis zwischen der *Union* (ab 1961: *Republic*) *of South Africa* und dem *Protectorate* (ab 1919: *Territory*) *of South West Africa*. Ausdrücklich ausgeklammert werden an dieser Stelle Ausführungen zu der international umstrittenen völkerrechtlichen Bewertung dieser Beziehung.[343]

(a) Militärgouvernement

Die südafrikanische Armee hatte bereits während der Kampfhandlungen mit den deutschen Schutztruppen einen *Chief Civil Secretary* ernannt, in dessen Zuständigkeitsbereich die Betreuung aller nicht-militärischen Angelegenheiten des Feldzuges fiel.[344] Am 9. Juni 1915 wurde durch den Kommandeur der südafrikanischen Truppen, General Botha, in Otavifontein offiziell das Kriegsrecht für Südwestafrika ausgerufen.[345] Durch *Proclamation* vom 11. Juli 1915 ernannte der Verteidigungsminister der *Union of South Africa* nach der deutschen Kapi-

---

340 Müller 1992, S. 37.

341 Watz 2003, S. 19, zum Inhalt der Verfassung siehe unten II. B. 1.

342 Zitiert nach: United Nations Publications 1990, S. 80.

343 Siehe oben II. A. 3. a) (3) und (4).

344 Silagi 1977, S. 15.

345 Proclamation of Martial Law, No. 15 of 1915, Gazette vom 13. August 1915.

tulation einen *Military Governor* für das nun *Protectorate of South West Africa* genannte Gebiet und stattete diesen mit umfassenden Befugnissen aus:

> „*[...] do hereby appoint you to be Military Governor provisionally throughout the said territory which shall be known as the South West African Protectorate [...] I do further authorize and empower you as such Military Governor, but subject to any instruction which you may from time to time receive from the Minister of Defence for the said Union, to take all such measures, and by proclamation to make such laws, and enforce the same, as you may deem necessary for the peace, order and good government of the Protectorate.*“[346]

Die Militärregierung hatte demnach eine eigenständige und umfassende Verordnungsgewalt, war dabei jedoch an Weisungen aus Südafrika gebunden. Die Ämter von *Chief Civil Secretary* und *Military Governor* wurden durch *Proclamation* des südafrikanischen Verteidigungsministers vom 28. Oktober 1915 mit Wirkung vom 30. Oktober 1915 aufgelöst, alle Zuständigkeiten gingen danach auf das neu geschaffene Amt des *Administrators* über.[347] Trotz dieser nominellen Veränderung blieb jedoch weiterhin das Kriegsrecht bestehen, auf dessen provisorischen Charakter in der *Proclamation* auch ausdrücklich hingewiesen wurde.

(b) Zivile Mandatsverwaltung durch den Administrator

Nach Ende des ersten Weltkrieges übertrug das südafrikanische Parlament zur Umsetzung der im Versailler Vertrag vereinbarten Mandatsverwaltung im Rahmen des Kriegsrechts sämtliche legislativen und exekutiven Befugnisse für das südwestafrikanische Territorium dem südafrikanischen *Governor-General*.[348] Von diesen weitgehenden Befugnissen, die auch delegiert werden konnten, unterlag lediglich die Veräußerung und Belastung von staatlichem Land einem Parlamentsvorbehalt.[349]

Diese Befugnisse übertrug der *Governor-General* am 2. Januar 1921 vollumfänglich auf den *Administrator* des nunmehr *Territory of South West Africa* genannten Gebietes und bestätigte zeitgleich alle seit der Zeit der deutschen Kapitulation getroffenen Regelungen und Maßnahmen, vor allem die zuvor mit Wir-

---

346 Commission Appointing Brigadier-General Percival Scott Beves to be Military Governor of the Protectorate of South-West Africa and Empowering Him to Make Provisions for the Provisional Government Thereof, 11. Juli 1915, abgedruckt in: Laws of South West Africa, Vol. I, 1915-1922, Seite 29 f.

347 Appointment of Administrator, 28. Oktober 1915, abgedruckt in: Laws of South West Africa, Vol. I, 1915-1922, Seite 30 f.

348 Treaty of Peace and South West Africa Mandate Act No. 49 of 1919, Sections 1, 2, Union Gazette vom 19. September 1919.

349 Dieser Vorbehalt umfasste explizit auch die Rechte an Bodenschätzen und schützte die eingerichteten Reservate der indigenen Bevölkerung; Treaty of Peace and South West Africa Mandate Act 1919, Section 4 Subsections 2, 3.

kung zum 1. Januar 1921 vom *Administrator* erklärte Aufhebung des Kriegsrechts.[350] Legislative und Exekutive lagen nun in Form einer umfassenden Verordnungsgewalt komplett in den Händen des *Administrators*, der dabei jedoch grundsätzlich der Aufsicht und Weisung durch das südafrikanische Parlament sowie durch den südafrikanischen *Governor-General* unterworfen blieb. Er wurde in seinen Aufgaben durch einen *Advisory Council* mit zunächst sechs, später neun Mitgliedern in ausschließlich beratender Funktion unterstützt.[351]

(c) South West Africa Constitution Acts

(i) South West Africa Constitution Act 1925

Den ersten verfassungsrechtlichen Meilenstein der südwestafrikanischen Mandatszeit bildete der südafrikanische *South West Africa Constitution Act*[352] von 1925, der die Keimzelle für die weitere Verfassungsentwicklung in Südwestafrika legte. Durch dieses Gesetz, das den Herrschaftsanspruch der Weißen über Südwestafrika und die indigene Bevölkerung zementieren sollte,[353] erhielt die weiße Bevölkerung eine eingeschränkte Möglichkeit der Selbstverwaltung.

Einer *Legislative Assembly*, von deren 18 Mitgliedern zwölf von der weißen Bevölkerung gewählt und sechs vom *Administrator* mit Zustimmung des *Governor-Generals* direkt eingesetzt werden konnten,[354] oblag die Gesetzgebung.[355] Maßgebliche Teilbereiche, darunter das Justiz-, Fernmelde-, Finanz- und Verteidigungswesen, das Recht des öffentlichen Dienstes, die Regelung der Angelegenheiten mit Bezug zur indigenen Bevölkerung sowie insbesondere auch das gesamte Bergrecht, waren von dieser Gesetzgebungskompetenz jedoch ausgenommen und blieben Parlament und *Governor-General* von Südafrika vorbehalten.[356]Als ausführende Gewalt fungierte nicht mehr allein der *Administrator*. Dieser war nunmehr Teil des neu gebildeten *Executive Committee*, das neben dem *Administrator* aus vier von der *Legislative Assembly* aus ihrem Kreise gewählten Vertretern bestand[357] und die Umsetzung der im Zuständigkeitsbereich

350 Indemnity and Withdrawal of Martial Law, Proclamation No. 1 of 1921, Union Gazette vom 2. Januar 1921.

351 Die Mitglieder trugen ihre Expertise zumeist in jeweils einzelnen Fachgebieten, insbesondere Landwirtschaft und Städteplanung, bei; s. Du Pisani 1986, S. 52–53.

352 South West Africa Constitution Act No. 42 of 1925, abgedruckt in: Laws of South West Africa, Vol. IV (1925), S. 60-92.

353 Siehe dazu Du Pisani 1986, S. 68 ff.

354 South West Africa Constitution Act 1925, Sections 12, 13.

355 South West Africa Constitution Act 1925, Section 25.

356 South West Africa Constitution Act 1925, Sections 26, 27, 44.

357 South West Africa Constitution Act 1925, Section 2 Subsection 1.

der *Legislative Assembly* erlassenen Verordnungen übernahm.[358] Die Mitglieder des *Executive Committee* bildeten mit drei weiteren, vom *Administrator* ernannten und vom *Governor-General* zu bestätigenden Personen den *Advisory Council*[359], der weiterhin eine inhaltlich nur grob umrissene beratende Funktion hatte.[360]

Letztlich verblieben damit alle wichtigen exekutiven und legislativen Befugnisse im Bereich des südafrikanischen Parlamentes und *Governor-Generals*. Jede Verordnung der *Legislative Assembly* unterlag je einem Genehmigungsvorbehalt des *Administrators*[361] sowie des *Governor-Generals*[362] und konnte zudem durch das südafrikanische Parlament per Gesetz für nichtig erklärt oder abgeändert werden.[363] Der *Governor-General,* der laut Gesetz über alle Vorgänge im *Executive Committee* in Kenntnis zu setzen war,[364] konnte die Regierungsgewalt jederzeit an sich ziehen oder sie in seinem Namen vom *Administrator* ausüben lassen.[365] Entgegen der ursprünglichen Zielsetzungen des Völkerbundmandates wurde durch dieses Gesetz nicht die Autonomie Südwestafrikas vom Mandatar Südafrika vorangetrieben,[366] sondern die weiße Oberherrschaft über das Gebiet mit dem Ziel konsolidiert, dieses langfristig an Südafrika anzugliedern.[367]

(ii) South West Africa Affairs Amendment Act 1949

Eine grundlegende Überarbeitung des *South West Africa Constitution Acts* von 1925 erfolgte durch den *South West Africa Affairs Amendment Act* im Jahr 1949,[368] als nach dem Scheitern des Völkerbundes die Annexion Südwestafrikas in den Fokus der politischen Interessen Südafrikas rückte.[369]

---

358 South West Africa Constitution Act 1925, Section 3 Subsection 1.

359 South West Africa Constitution Act 1925, Section 7.

360 South West Africa Constitution Act 1925, Section 9.

361 South West Africa Constitution Act 1925, Section 32.

362 South West Africa Constitution Act 1925, Section 33.

363 South West Africa Constitution Act 1925, Section 44.

364 South West Africa Constitution Act 1925, Section 4 Subsection 4.

365 South West Africa Constitution Act 1925, Section 44.

366 So Müller 1992, S. 16. Neben den umfangreichen Kompetenzvorbehalten spricht gegen diese Annahme die Tatsache, dass die südwestafrikanische Bevölkerung zu diesem Zeitpunkt im Gegensatz zu den übrigen Provinzen noch gar nicht im südafrikanischen Parlament repräsentiert war und so vom direkten Einfluss auf die sie beherrschende südafrikanische Administration völlig ausgeschlossen war.

367 Du Pisani 1986, S. 71.

368 South West Africa Constitution Act No. 42 of 1925 in der Fassung des South West Africa Affairs Amendment Act No. 23 of 1949, abgedruckt in: Laws of South West Africa (Annotated Reprint), Vol. II (1923-1927), Windhoek, 1957, S. 2-26.

369 S.o. II. A. 3. a) (3) (b).

Einen zentralen Bestandteil dieser Bestrebungen bildete die Schaffung einer Vertretung der weißen südwestafrikanischen Bevölkerung in beiden Kammern des südafrikanischen Parlamentes.[370] Die sechs südwestafrikanischen Abgeordneten für das südafrikanische *House of Assembly* wurden von der weißen[371] Bevölkerung gewählt, von den vier südwestafrikanischen Abgeordneten des *Senate* wurden hingegen zwei durch den *Governor-General* nominiert.[372]

Auch die Organisation der eigentlichen südwestafrikanischen Institutionen wurde überholt. Der *Advisory Council*, der sich als wenig nützlich erwiesen hatte,[373] wurde ohne Ersatz abgeschafft.[374] Die Befugnisse des *Executive Committees*[375] sowie der *Legislative Assembly*[376] wurden ausgeweitet, insbesondere wurden die Beschränkungen der Gesetzgebungskompetenz gelockert.[377] Alle 18 Mitglieder der *Legislative Assembly* wurden nunmehr von der weißen Bevölkerung Südwestafrikas gewählt.[378] Trotz dieser Zugeständnisse blieb es jedoch auch nach 1949 grundsätzlich bei der südafrikanischen Oberhoheit über Südwestafrika. Zwar wurde die legislative Kompetenz des *Governor-Generals* dahingehend eingeschränkt, dass er keine Verordnungen jenseits der aus der Kompetenz der *Legislative Assembly* explizit ausgeklammerten Bereiche erlassen konnte.[379] Er bündelte jedoch nach wie vor alle exekutiven Befugnisse, und es blieb dem südafrikanischen Parlament auch weiterhin vorbehalten, die entsprechenden Verordnungen der *Legislative Assembly* durch eigene Gesetzgebung außer Kraft zu setzen.[380]

---

370 South West Africa Affairs Amendment Act 1949, Sections 27-36; im Folgenden ergänzt oder verändert durch den South West African Affairs Amendment Act No. 55 of 1951, Senate Act No. 53 of 1955, Senate Act No. 53 of 1960.

371 Auch die deutschstämmige Bevölkerung bekam 1949 das Stimmrecht, vgl. Du Pisani 1986, S. 122 Fn 68.

372 Zu Wahlmodalitäten und Kompetenzen der Abgeordneten s. Du Pisani 1986, S. 121–123.

373 Faris 1979, S. 71.

374 South West Africa Affairs Amendment Act 1949, Sections 5, 6.

375 South West Africa Affairs Amendment Act 1949, Section 5.

376 South West Africa Affairs Amendment Act 1949, Sections 7-19.

377 Die nunmehr auch das Bergrecht umfasste, vgl. South West Africa Constitution Act No. 42 of 1925 in der Fassung des South West Africa Affairs Amendment Act No. 23 of 1949, Section 26.

378 South West Africa Constitution Act No. 42 of 1925 in der Fassung des South West Africa Affairs Amendment Act No. 23 of 1949, Section 13.

379 South West Africa Constitution Act No. 42 of 1925 in der Fassung des South West Africa Affairs Amendment Act No. 23 of 1949, Section 44 Subsection 3, neu gefasst durch den South African Affairs Amendment Act No. 55 of 1951.

380 South West Africa Constitution Act No. 42 of 1925 in der Fassung des South West Africa Affairs Amendment Act No. 23 of 1949, Section 44 Subsection 4; Faris 1979, S. 71.

Auch wenn diese Veränderungen noch keine Annexion Südwestafrikas *per se* darstellten, wurden sie nicht zuletzt aufgrund der entsprechenden, deutlich erkennbaren Absicht, vor allem jedoch wegen der als unzureichend empfundenen Berücksichtigung der Interessen der indigenen Bevölkerung sowohl von den Vereinten Nationen, als auch von liberalen Kreisen in Südafrika kritisiert und abgelehnt.[381]

(iii) South West Africa Constitution Act 1968

Zur Umsetzung der Empfehlungen des Odendaal-Planes[382] wurde im Jahr 1968 der *South West Africa Constitution Act* von 1925 in seiner aktuellen Fassung widerrufen und durch den umfassend überarbeiteten *South West Africa Constitution Act* von 1968[383] ersetzt. Lediglich die erstmals 1949 eingeführten Vorschriften bezüglich der Vertretung der weißen Bevölkerung Südwestafrikas im südafrikanischen Parlament blieben bestehen.[384] Die vom Odendaal-Plan vorgesehene Einrichtung verschiedener, nach Ethnien getrennter *homelands* oder *Bantustans* für die indigene Bevölkerung, und damit die Einführung der Apartheid auf politischer Ebene,[385] sollte im Einklang mit den in Südafrika bereits bestehenden Regelungen erfolgen und ging einher mit einer umfangreichen Beschneidung der Kompetenzen der südwestafrikanischen Selbstverwaltung.[386]

Der legislative Prozess in Südwestafrika bestand nach wie vor aus einer Zusammenarbeit zwischen dem südafrikanischen Parlament und der *Legislative Assembly of South West Africa* sowie zwischen dem südafrikanischen Staatspräsidenten[387] und dem *Administrator of South West Africa*.[388] Zwar behielt die *Legislative Assembly* ihre grundsätzlich allumfassende Zuständigkeit und war damit auf dem Papier besser gestellt als die vergleichbaren *Provincial Councils* der südafrikanischen Provinzen.[389] Die dem südafrikanischen Parlament oder Staatspräsidenten zur Entscheidung vorbehaltenen Sachverhalte wurden jedoch durch den *South West Africa Constitution Act* von 1968[390] und den nur ein Jahr später

381 Du Pisani 1986, S. 122 f.

382 S.o. II. A. 3. a) (3) (c).

383 South West Africa Constitution Act No. 39 of 1968, Government Gazette vom 5. April 1968.

384 Faris 1979, S. 72.

385 Dugard 1973, S. 435 ff.; Du Pisani 1986, S. 188 f.; Kießewetter 1993, S. 26–28.

386 Du Pisani 1986, S. 189.

387 Der nach Gründung der Republik von Südafrika durch den Republic of South Africa Constitution Act No. 32 of 1961 an die Stelle des *Governor-Generals* getreten ist.

388 Dazu ausführlich Faris 1977, S. 50–52.

389 South West Africa Constitution Act No. 39 of 1968, Section 21; Faris 1979, S. 73.

390 South West Africa Constitution Act No. 39 of 1968, Section 22. Das Bergrecht gehörte nach dieser Vorschrift noch zum Kompetenzbereich der *Legislative Assembly*.

erlassenen *South West Africa Affairs Act* von 1969[391] wesentlich erweitert, so dass die tatsächlichen Befugnisse der *Legislative Assembly* denen der *Provincial Councils* gleichkamen.[392] Der vom südafrikanischen Staatspräsidenten ernannte *Administrator*[393] hatte jeder Verordnung der *Legislative Assembly* zuzustimmen oder sie im Zweifel mit eigenen Veränderungsvorschlägen dem Staatspräsidenten zur Unterzeichnung vorzulegen.[394] Durch *Proclamation* konnte der Staatspräsident in allen vorbehaltenen Sachgebieten südafrikanische Gesetze in Südwestafrika für anwendbar erklären[395] und auch unmittelbar eigene Regelungen treffen, solange diese mit bereits erlassenen Gesetzen des südafrikanischen Parlaments vereinbar waren.[396] Auf den vorbehaltenen Sachgebieten genossen dessen Gesetze die höchste Autorität, so dass die oberste Gesetzgebungskompetenz für Südwestafrika auf allen wichtigen Gebieten bei dem südafrikanischen Parlament lag.[397] Südwestafrika konnte zumindest in der Verwaltungspraxis seit dieser Zeit mit Fug und Recht als „fünfte Provinz" Südafrikas bezeichnet werden.[398]

(d) Verwaltung durch den Administrator-General ab 1977

Bedingt durch den grundlegenden Politikwechsel in Südafrika, durch den statt einer Annexion nunmehr die Vorbereitung der Unabhängigkeit Südwestafrikas vorgesehen war,[399] wurde die Macht des Staatspräsidenten durch die Neufassung der Section 38 Subsection 1 des *South West Africa Constitution Act No. 39 of 1968* durch den *South West Africa Constitution Amendment Act No. 95 of 1977* enorm ausgeweitet, um so eine reibungslose und zügige Umsetzung dieses Vorhabens gewährleisten zu können.[400] Das südafrikanische Parlament wurde dadurch als höchste Gesetzgebungsinstanz für Südwestafrika abgelöst, so dass alle

---

391 South West Africa Constitution Act No. 39 of 1968 in der Fassung des South West Africa Affairs Act No. 25 of 1969 vom 1. April 1969, Section 22. Die Zuständigkeit für alle bergrechtlichen Belange fiel nunmehr wieder an Südafrika, siehe Section 22 Subsection 1 lit. (r).

392 Bertelsmann 1969, S. 338.

393 South West Africa Constitution Act No. 39 of 1968, Section 2.

394 South West Africa Constitution Act No. 39 of 1968, Section 27 Subsections 2, 3.

395 Befristet bis zum 30. Juni 1971; South West Africa Affairs Act No. 25 of 1969, Section 20.

396 South West Africa Constitution Act No. 39 of 1968, Section 38 Subsection 2.

397 South West Africa Constitution Act No. 39 of 1968, Section 37.

398 So auch Du Pisani 1986, S. 189; Bertelsmann 1969, S. 337–338; Faris 1979, S. 72.

399 S.o. II. A. 3. a) (4) (c). Offensichtlich wird dieser Wechsel wiederum durch die Neuregelung der seit 1925 von Südwestafrika aus erfolgten Verwaltung der wichtigen Enklave Walvis Bay, die ab 1977 wieder der südafrikanischen Kapprovinz oblag; Walvis Bay Administratrion Proclamation No. R 202 of 1977 vom 31. August 1977, Faris 1979, S. 75–81.

400 Dazu ausführlich: Faris 1977, S. 52–64.

entsprechenden Belange nunmehr allein durch die südafrikanische Exekutive ohne Beteiligung der Legislative geregelt werden konnten.

Der Staatspräsident übertrug seine Befugnisse auf das neu geschaffene Amt des *Administrator-General*,[401] der zunächst die allein maßgebliche legislative und exekutive Autorität in Südwestafrika darstellte und sich über *Legislative Assembly* und *Executive Committee* nach Gutdünken hinwegsetzen konnte.[402] Diese Institutionen wurden 1979 durch die *National Assembly* (Legislative) und den *Council of Ministers* (Exekutive) ersetzt.[403] Beide unterlagen in ihren Handlungen dem Genehmigungsvorbehalt des *Administrator-General* und hatten damit letztlich keine eigenständigen Befugnisse, die über ein Vorschlagsrecht gegenüber dem *Administrator-General* hinausgingen.[404] Nach ihrer Auflösung im Jahr 1983[405] wurden Exekutive und Legislative wieder allein in die Hände des *Administrator-General* gelegt.[406]

Eine zweite *National Assembly* für Südwestafrika mit 62 Mitgliedern wurde durch den südafrikanischen Staatspräsidenten im Jahr 1985 als *Transitional Government of National Unity* einberufen.[407] Gegenüber dem aus dem Kreise der Versammlung gewählten achtköpfigen Exekutivorgan (*Cabinet)* hatte der *Administrator-General* nur noch eine beratende Funktion und behielt gegenüber der *National Assembly* lediglich einen eingeschränkten Genehmigungsvorbehalt.[408] Dennoch bleibt die Oberhoheit Südafrikas durch das Veto-Recht des Staatspräsidenten und die Ausklammerung entscheidender Bereiche (Außenpolitik, Vertei-

---

401 Establishment of Office of Administrator-General for the Territory of South West Africa Proclamation No. 180 of 1977 vom 18. August 1977, Empowering of the Administrator-General for the Territory of South West Africa to Make Laws Proclamation No. 181 of 1977 vom 18. August 1977. Mit Wirkung zum 1. September 1977 wird der Richter Marthinus Theunis Steyn zum Administrator-General ernannt, Government Notice No. 1666 vom 19. August 1977, Government Gazette vom 26. August 1977.

402 Müller 1992, S. 20. Der Administrator-General unterlag freilich der Weisungsbefugnis des südafrikanischen Staatspräsidenten, Faris 1977, S. 55.

403 National Assembly Proclamation No. AG 21 und Council of Ministers Proclamation No. AG 24 vom 14. Mai 1979; Müller 1992, S. 22.

404 Du Pisani 1986, S. 430 f.

405 Bedingt durch einen Streit über den Verlauf des Unabhängigkeitsprozesses zwischen dem Administrator-General Dr. Willie van Niekerk und Dirk Mudge, dem Vorsitzenden der Partei *Democratic Turnhalle Alliance*, die über die Mehrheit in der National Assembly und dem Council of Ministers verfügte und sich infolgedessen aus beiden Gremien zurückzog; Du Pisani 1986, S. 483 f.

406 National Assembly and Council of Ministers Proclamations Repeal Proclamation No. AG 3 of 1983 vom 25. Januar 1983.

407 South West Africa Legislative and Executive Authority Establishment Proclamation No. R 101 of 1985 vom 17. Juni 1985.

408 Proclamation No. R 101 of 1985, Article 34.

digung) aus der Gesetzgebungskompetenz der *National Assembly* bestehen.[409] Am Vorabend der Unabhängigkeit Südwestafrikas wird diese Mitte 1989 aufgelöst und alle Staatsgewalt wiederum auf den *Administrator-General* übertragen.[410]

Unterhalb des *Administrator-General* bestand seit 1980 eine zweite Verwaltungsebene mit elf Zweigen, deren jeweilige Zuständigkeit sich auf die Angelegenheiten der im Unabhängigkeitsprozess anerkannten elf Volksgruppen Namibias erstreckte.[411] Diese als ineffizient kritisierten Behörden[412] werden zu großen Teilen im Jahr 1989[413], im Übrigen mit Inkrafttreten der namibischen Verfassung aufgelöst.

(2) Rechtsquellen in South West Africa

Im Folgenden soll zusammenfassend dargestellt werden, wie die Rechtssetzung in Südwestafrika zu dieser Zeit im Einzelnen erfolgte und inwieweit das südafrikanische Recht eingeführt wurde. Vor allem jedoch soll untersucht werden, ob und in welcher Form die vormals bestehenden deutschen Regelungen ihre grundsätzliche Gültigkeit in Südwestafrika auch unter der Ägide Südafrikas behielten.

(a) Gesetze, Proklamationen und Verordnungen

Wie oben gezeigt beruhten ab der deutschen Kapitulation bis zur Unabhängigkeit alle Akte der Rechtssetzung letztlich auf südafrikanischer Autorität. Diese fand ihre Rechtfertigung zunächst im Kriegsrecht, später in dem vom Völkerbund erteilten C-Mandat und nach dessen Auflösung im Laufe des andauernden internationalen Streites um den rechtlichen Status und die Souveränität Südwestafrikas zumindest in der rein tatsächlichen Vormachtstellung Südafrikas. Obwohl diese Befugnisse zu nicht unerheblichen Teilen an lokale, durch Südafrika in Südwestafrika eingesetzte Behörden delegiert wurden, verblieb der Kern dieser Kompetenzen dabei immer in südafrikanischer Hand.

Die eigentliche Rechtssetzung für Südwestafrika erfolgte in dem oben detailliert beschriebenen Zusammenspiel zwischen dem Parlament und dem *Governor-General* (ab 1961: *State President*) als Vertreter der südafrikanischen Legislative und Exekutive auf der einen, und dem von Südafrika eingesetzten *Ad-*

---

409 Proclamation No. R 101 of 1985, Article 3; Müller 1992, S. 30; Brüggemann 1992, S. 46–48.

410 Repeal of the Laws on the National Assembly, the Cabinet and the Constitutional Council Proclamation No. AG 16 of 1989 vom 12. Juni 1989.

411 Representative Authorities Proclamation No. AG 8 of 1980 vom 24. April 1980.

412 Vgl. Müller 1992, S. 25–27.

413 Representative Authorities Powers Transfer Proclamation No. AG 8 of 1989 vom 9. Mai 1989.

ministrator (ab 1977: *Administrator-General*) sowie der *Legislative* (ab 1979: *National*) *Assembly* als südwestafrikanische Exekutive und Legislative auf der anderen Seite. Auch wenn sich die den einzelnen Institutionen zukommenden Kompetenzen in der unter II. A. 3. b) (1) dargestellten Form im Laufe der Zeit in nicht nur geringem Umfang geändert bzw. verschoben haben, lässt sich folgende allgemein gültige Klassifikation vornehmen:

- Die Gesetzgebung im engeren Sinne erfolgte zunächst allein durch die beiden Kammern des südafrikanischen Parlamentes in Form von *Acts* (Gesetzen). Bis zur Ermächtigung des *Administrator-Generals* im Jahre 1977 bildeten diese Gesetze die maßgebliche Rechtsquelle.[414]
- Sowohl die südafrikanischen als auch die von diesen eingesetzten südwestafrikanischen Vertreter der Exekutive konnten im Rahmen ihrer zumeist äußerst weitreichenden Befugnisse durch *Proclamations* (Proklamationen) umfangreiche Regelungen erlassen, die einen sowohl mit Rechtsverordnungen als auch Verwaltungsverordnungen und -akten vergleichbaren Charakter annehmen konnten. Diese Regelungsgewalt fand ihren Höhepunkt in den umfassenden Ermächtigungen des *Adminstrator-Generals* von 1977 und 1989.
- Eine wie oben erläutert zumeist äußerst eingeschränkte, im Vergleich mit den Befugnissen der Exekutive oft nur wenige Teilbereiche umfassende und häufig von deren Zustimmung abhängige Gesetzgebungsgewalt kam schließlich der südwestafrikanischen Legislative zu, deren *Ordinances* (Rechtsverordnungen[415]) den südafrikanischen *Acts* nachgeordnet waren.[416]

(b) Einführung des römisch-holländischen Gemeinrechts

Als die weitere Zukunft Südwestafrikas nach der Niederlage des Deutschen Reiches im Ersten Weltkrieg und der im Rahmen der Umsetzung des Versailler Vertrages erfolgten Mandatierung Südafrikas absehbar geworden war, begann die südafrikanische Administration mit der Implementierung des südafrikanischen Gemeinrechts.

Nachdem bereits unter dem seit der deutschen Kapitulation herrschenden Kriegsrecht viele Einzelfallregelungen getroffen und deutsche Regelungen geändert oder abgeschafft worden waren, das deutsche Recht dabei jedoch zunächst

---

414 Zu Interpretationsansätzen und Auslegungsregeln sowie den sich aus der Zweisprachigkeit ergebenden Problemen im südafrikanischen Gesetzesrecht siehe: Zimmermann 1983, S. 46–52.

415 Dieser Begriff wurde in der inoffiziellen deutschen Übersetzung der südwestafrikanischen *Government Gazette*, dem „Amtsblatt" genutzt.

416 Faris 1979, S. 72.

gleichsam als Rahmen bestehen blieb,[417] wurde dazu als grundlegender Schritt das römisch-holländische Recht der südafrikanischen Kapprovinz durch die *Administration of Justice Proclamation 1919*[418] des *Administrators* für Südwestafrikas mit Wirkung vom 1. Januar 1920 für das Protektorat Südwestafrika eingeführt.

Section 1 dieser *Proclamation* lautet:

> „(1) *The Roman Dutch Law as existing and applied in the Province of the Cape of Good Hope at the date of the coming into effect of this Proclamation shall, from and after the said date, be the Common Law of the Protectorate, and all Laws within the Protectorate in conflict therewith shall, to the extent of such conflict and subject to the provisions of this Section, be repealed.*
> (2) *Notwithstanding the provisions of paragraph (1) of this Section, all Proclamations which have been issued during the Military occupation of the Protectorate and are still in force on the said date shall continue to be in force.*
> (3) *All rights, privileges, obligations or liabilities acquired, accrued or incurred prior to the said date shall be determined according to the law in force in the Protectorate at the time of acquisition, accrual or incurrence.*“

Eine Darstellung von Geschichte und Inhalt des römisch-holländischen Rechts und seiner Rezeption in Südafrika kann im Rahmen dieser Bearbeitung nur in Form eines kurzen Überblicks unter Hinweis auf die weiterführende Literatur erfolgen.[419] Der Fokus der hier durchgeführten Untersuchung soll vielmehr darauf liegen, in welchem Umfang das in Südafrika geltende römisch-holländische Recht durch diese *Proclamation* in Südwestafrika eingeführt wurde und inwieweit die existierenden deutschen Regelungen dadurch verdrängt wurden.

(i) Überblick über die Entstehungsgeschichte des römisch-holländischen Rechts

(aa) Rezeption des römischen Rechts in Holland

Der Beginn einer akademischen Aufarbeitung des römischen Rechts im mittelalterlichen Europa[420] begann im 11. Jahrhundert durch die Glossatoren in Bologna, die den *Corpus Iuris Civilis* mit Erläuterungen und Kommentaren versahen. Diese Praxis fand an norditalienischen und südfranzösischen Universitäten eine rasche Ausdehnung. Im 14. Jahrhundert erfolgte durch die Postglossatoren (auch:

417 Amoo 2008, S. 60.

418 Proclamation of the South West Africa Administration No. 21 of 1919, Government Gazette vom 24. Dezember 1919.

419 Einen Überblick in deutscher Sprache bietet Zimmermann 1983. Für einen Einstieg in die umfangreiche südafrikanische Literatur sei hier neben dem Standardwerk Hahlo und Kahn 1968 auch auf das einführende Lehrbuch Du Plessis 1999 hingewiesen.

420 Dazu ausführlich Wieacker 1944, S. 207–222.

Kommentatoren) die Anpassung dieser herausgearbeiteten römischen Rechtsregeln an die praktischen Bedürfnisse der damaligen Zeit, wodurch das römische Recht in weiten Teilen Europas in zunehmendem Maße das lokale Recht gleichsam „infiltrieren“ konnte, ohne das es zu einer umfänglichen Rezeption im eigentlichen Sinne kam. Schließlich wurde das römische Rechtssystem im Heiligen Römischen Reich Deutscher Nation, das sich als Rechtsnachfolger des römischen Imperiums sah, im Jahr 1495 im Rahmen der Reichskammergerichtsordnung in der von Glossatoren und Kommentatoren aufgearbeiteten Form als subsidiäres Recht in Gänze übernommen.[421] Diese Rezeption erfolgte dadurch auch in den damals zum Reich gehörenden, aus sieben Provinzen bestehenden Niederlanden, wobei das Ausmaß der Rezeption von Provinz zu Provinz variierte.[422] Die Form, die das römische Recht nach seiner Rezeption in Europa und der Vermischung mit germanischem Recht erlangt hatte, wurde *usus modernus pandectarum* genannt.[423]

Als römisch-holländisches Recht wird das in der Folgezeit aus der Verschmelzung des dergestalt rezipierten römischen mit dem germanisch geprägten holländischen Gewohnheitsrecht[424] entstandene Rechtssystem bezeichnet, das in der niederländischen Provinz Holland[425] ab dem 17. und 18. Jahrhundert Anwendung gefunden hat.[426] Als Rechtsquellen dieser Zeit sind neben der Gesetzgebung der Provinz Holland (*Placaaten, Ordonnantien* und *Diplomata*) zunächst die zumeist von Richtern oder anderen Juristen inoffiziell und für den privaten Gebrauch erstellte Entscheidungssammlungen (*Observationes*) sowie Gutachten und Stellungnahmen (*Consultatien*) zu nennen, die häufig ursprünglich ebenfalls nicht zur Veröffentlichung vorgesehen waren.[427] Den mit Abstand größten Einfluss auf die Entscheidungen der Gerichte übten (und üben auch heute noch) jedoch die von den Rechtsgelehrten dieser Zeit verfassten Lehrbücher und Abhandlungen aus, die das römisch-holländische Recht vor allem unter dem Ge-

---

421 Hahlo und Kahn 1968, S. 503; zu diesem Vorgang siehe Wieacker 1944, S. 222–251.

422 In der Provinz Holland wurde auf das römische Recht indes schon im Jahr 1462 Bezug genommen, Hahlo und Kahn 1968, S. 515 f.

423 Amoo 2008, S. 91; Wieacker 1944, S. 252–266; während die in Südafrika heute angewandte Ausprägung des römisch-holländischen Rechts als *usus hodiernus pandectarum* bezeichnet wird.

424 Gibson 1977, S. 23 f.

425 Die aufgrund ihrer Wirtschaftskraft und Bevölkerungsdichte die dominierende Stellung unter den sieben niederländischen Provinzen einnahm, und in juristischer Hinsicht aufgrund der anerkannten Expertise seiner Gerichte und der Universität Leiden eine Vorbildfunktion innehatte, vgl. Zimmermann 1992, S. 19–25.

426 Hahlo und Kahn 1968, S. 329.

427 Hahlo und Kahn 1968, S. 543–548; Zimmermann 1983, S. 59; Gibson 1977, S. 25–27.

sichtspunkt seiner praktischen Handhabbarkeit systematisch zu erfassen suchten.[428]

Als einflussreichstes dieser Werke ist das als Lehrbuch konzipierte und 1631 erschienene „*Inleiding tot de Hollandsche Rechtsgeleertheyd*“ von Hugo Grotius (1583-1645) anzusehen, welches die Verbindung zwischen römischem und holländischem Recht erstmalig als eigenständiges System beschrieb, anstelle die holländischen Anteile wie vormals üblich als bloßes Anhängsel eines römischen Kerns darzustellen.[429] Es gilt auch heute noch als inoffizielle Kodifikation[430] des römisch-holländischen Rechts und wird in der modernen Rechtspraxis nach wie vor zitiert.[431] Aufgrund seines ebenfalls immensen und andauernden Einflusses auf die Rechtspraxis ist an dieser Stelle zudem der von Johannes Voet (1647-1713) verfasste „*Commentarius ad Pandectas*“ von 1698 (Band I) und 1704 (Band II) zu würdigen, der eine umfangreiche Kommentierung der fünfzig Bücher der *Digesten* enthält und daran eine Beschreibung des zeitgenössischen niederländischen Rechts anschließt.[432]

(bb) Einführung des römisch-holländischen Rechts in Südafrika

Am 20. März 1602 wurde aus einem Zusammenschluss von vier konkurrierenden Schifffahrtsunternehmen die Vereinigte Niederländische Ostindische Aktiengesellschaft[433] mit Sitz in Holland gegründet und von der Regierung (*Staten Generaal*) der Republik der Vereinigten Niederlande mit weitgehenden Handels- und Hoheitsrechten ausgestattet, die es ihr unter anderem ermöglichten, Kolonien und Handelsposten zu gründen und zu verwalten.[434] Am 6. April 1652 landete der Holländer Jan van Riebeeck im Auftrag der V.O.C. am Kap der Guten Hoffnung und gründete dort einen Versorgungsposten für Schiffe auf dem Weg nach Indien. Diese Ansiedlung konnte sich zwar schnell etablieren, vergrößerte

---

428 Hahlo und Kahn 1968, S. 548–562; Zimmermann 1983, S. 58–62; eine ausführliche Beschreibung der sieben wichtigsten Autoren und ihrer Werke findet sich bei: Zimmermann 1992, S. 26–49.

429 Gibson 1977, S. 27; Zimmermann 1992, S. 29 f.

430 Zimmermann 1992, S. 30.

431 Zweigert und Kötz 1996, S. 230.

432 Hahlo und Kahn 1968, S. 556 f.; Gibson 1977, S. 28; Zimmermann 1983, S. 60.

433 *Vereenigde Nederlandsche Geoctroyeerde Oost-Indische Compagnie*, schon damals abgekürzt V.O.C.

434 Hintrager 1952, S. 27.

sich mangels konzentrierter Einwanderung aus Europa bis Ende des 18. Jahrhunderts allerdings nur in verhältnismäßig geringem Umfang.[435]

Mit Gründung der Niederlassung am Kap im Jahr 1652 trat aufgrund einer Anweisung des Direktoriums der V.O.C. aus dem Jahre 1621 das in der Provinz Holland praktizierte römisch-holländische Recht in Kraft.[436] Die örtlichen Angelegenheiten wurden durch unterschiedliche Organe der V.O.C. durch Verordnungen (*Placaaten*) geregelt, wobei der von der V.O.C. als Handelsunternehmen ausgeübte Herrschaftsanspruch insgesamt sehr einseitig auf die rechtliche Regelung eines reibungslosen (Wirtschafts-) Betriebes vor Ort fokussiert war.[437]

Die Geltung sowohl der Direktive von 1621 als auch der am Kap erlassenen Verordnungen der V.O.C. ist aus juristischer Sicht insofern zweifelhaft, als die der V.O.C. im Jahr 1602 durch den *Staten Generaal* der Niederlande erteilte Ermächtigung zwar die Errichtung von Gerichten gestattete, alle legislativen Befugnisse allerdings ausklammerte.[438] Diese Feststellung bleibt für die Betrachtung des namibischen Rechts jedoch von rein akademischer Natur, da die Anwendung des römisch-holländischen Rechts in Namibia mittlerweile durch Artikel 66 Absatz 1 der Verfassung eine Grundlage gefunden hat, sämtliche Verordnungen der V.O.C. heute nicht mehr in Kraft sind und die einzig weiterhin gültige Regelung aus jener Zeit, eine Regelung des Intestaterbrechts aus dem Jahre 1661,[439] direkt vom *Staten Generaal* erlassen wurde, dessen Kompetenz insoweit unzweifelhaft ist.[440]

Das römisch-holländische Recht wurde im 19. Jahrhundert aus der Kapprovinz zunächst durch die Trekburen in die neugegründeten Burenrepubliken Natal, Transvaal und den Freistaat von Oranje[441] getragen und wurde auch dort zum gemeinen Recht erklärt.[442]

---

435 1652 von ca. 90 Personen gegründet, wuchs die Anzahl der weißen „Freibürger" bis 1793 auf 13.830 Personen auf; s. Fisch 1991, S. 57. Zur allgemeinen Entwicklung der Kapkolonie unter der V.O.C. s. Bilger 1976, S. 51–55.

436 Hahlo und Kahn 1968, S. 572. Die Wahl der Provinz Holland erklärt sich nicht nur durch die wirtschaftliche Stärke der Provinz, sondern auch durch den Verwaltungssitz der V.O.C.

437 Fagan 1996, S. 47; Zimmermann 1983, S. 3.

438 Zimmermann 1983, S. 4; Fagan 1996, S. 38 f.

439 Hahlo und Kahn 1968, S. 574.

440 Fagan 1996, S. 39.

441 Dazu ausführlich Fisch 1991, S. 128–150; Bilger 1976, S. 193–208.

442 Hahlo und Kahn 1968, S. 575 f.

(cc) Britische Einflüsse auf das römisch-holländische Recht in Südafrika

Von 1795 bis zur Gründung der Union von Südafrika im Jahre 1910 standen die Kapkolonie sowie der Großteil des südlichen Afrikas unter direkter britischer Herrschaft.

Nachdem der allmähliche Niedergang der V.O.C. im Jahre 1794 in den Bankrott der Gesellschaft mündete,[443] wurde die Kapkolonie von 1795 bis 1803 mit Zustimmung der niederländischen Regierung von den Engländern besetzt, um sie so dem Zugriff Napoleons zu entziehen. Die im Jahre 1806 erfolgte erneute[444] Besetzung der Kapkolonie durch die Engländer entsprang ursprünglich einer Strategie zur Sicherung der Seewege, nachdem die napoleonischen Kriege kontinentale Ausmaße angenommen hatten.[445] Mit dem Ende der napoleonischen Kriege beschloss die britische Regierung, die Präsenz am Kap beizubehalten, die Einwanderung dorthin zu fördern und die Kolonie zu einem integralen Bestandteil des Empires zu machen.[446]

Die Engländer haben entsprechend ihrer damals üblichen Kolonialpolitik[447] nach der Eroberung Südafrikas das vor Ort geltende Recht nicht ersetzt und das römisch-holländische Recht beibehalten.[448] Dieser Schritt führte zu einer Weitergeltung des römisch-holländischen Rechts in der Kapkolonie auch nachdem dieses in seinem Ursprungsland nach der von Napoleon initiierten Einführung des *Code Civil* in den Niederlanden im Jahre 1811 abgeschafft wurde.[449] Nur aufgrund der durch die Vorstöße der Engländer erfolgten vorzeitigen Abtrennung der ehemals niederländischen Kolonien von ihrem Heimatland konnte das römisch-holländische Recht als lebendiges Rechtssystem in der Welt überleben – zunächst nicht nur in der südafrikanischen Kapkolonie, sondern ebenso auf Ceylon und in Guayana.[450] Die im 19. Jahrhundert erfolgte Expansion des britischen Herrschaftsbereiches über die Kapprovinz hinaus ging dabei jeweils mit der Einführung des römisch-holländischen Rechts in seiner modifizierten Form einher.[451]

---

443 Bilger 1976, S. 56.

444 Die Kapkolonie war von 1803-1806 von der niederländischen „Batavischen Republik" verwaltet worden, s. Bilger 1976, S. 58.

445 Bilger 1976, S. 63.

446 Zimmermann 1983, S. 8.

447 (1774) 1 Cowp. 204 (209), 98 E.R. 1045 (1047) per Lord Mansfield.

448 Hahlo und Kahn 1968, S. 575.

449 Zimmermann 1983, S. 7.

450 Zweigert und Kötz 1996, S. 228; Zimmermann 1983, S. 7, Fn 42.

451 Amoo 2008, S. 61; neben den späteren südafrikanischen Provinzen Transvaal, Natal und dem Freistaat von Oranje sind auch Rhodesien, Botswana, Lesotho und Swaziland zu nennen. Ausführlich dazu: Zimmermann 1983, S. 20–23.

Wie auch in vielen anderen britischen Kolonien, die sich dem Wettbewerb mit dem britischen Recht und seinen Institutionen stellen mussten, konnten sich in Südafrika Anfang des 19. Jahrhunderts nicht nur die britische Verwaltungsorganisation, sondern auch das britische Zivil- und Strafprozessrecht, sowie das dazugehörige Beweisrecht durchsetzen und verdrängten schnell die entsprechenden Regelungen des römisch-holländischen Rechts.[452]

Die fortwährende Ausdehnung dieser britischen Einflüsse, die sich zunächst durch das Gebiet des Prozessrechts zogen, sich im Folgenden jedoch auch auf andere Rechtsgebiete ausdehnten und so für eine schleichende Anglisierung des römisch-holländischen Rechts sorgten, ist insbesondere der in England erfolgten Ausbildung der meisten praktizierenden Juristen[453] sowie der Umstellung der Gerichtssprache auf das Englische[454] geschuldet. Durch die erzwungene Übersetzung wurden viele Rechtsinstitute des römisch-holländischen Rechts mit englischen Begriffen belegt, die in ihrer rechtlichen und inhaltlichen Bedeutung von dem Ursprungsbegriff mitunter abwichen und den ursprünglichen Regelungsgehalt in der praktischen Nutzung durch ihren aus dem englischen Rechtssystem stammenden Inhalt verdrängten.[455] Auch die Unkenntnis des römisch-holländischen Rechts vieler englischer Juristen führte dazu, dass bei Unklarheiten im Zweifel einfach eine vermeintlich entsprechende Regelung des englischen Rechts substituiert wurde.[456] Diese Effekte wurden dadurch verstärkt, dass als letzte gerichtliche Instanz der britische *Privy Council* über Berufungen aus Südafrika entschied, und viele Feinheiten des den Entscheidungen zugrundeliegenden römisch-holländischen Rechts dort schlichtweg nicht bekannt waren.[457]

Ein oberstes Appellationsgericht in England, die enge wirtschaftliche und politische Verknüpfung, eine wenig entwickelte Rechtskultur am Kap und die Gewohnheit der dort praktizierenden englischen Juristen führten in der Praxis letztlich zu häufigem Rückgriff auf englische Gerichtsfälle und damit schließlich zur Übernahme des englischen Fallrechts, deren wichtigste Konsequenz die Einführung des Grundsatzes *stare decisis et non quieta movere*[458] in Südafrika war, der im römisch-holländischen Recht zuvor keine Anwendung gefunden hatte.[459]

452 Hahlo und Kahn 1968, S. 576 m.w.N.

453 Zimmermann 1983, S. 13.

454 Hahlo und Kahn 1968, S. 576.

455 Zimmermann 1983, S. 14.

456 Zimmermann 1983, S. 13.

457 Zimmermann 1983, S. 15.

458 Wenn auch im Ergebnis nur mit Einschränkungen, dazu ausführlich: Zimmermann 1983, S. 54–58; Amoo 2008, S. 277–288.

459 Zimmermann 1983, S. 14 f.; Hahlo und Kahn 1968, S. 578; Erasmus 2000, S. 47 f.

Daneben kam es aber auch zu einer eindeutigen Implementierung von englischen gesetzlichen Vorschriften, welche die entsprechenden Institute des römisch-holländischen Rechts ersetzten. So wurde etwa das Gesellschafts-, Wertpapier- und das Handelsrecht durch Übernahme von englischen Gesetzen neu geregelt.[460]

Trotz oder vielmehr aufgrund dieser mannigfaltigen Einflüsse ist keine klare Zuordnung des Rechtssystems zum römischen oder *common law*-Rechtskreis möglich.[461] Dies ist ein bestimmendes Charakteristikum der sogenannten *mixed jurisdictions*,[462] für die das Rechtssystem in Südafrika seit dieser Zeit exemplarisch steht.

(dd) Rechtspraxis und Rechtsquellen in Südafrika nach 1910

Die nicht zuletzt kulturell bedingten Auseinandersetzungen, die sich im 19. Jahrhundert zwischen den die Städte und den Handel kontrollierenden Briten und der alteingesessenen, burischen Landbevölkerung Südafrikas entwickelten, fanden von 1899 bis 1902 ihren blutigen Höhepunkt im sogenannten „Burenkrieg“.[463] Trotz einer deutlichen militärischen Niederlage gelang es den Buren in den sich anschließenden Friedensverhandlungen, ihre Ansprüche auf Unabhängigkeit und Selbstbestimmung gegenüber den Briten weitgehend durchzusetzen. Mit Zustimmung des britischen Parlaments[464] wurde 1910 die Union von Südafrika gegründet, in der die Kapprovinz und die von den Briten im Burenkrieg unterworfenen Burenrepubliken Transvaal, Natal und Oranje Freistaat unter einer Verfassung zusammengeschlossen wurden, die – obwohl die Union zunächst Bestandteil des britischen Empire blieb – den Buren in allen politischen Belangen Gleichberechtigung gewährte.[465]

Die daraufhin einsetzende, umfassende kulturelle Emanzipation der Buren wirkte sich schnell auch auf Rechtssystem und Rechtsverständnis in Südafrika aus. Nachdem es zu einer Rechtsvereinheitlichung innerhalb der Union gekommen war,[466] wurde die in den Anfangsjahren der Union noch vorhandene Affinität der Rechtspraxis zu Rückgriffen auf das englische Recht[467] stetig durch die

---

460 Zweigert und Kötz 1996, S. 228; Zimmermann 1983, S. 12; Amoo 2008, S. 61.

461 Zweigert und Kötz 1996, S. 231; Hahlo und Kahn 1968, S. 585.

462 Erasmus 2000, S. 44.

463 Fisch 1991, S. 212–217; Bilger 1976, S. 332–338.

464 South Africa Act of 1909 vom 20. September 1909.

465 Fisch 1991, S. 212, 217-224, mit der treffenden Kapitelüberschrift “Die Briten gewinnen den Krieg und die Buren den Frieden”.

466 Zimmermann 1983, S. 23–25.

467 Hahlo und Kahn 1968, S. 586.

Rückbesinnung und Fokussierung auf das römisch-holländische Recht zurückgedrängt.[468] Neben dem allgemeinen Aufleben des burischen Nationalgefühls war dies vor allem durch die in der Verfassung verankerte Gleichberechtigung der niederländisch-afrikaansen mit der englischen Sprache und den Beginn einer wissenschaftlichen Bearbeitung des römisch-holländischen Rechts durch die südafrikanischen Universitäten bedingt.[469]

Diese Entwicklung hat zur Herausbildung folgender Rangfolge in der südafrikanischen Rechtsquellenlehre geführt: An erster Stelle steht das Gesetzesrecht[470], dessen gültige Normen von den *Acts* des südafrikanischen Parlamentes bis zu den *Placaaten* des niederländischen *Staten Generaal* reichen.[471] Noch vor der Rechtsprechung folgt danach das südafrikanische Gewohnheitsrecht.[472]

Die mit Abstand bedeutendste Rolle nehmen in der Praxis an dritter Position die Entscheidungen der südafrikanischen Obergerichte ein,[473] die ihre Bindungswirkung über den Grundsatz *stare decisis* entfalten.[474] Eine wichtige Einschränkung dieser Praxis wurde im Rahmen der „Säuberung“ des römisch-holländischen Rechts von englischen Einflüssen Anfang und Mitte des 20. Jahrhunderts insoweit vorgenommen, als die Bindungswirkung eines Präjudizes sich dann nicht entfalten soll, wenn in diesem fundamentale Prinzipien des römisch-holländischen Rechts nicht beachtet wurden.[475] Da die Gerichtsentscheidungen also kein reines Fallrecht abbilden, sondern auf der vorgegebenen Rechtsordnung des römisch-holländischen Rechts basieren,[476] werden zur Entscheidungsfindung und -begründung die Werke der niederländischen Juristen des 17. und 18. Jahrhunderts, der sogenannten *Ou Skrywers*, herangezogen. Soweit in diesen darauf Bezug genommen wird, finden auch viele Gesetze und Gerichtsentscheidungen aus den Niederlanden jener Zeit über einen Umweg Eingang in die südafrikanische Rechtsprechung.[477] Auch wenn die Auswertung dieser Literatur, der mitunter Faktoren wie die Reputation des Autors und die Zugänglichkeit der ent-

468 Zimmermann 1983, S. 35–37.

469 Fagan 1996, S. 60–64; Zweigert und Kötz 1996, S. 229.

470 Dazu ausführlich: Hahlo und Kahn 1968, S. 142–212; zu Problemen hinsichtlich Sprache, Auslegung und Interpretation s. Zimmermann 1983, S. 46–52.

471 Gibson 1977, S. 38, auch wenn die Zahl der gültigen, vor 1910 erlassenen Gesetze freilich sehr gering ist, vgl. Hahlo und Kahn 1968, S. 151 f.; s.o. II. A. 3. b) (2) (b) (i) (b).

472 *Tjollo Ateljees (Eins) Bpk v Small* 1949 (1) SA 856 (880); Gibson 1977, S. 38. Diese Ansicht ist umstritten, vgl. Fagan 1996, S. 41–45.

473 Zimmermann 1983, S. 52; dazu ausführlich: Hahlo und Kahn 1968, S. 214–282.

474 S.o. II. A. 3. b) (2) (b) (i) (c); Zimmermann 1983, S. 15, 54-58; Amoo 2008, S. 61.

475 *Dukes v Marthinusen*, 1937 AD 12 (23); zitiert nach Zimmermann 1983, S. 55.

476 Zimmermann 1983, S. 54.

477 Fagan 1996, S. 40 f.

sprechenden Texte zugrundeliegen, keinem einheitlichen System folgt,[478] werden diese Schriften als Rechtsquellen klassifiziert.[479] Auch die Werke zeitgenössischer Autoren werden derart als Auslegungshilfe herangezogen.[480]

Erst wenn die Autoren des römisch-holländischen Rechts zu einem Rechtsproblem schweigen, werden das römische Recht und die Werke seiner Glossatoren und Kommentatoren konsultiert.[481] Festzuhalten bleibt dabei jedoch, dass in Südafrika für die Interpretation durch die Rechtsprechung die Ausgestaltung maßgeblich ist, die das römische Recht vor den holländischen Gerichten gefunden hat, so dass ein direkter Rückgriff auf das römische Recht oder seine moderne Interpretation nur subsidiär erfolgen kann.[482]

(ii) Umfang und Reichweite der Einführung in Südwestafrika

In der Betrachtung von Umfang und Reichweite der Einführung des römisch-holländischen Rechts in Südwestafrika sind die in Subsection 1 der *Administration of Justice Proclamation No. 21* von 1919 festgelegten Beschränkungen herauszustellen: das römisch-holländische Recht wurde durch diese Vorschrift lediglich in der Form rezipiert, in der es am 1. Januar 1920 in der Kapprovinz der Union von Südafrika Anwendung gefunden hat. Es wurde in Südwestafrika demnach nicht in einer abstrakten, ursprünglichen Reinform übernommen, sondern nach klar zuzuordnenden örtlichen und zeitlichen Vorgaben eingegrenzt. Durch diese Regelung werden praktische Fragen der Abgrenzung jedoch insoweit erschwert, als es keine maßgebliche Kodifizierung dieses Gemeinrechts gibt, die in Zweifelsfragen zu Rate gezogen werden und als Entscheidungskriterium dienen kann.

Offen bleibt insbesondere die Frage, wie in diesem Zusammenhang die *common law*-Einflüsse auf das römisch-holländische Gemeinrecht zu bewerten sind. Zwar spricht die *Proclamation No. 21* von 1919 explizit von der Übernahme des römisch-holländischen Rechts in der in der Kapprovinz praktizierten Form. Aus dieser Formulierung lässt sich jedoch nicht eindeutig herauslesen, wie das Nebeneinander von altem Gemeinrecht sowie Gesetzen und prozessualen Einflüssen britischer Herkunft zu bewerten ist.

Da zumindest nach dem Wortlaut der *Proclamation No. 21* von 1919 nur das Gemein-, nicht aber das Gesetzesrecht der Kapprovinz pauschal übernommen

---

478 Zimmermann 1983, S. 61 f.

479 Gibson 1977, S. 39; Hahlo und Kahn 1968, S. 303.

480 Visser und Zimmermann 1996, S. 11, 19-22.

481 Gibson 1977, S. 39. Die genauen Voraussetzungen dafür sowie der Umfang der weiter in Frage kommenden Werke sind umstritten, dazu: Fagan 1996, S. 41–45.

482 Zimmermann 1983, S. 65 f., m.w.N.

wurde, muss aufgrund der zum Teil tiefgehenden Vermischung des römisch-holländischen Rechts mit englischen Elementen davon ausgegangen werden, dass das Gemeinrecht in seiner übernommenen Form Lücken aufweist. Durch den Vorrang der Gesetze sind solche Lücken immer dann in den Körper des in der Kapprovinz praktizierten Gemeinrechts gerissen worden, wenn ein Teil des Gemeinrechts abgespalten und durch englisch geprägte gesetzliche Regelungen ersetzt wurde. Dabei muss jedoch genau unterschieden werden, ob das englische Recht per Gesetz bestimmte Teilbereiche des römisch-holländischen Gemeinrechts substituiert oder nur bislang nicht oder nur ungenügend geregelte Bereiche des Gemeinrechts ergänzt hat, oder ob durch eine „schleichende“ Rezeption[483] bestimmte Rechtsinstitute oder prozessuale Regelungen auch ohne offizielle gesetzliche Festschreibung in der Praxis Anwendung fanden, mit der Zeit zu Gewohnheitsrecht erstarkten und so – zumindest nach zeitgenössischer Ansicht[484] – Teil des römisch-holländischen Gemeinrechts geworden sind.

Nur in diesem letztgenannten Fall konnten englische Rechtseinflüsse und Regelungen auch durch die *Proclamation No. 21* von 1919 in Südwestafrika rezipiert werden, wobei diese Betrachtung aufgrund der Einschränkung der Rezeption auf das Gemeinrecht der Kapprovinz immer auch den historischen Ursprung der Regelung im Auge behalten muss – englische Einflüsse auf das Gemeinrecht, die noch nach dem Stichtag des 1. Januar 1920 entstanden sein mögen oder etwa aus der Rechtspraxis in Natal oder Transvaal herrühren und in der Kapprovinz nicht beachtet wurden, können demnach zumindest nicht direkt berücksichtigt werden.[485] Die Aussage, im Rahmen der *Proclamation No. 21* von 1919 sei auch das in der Kapprovinz geltende englische Recht rezipiert worden,[486] ist somit zu pauschal und muss differenziert betrachtet werden. Durch englisches Gesetzesrecht entstandene Lücken im römisch-holländischen Gemeinrecht der Kapprovinz konnten vielmehr nur dann geschlossen werden, wenn für die betroffenen Rechtsbereiche entsprechende gesetzliche Regelungen auch explizit für oder in Südwestafrika erlassen wurden.

Es verwundert daher wenig, dass unmittelbar nach der Einführung des römisch-holländischen Rechts im Jahr 1920 in Südwestafrika eine Fülle von Gesetzesvorhaben umgesetzt wurde, die neben den zumeist vom römisch-holländischen Recht nicht umfassten öffentlich-rechtlichen Sachverhalten auch zivilrechtliche Ergänzungen oder Abänderungen des Gemeinrechts betrafen. Die

---

483 Zimmermann 1983, S. 13.

484 Gerade diese Rezeptionen wurden im Rahmen der „Säuberung“ des römisch-holländischen Rechts unter Einschränkung des Grundsatzes *stare decisis* ab Mitte des 20. Jahrhunderts bekämpft, vgl. o. II. A. 3. b) (2) (b) (i) (d).

485 Zu einer solchen Einführung in Form von Präjudizien siehe unten (d).

486 Amoo 2008, S. 60.

genauere Beleuchtung von Einzelbeispielen vermag die jeweils unterschiedlichen Positionen der einzelnen Gesetze zum römisch-holländischen Gemeinrecht verdeutlichen:

- Die gesetzliche Regelung eines öffentlich-rechtlichen Sachverhaltes, der als solcher vom römisch-holländischen Gemeinrecht nicht umfasst ist, wird etwa durch den Erlass der *Liquor Licensing Proclamation*[487] durch den südwestafrikanischen *Administrator* verdeutlicht. Diese reglementiert mit der Einfuhr von und dem Handel mit Alkohol eine öffentlich-rechtliche Materie, zu der das römisch-holländische Gemeinrecht sich ausschweigt. Bestätigt wird diese Einschätzung durch die Tatsache, dass diese *Proclamation* in ihrem *Schedule 1* ausdrücklich die Verordnung des Kaiserlichen Gouverneurs, betreffend Einfuhr und Handel mit alkoholischen Getränken vom 11. März 1911 widerruft – eine Maßnahme, die aufgrund der Regelung der Section 1 der *Proclamation No. 21* von 1919 unnötig wäre, wenn dieser Lebensbereich von Regelungen des römisch-holländischen Gemeinrechts abgedeckt gewesen wäre.
- Demgegenüber wird etwa das der *Master and Servant Proclamation*[488] des südwestafrikanischen *Administrators* zugrundeliegende Gebiet des Arbeitsrechts grundsätzlich durch das Institut der *locatio conductio operarum*[489] des römisch-holländischen Rechts abgedeckt. Dieses wurde durch die *Master and Servant Acts* der Kapprovinz von 1856 und 1873[490] auch insoweit nicht vollständig verdrängt, als deren Regelungen nur für eine ausgewählte Klasse[491] von Arbeitnehmern galt, sondern blieb trotz der englischen Einflüssen daneben bestehen.[492]

  Obwohl durch die englische Gesetzgebung also keine absolute Lücke in das römisch-holländische Gemeinreicht geschlagen wurde, sollte dieses augenscheinlich dennoch bewusst durch die – englisch geprägte – Neuregelung der *Proclamation* ersetzt und spezifiziert werden. Diese kann somit beispielhaft für gesetzliche Regelungen stehen, durch welche vormals gültige Rechtsinstitute des römisch-holländischen Gemeinrechts umgewandelt und neu geregelt wurden.
- Deutliche Beispiele für die Notwendigkeit, durch englisch geprägte, südafrikanische Gesetze verursachte Lücken im römisch-holländischen Gemeinrecht

487 Liquor Licensing Proclamation No. 6 of 1920.

488 Master and Servant Proclamation No. 34 of 1920.

489 Vgl. Zimmermann 1983, S. 129–131; Schrage 1992, S. 262–268.

490 Master and Servant Act No. 15 of 1856 (Cape) und Master and Servant Act No. 18 of 1873 (Cape).

491 Jordaan 1996, S. 397; Le Roux 2010, S. 143 f.

492 Jordaan 1996, S. 397–415; Le Roux 2010, S. 145 f.

mittels der Gesetzgebung für Südwestafrika zu schließen, bieten das Gesellschafts- sowie das Erbrecht. Da die gesellschaftsrechtlichen Anteile des römisch-holländischen Rechts in Südafrika bereits im 19. Jahrhundert durch englische Gesetzgebung größtenteils verdrängt wurden,[493] hat der südwestafrikanische *Administrator* im Jahr 1920 mit der *Companies Proclamation*[494] das seit 1909 geltende Gesellschaftsrecht[495] der südafrikanischen Provinz Transvaal *in toto* übernommen, um so die bestehende Lücke zu schließen.[496] Während das Erbrecht grundsätzlich noch in großen Teilen auf römisch-holländischem Gewohnheitsrecht basierte,[497] war es in einzelnen wesentlichen Aspekten ebenfalls durch englische Regelungen verdrängt worden. So wurden die Regelungen des römisch-holländischen Rechts bezüglich der gesetzlichen Erbteile der nächsten Angehörigen[498] durch die inhaltlich wesentlich freizügigeren, in formeller Hinsicht jedoch strengeren Vorschriften des englisch geprägten *Succession Act*[499] ersetzt und dadurch insoweit verdrängt.[500] Aus diesem Grund wurde es notwendig, die dergestalt aus dem Körper des römisch-holländischen Gemeinrechts herausgelöste Testierfreiheit auch in Südwestafrika erneut gesetzlich zu regeln, was durch die *Wills Proclamation*[501] von 1920 dann auch geschah.

– Als Beleg für die Schwierigkeit der Klassifizierung der Rezeption englischer Inhalte in das römisch-holländische Gemeinrecht für Südwestafrika und eine damit auch schon aus Sicht der Zeitgenossen einhergehende Rechtsunsicherheit mag die weitreichend formulierte *Bills of Exchange Proclamation*[502] gelten: Ohne Bezug auf ein spezifisches Gesetz zu nehmen, führt der *Administrator* mit dieser *Proclamation* in knappem Wortlaut pauschal das Scheck- und Wechselrecht der Kapprovinz ein, und erklärt ebenso pauschal alles in Südwestafrika möglicherweise entgegenstehende Recht für nichtig.
  Das im *Bills of Exchange Act* von 1893[503] kodifizierte Scheck- und Wechselrecht gilt als einer der Bereiche des römisch-holländischen Rechts, die am stärksten durch das englische Recht beeinflusst, verändert und verdrängt wur-

---

493 Zimmermann 1983, S. 12.

494 Companies Proclamation No. 35 of 1920.

495 Transvaal Companies Act No. 31 (Transvaal) of 1909.

496 Und dadurch auch das deutsche Gesellschaftsrecht, das zunächst weitergegolten und diese Lükke bis dato ausgefüllt hatte, zu verdrängen; s. dazu unten II. A. 3. b. (2) (c).

497 Zimmermann 1983, S. 185 ff.; ausführlich Gibson 1977, S. 254–301.

498 Grotius, 2, 18, 8 ff.; zitiert nach Zimmermann 1983, S. 189.

499 Succession Act No. 23 (Cape) of 1874, Section 2.

500 Gibson 1977, S. 278 f.; Zimmermann 1983, S. 189.

501 Wills Proclamation No. 23 of 1920.

502 Bills of Exchange Proclamation No. 20 of 1920.

503 Bills of Exchange Act No. 19 of 1893 (Cape).

den und in dieser Wechselwirkung die meisten rechtlichen Probleme aufwerfen.[504] Durch die Formulierung dieser *Proclamation* wird die Beantwortung der Frage umgangen, inwieweit das Scheck- und Wechselrecht der Kapprovinz im Einzelnen trotz der vielfachen englischen Einflüsse nach wie vor als Bestandteil des römisch-holländischen Gemeinrechts zu gelten hat und auf in gesetzgeberischer Hinsicht wenig filigrane Weise sichergestellt, dass es inklusive all dieser Einflüsse in gleicher Form in Südwestafrika eingeführt wird.

Es lässt sich festhalten, dass mangels einer pauschalen Übernahme oder Einführung von öffentlich-rechtlichen Regelungen grundsätzlich eine gewisse praktische „Rechtsunsicherheit" herrschte, da zumindest ohne eine genaue Prüfung des Einzelfalls nicht ohne Weiteres pauschal festgestellt werden konnte, wie der *status quo* des römisch-holländischen Gemeinrechts zum Stichtag des 1. Januar 1920 in der Kapprovinz ausgesehen hat.

Zumindest nach dem Wortlaut der *Administration of Justice Proclamation No. 21 of 1919* war die Entwicklung und Auslegung des römisch-holländischen Gemeinrechts in Südwestafrika seit dem 1. Januar 1920 von der südafrikanischen Praxis entkoppelt. Praktisch bestand ein starker südafrikanischer Einfluss jedoch nicht nur über die Gesetzgebungskompetenz, sondern auch aufgrund der Gerichtsorganisation und der Anwendung des Grundsatzes *stare decisis* fort.[505]

(c) Weitergeltung des deutschen Rechts

Section 1 Subsection 1 der *Administration of Justice Proclamation No. 21 of 1919* legte klar fest, dass alles vormals bestehende Recht durch das römisch-holländische Gemeinrecht verdrängt werden sollte, soweit es mit diesem in Konflikt steht. So das römisch-holländische Gemeinrecht, das ja zumindest in seiner ursprünglichen Form ein in sich abgeschlossenes Zivilrechtssystem darstellte, entsprechende Regelungen vorhielt, wurde schon allein durch diese Rezeption das entsprechende deutsche Recht außer Kraft gesetzt. Dieses war für einen Großteil des vormals in Deutsch-Südwestafrika geltenden Zivilrechts der Fall.

Dennoch muss die Frage nach der Gültigkeit des deutschen Rechts nicht nur auf dem öffentlich-rechtlichen Gebiet, sondern aufgrund der entstandenen Lücken[506] im römisch-holländischen Gemeinrecht zumindest dem Grundsatz nach auch auf dem Gebiet des Zivilrechts im Zusammenspiel zwischen dessen Einführung in Südwestafrika und der bereits unmittelbar nach der deutschen Kapitulation durch die Militärregierung im Jahr 1915 einsetzenden gesetzgeberischen

504 Hugo 1996, S. 481, ausführlich dazu S. 485-520.
505 Zu den sich daraus ergebenden Aspekten s. u. (d) und II. A. 3. b) (3).
506 S.o. II. A. 3. b) (2) (b) (ii).

Aktivität gesehen werden, durch welche die bis dahin bestehenden Regelungen mannigfaltig ersetzt und geändert, und das insoweit unvollständig gewordene römisch-holländische Gemeinrecht wieder ergänzt und vervollständigt wurde.

Eine pauschale Aussage zur Weitergeltung der deutschen Gesetze ist aus diesem Grunde nicht möglich, vielmehr ist in jedem Einzelfall zu prüfen, ob und inwieweit die fragliche Norm ihre Gültigkeit behalten hat. Hierbei sind drei grundsätzliche Konstellationen denkbar:

- Eindeutig beantwortet werden kann die Frage nach der Wirksamkeit deutscher Normen, wenn diese durch süd- bzw. südwestafrikanische Gesetze oder Verordnungen explizit außer Kraft gesetzt werden. Dieses war zumeist bei öffentlich-rechtlichen Regelungen der Fall. Neben dem bereits oben erwähnten Beispiel der *Liquor Licensing Proclamation No. 6* von 1920, welche die Regelungen der entsprechenden Verordnung des Kaiserlichen Gouverneurs explizit außer Kraft setzte,[507] kann etwa der Widerruf der Dienstanweisung für die Vermessungsverwaltung vom 12. Juni 1912[508] durch die *Land Survey Proclamation No. 7* von 1920[509] genannt werden.
- In gleicher Weise kann der Umfang der Fortgeltung einer deutschen Regelung leicht bestimmt werden, wenn dieser entsprechend durch Gesetz oder Verordnung festgesetzt wurde. Solche Festsetzungen erfolgten zumeist nicht in ausschließlich deklaratorischer Form, sondern implizit mittels der Novellierung der deutschen Regelungen in Einzelfragen, beispielsweise der Vielzahl von *Amendments* zur Kaiserlichen Bergverordnung von 1905,[510] oder der expliziten Übernahme von Teilen deutscher Gesetze in neu erlassene Regelwerke, etwa der Übernahme der Regelungen des deutschen Handelsgesetzbuches zu Kommanditgesellschaften auf Aktien durch die *Companies Proclamation* von 1920.[511]
- Gerade auf dem Gebiet des Zivilrechts verbleibt im Übrigen lediglich die Möglichkeit der Prüfung, ob und inwieweit die in Frage stehenden deutschen Normen Rechtsfragen betreffen, die durch das römisch-holländische Gemeinrecht geregelt werden, welches die entsprechende Norm in diesem Fall kraft Section 1 Subsection 1 der *Administration of Justice Proclamation No. 21 of 1919* verdrängte. In einem zweiten Schritt ist danach zu überprüfen, ob die

507 S.o. II. A. 3. b) (2) (b) (ii).

508 Amtsblatt für Deutsch-Südwestafrika vom 24. Juni 1912.

509 Schedule 1, abgedruckt in: Laws of Southwest Africa, Vol. I (1915-1922), Annotated Reprint 1956, S. 397.

510 Vgl. etwa Mining Law Amendment Proclamations No. 12 of 1920 und No. 29 of 1921; abgedruckt in: Laws of South West Africa, Vol. I (1915-1922), S. 215 und 573.

511 Companies Proclamation 1920, Section 17.

Bestimmungen des römisch-holländischen Gemeinrechts in Südafrika gegebenenfalls durch englisch beeinflusste Gesetzgebung verdrängt worden waren. In diesem Fall konnte es nur dann zu einer Verdrängung deutschen Rechts kommen, wenn diese Gesetze auch entsprechend auf Südwestafrika übertragen worden sind. Die Betrachtung der zeitgenössischen Rechtspraxis zeigt, dass diese Prüfungen mitunter praktischen Bedürfnissen untergeordnet wurden. So wurden etwa durch die *Companies Proclamation* von 1920 in Südwestafrika bereits bestehende Gesellschaften mit beschränkter Haftung (GmbH) nach deutschem Recht den *proprietary limited companies* (Pty (Ltd)) gleichgestellt.[512] Die Prüfung der rechtlichen Frage, ob etwa eine Kapitalerhöhung auf Grundlage der Bestimmungen des Handelsgesetzbuches oder des *Companies Act* erfolgen solle, wurde in der Praxis durch eine Umfirmierung der GmbH in eine Pty (Ltd) umgangen, ohne dass dafür eine konkrete rechtliche Grundlage bestanden hätte.[513]

Die umfangreichen gesetzgeberischen Aktivitäten der neuen südwestafrikanischen Administration, die sich in den ersten Jahrzehnten insbesondere auf den öffentlich-rechtlichen Bereich konzentrierte, führte dazu, dass bis auf wenige Ausnahmen die aus der deutschen Zeit stammenden Gesetze bis zum Ende des Zweiten Weltkrieges ersetzt worden waren.[514] Festzuhalten bleibt jedoch, dass die Abschaffung der deutschen Regelungen jeweils für den Einzelfall erfolgte und zu keiner Zeit eine Pauschalregelung geschaffen wurde, die das deutsche Recht *in complexu* außer Kraft gesetzt hätte.

(d) Gerichtsentscheidungen

Eine in der Praxis gewichtige Rolle als Rechtsquelle spielen die Gerichtsentscheidungen. Diese haben als Präjudizien über den Mitte des 19. Jahrhunderts in Südafrika eingeführten[515] Grundsatz *stare decisis et non quieta movere*[516] Eingang in die südafrikanische Rechtsquellenlehre gefunden.[517]

512 Companies Proclamation 1920, Section 14.

513 Lorentz & Bone, Windhoek, Az. D 336/48 vom 24. November 1949.

514 Für eine Auflistung der überschaubaren deutschen einfachgesetzlichen Regelungen, die 1923 noch in Kraft waren, siehe Appendix II von Laws of South West Africa, Vol. I (1915-1922), S. 879-881.

515 *Fellner v. Minister of Interior*, 1954 (4) SA 523 (AD) 529 f.; zitiert nach: Zimmermann 1983, S. 54; Hahlo und Kahn 1968, S. 240–244.

516 Dazu Zweigert und Kötz 1996, S. 253–256; Amoo 2008, S. 277–288.

517 Ausführlich zu Präjudizien und ihre Rolle als Rechtsquelle in Südafrika Hahlo und Kahn 1968, S. 214–281.

Die Doktrin *stare decisis* wurde in Südafrika jedoch nur in eingeschränkter Form angewandt. Es galt der Grundsatz *iudicis est ius dicere non facere*; die Gerichte hatten nur festzustellen, „was nach römisch-holländischem Recht rechtens ist, nicht, was in Südafrika Recht sein sollte".[518] Die Entscheidungen sollten lediglich das bestehende römisch-holländische Recht erklären und auslegen. Durch die in Südafrika erfolgte Refokussierung auf das römisch-holländische Recht in der ersten Hälfte des 20. Jahrhunderts sollen Entscheidungen, die – häufig unter englischem Einfluss entstanden – diesem Recht entgegenstehen auch dann keine Bindungswirkung entfalten, wenn sie bereits langjährigen Bestand hatten: „*if (previous) decisions ha(ve) disregarded fundamental principles of our law, we might have to reassert those principles even at the cost of reversing judgements of long standing*".[519]

In Südafrika waren die untergeordneten *Provincial* und *Local Divisions* des *Supreme Court* über den Grundsatz *stare decisis* an die *ratio decidendi* der Entscheidungen der *Appellate Division* gebunden.[520] Bis zum Jahre 1950 fungierte auch für Südafrika zudem der *Privy Council* in England als letzte und absolute Instanz, der sich der südafrikanische *Supreme Court* zu beugen hatte.[521] Durch diese Regelung wurde der englische Einfluss auf die Rechtsprechung in Südafrika zunächst aufrecht erhalten. Erst nach der Abschaffung dieses Rechtsmittels im Jahre 1950[522] wurde den Entscheidungen des *Privy Council* nur noch eine sogenannte *persuasive authority* zugemessen,[523] die – wie auch die eigenen Vorentscheidungen – für die *Appellate Division* nicht mehr zwangsläufig bindend war.[524]

Für Südwestafrika war dies in zweierlei Hinsicht von Bedeutung. Zum einen wirkte sich dieser Grundsatz auf die Entscheidungspraxis der in Südwestafrika konstituierten Gerichte aus, die sich innerhalb ihrer internen Hierarchie[525] nach dem Grundsatz *stare decisis* richteten. Zum anderen fand über diesen Umweg die in Südafrika erfolgte Weiterentwicklung und Interpretation des römisch-holländischen Rechts ein Einfallstor in die südwestafrikanische Rechtsprechung: Im Jahr 1920 wurde die *Appellate Division* des südafrikanischen *Supreme Court* als höchste Berufungsinstanz für das neue südwestafrikanische Gerichtssystem

518 Zitiert nach: Zimmermann 1983, S. 54 f.

519 *Dukes v. Marthinusen*, 1937 AD 12 (23), Zitat und weitere Beispiele bei Zimmermann 1983, S. 55 f.

520 Zimmermann 1983, S. 56; dazu ausführlich Hahlo und Kahn 1968, S. 244–260.

521 Zimmermann 1983, S. 56; Hahlo und Kahn 1968, S. 244.

522 Privy Council Appeals Act No. 16 of 1950.

523 Gibson 1977, S. 39 f.

524 Zimmermann 1983, S. 56.

525 Dazu sogleich unter (3).

festgelegt und das höchste Gericht in Südwestafrika einer südafrikanischen *Provincial Division* am *Supreme Court* zunächst gleichgestellt und ab 1959 direkt als eine solche konstituiert.[526]

Der Wortlaut des maßgeblichen *Appellate Division Act No. 12* von 1920 spricht lediglich von einer Gleichstellung in prozessualer Hinsicht.[527] Von 1920 bis 1959 genossen die Entscheidungen insoweit nur eine *persuasive authority*; das Gerichtssystem in dem von Südafrika lediglich als Mandatar des Völkerbundes verwalteten Südwestafrika blieb grundsätzlich unabhängig. In der Praxis orientierte sich die Rechtsprechung jedoch bereits zu dieser Zeit maßgeblich an den Entscheidungen der südafrikanischen Gerichte.

Als die südwestafrikanischen Gerichte 1959 jedoch als integraler Bestandteil in das südafrikanische Gerichtssystem eingegliedert wurden, hatten dessen höchstrichterliche Entscheidungen für sie somit im Rahmen der oben erwähnten Einschränkungen einen ebenso bindenden Charakter wie für alle übrigen nachgeordneten Gerichte Südafrikas.[528]

(3) Gerichtsaufbau

Der Umbau der vorhandenen Gerichtsstrukturen durch die Südafrikaner begann bereits unmittelbar nach der deutschen Kapitulation. Im September 1915 errichtete das südafrikanische Militärgouvernement die mit Einzelrichtern besetzten *Military Magistrates' Courts* als Militärstrafgerichte mit geringer Strafgewalt für einfache Vergehen und den *Special Criminal Court for the Protectorate*, der mit drei Richtern besetzt und für schwerwiegendere Strafsachen zuständig war.[529] Eine zweite Instanz existierte nur in der Person des Militärgourverneurs, der schwerere Bestrafungen zu genehmigen hatte.

Mit der *Administration of Justice Proclamation* von 1919 konstituierte der *Administrator* ein umfassendes Gerichtswesen für Südwestafrika, das den vormals geltenden deutsche Gerichtsaufbau endgültig ersetzte: Die unterste Stufe sowohl für Zivil- als auch Strafsachen bildeten die *Magistrates' Courts*, deren Struktur und Dislozierung von den bereits existierenden *Military Magistrates' Courts* übernommen wurde. Ihre Zuständigkeit war nicht originär, sondern musste durch den *Administrator* in analoger Anwendung des südafrikanischen

526 Appellate Division Act No. 12 of 1920, Supreme Court Act No. 59 of 1959.; dazu auch sogleich unter (3).

527 Appellate Division Act No. 12 of 1920, Section 3.

528 Amoo 2008, S. 60.

529 Erection of Criminal Courts Proclamation No. 11 of 1915, Gazette vom 20. September 1915.

Magistrates' Courts Act von 1917 jeweils spezialgesetzlich zugewiesen werden.[530]

Als Berufungsgericht für Entscheidungen der *Magistrates' Courts* und erstinstanzliches Gericht für alle diesen nicht zugewiesenen Fälle wurde der ebenfalls mit lediglich einem Richter besetzte *High Court of South West Africa* in Windhuk geschaffen, dem nur für Strafsachen zwei Beisitzer zugeordnet wurden.[531] Das Beweis- und das Verfahrensrecht wurden ohne maßgebliche Veränderungen aus der Kapprovinz Südafrikas übernommen.[532] Durch den *Appellate Division Act*[533] von 1920 wurde als höchste gerichtliche Instanz für Südwestafrika die *Appellate Division* am südafrikanischen *Supreme Court* bestimmt. Im Rahmen der nach Ende des Zweiten Weltkrieges vorangetriebenen Eingliederung Südwestafrikas in die staatlichen Strukturen Südafrikas[534] wurde der *High Court of South West Africa* durch den *Supreme Court Act*[535] schließlich im Jahr 1959 in Form der *South West Africa Provincial Division* als dessen nunmehr unmittelbarer Bestandteil in den *Supreme Court of South Africa* integriert.

Auch wenn eine direkte Eingliederung in die südafrikanische Judikative somit erst im Jahr 1959 erfolgte, ergab sich die faktische Gleichstellung des südwestafrikanischen *High Court* mit den *Provincial Divisions* der einzelnen südafrikanischen Provinzen am *Supreme Court* von Südafrika bereits ab 1920 nicht nur aus den häufigen, vergleichenden Bezugnahmen in der *Administration of Justice Proclamation* von 1919[536] und des *Appellate Division Act* von 1920, sondern insbesondere aus der Tatsache, dass letzterer die *Appellate Division* des südafrikanischen *Supreme Court* als finale Berufungsinstanz für alle südwestafrikanischen Gerichte etablierte.[537]

Vor der Unabhängigkeit am 21. März 1990 arbeiteten die südwestafrikanischen Gerichte mithin als bloße Verlängerung der südafrikanischen Judikative, und waren ab 1959 auch integraler Bestandteil des südafrikanischen Gerichtssystems. Dennoch bleibt festzuhalten, dass sich insbesondere in den politischen Umbruchphasen des langsamen Übergangs zur Unabhängigkeit ab Mitte der 1980er Jahre[538] eine sehr liberale Haltung der *South West Africa Provincial Divi-*

---

530 Administration of Justice Proclamation No. 21 of 1919, Section 9 Subsection 1.

531 Administration of Justice Proclamation No. 21 of 1919, Section 3, Subsections 1, 4, 7.

532 Administration of Justice Proclamation No. 21 of 1919, Section 3 Subsection 6, Section 9 Subsection 3.

533 Appellate Division Act No. 12 of 1920, Union Gazette vom 2. Juni 1920.

534 S.o. II. A. 3. a) (3); II. A. 3. b) (1) (c) (ii).

535 Supreme Court Act No. 59 von 1959.

536 Section 3 Subsection 4; Section 11 Subsection 7, 8.

537 Section 3.

538 S.o. II. A. 3. a) (4) und (5); II. A. 3. b) (1) (d).

sion entwickelte, die mit ihren Entscheidungen der Politik der südafrikanischen Regierung jener Zeit trotz der Bindung durch den Grundsatz *stare decisis* in vielen Fragen häufig konträr entgegen- und im Wege stand, sich dabei letztlich jedoch nicht gegenüber der ihr übergeordneten Instanz, der *Appellate Division*, durchsetzen konnte.[539]

4. Zwischenergebnis und Schlussfolgerung

Obwohl die deutschen Verwaltungs- und Gerichtsorganisationen während der südafrikanischen Mandats- und Besatzungszeit bereits sehr früh vollumfänglich ersetzt wurden und auch der Einfluss des deutschen Bevölkerungsanteils sich schnell marginalisierte, hat es keine pauschale Abschaffung der deutschen einzelgesetzlichen Regelungen gegeben. Um eine entsprechende Aussage für die südafrikanische Periode treffen zu können, ist mithin für jeden Einzelfall zu prüfen, ob und in welcher Form eine Verdrängung oder Ersetzung der alten deutschen Vorschriften stattgefunden hat.

Zunächst ist dabei zu prüfen, ob es sich bei der fraglichen deutschen Vorschrift um eine Norm handelt, deren rechtlicher Regelungsgehalt vom römisch-holländischen Gemeinrecht nicht abgedeckt ist. Ist dies der Fall, galt die entsprechende Norm so lange fort, bis sie durch die südwestafrikanische oder südafrikanische Gesetzgebung in Einzelteilen oder in Gänze widerrufen wurde.

Ist die fragliche Norm in ihrem Regelungsgehalt hingegen vom römisch-holländischen Gemeinrecht umfasst, wovon in den meisten zivilrechtlichen Fragen grundsätzlich ausgegangen werden kann, ist zu prüfen, ob diese Feststellung ihre Gültigkeit auch für das römisch-holländische Gemeinrecht in seiner am 1. Januar 1920 in der Kapprovinz geltenden Form behält. Dazu ist zu untersuchen, ob in der vorherigen Zeit die entsprechenden Bestandteile des Gemeinrechts durch spezielle Gesetzgebung verdrängt oder ersetzt worden sind. Sollte dies der Fall sein, so behielt die fragliche Norm zunächst ihre Gültigkeit und wurde erst verdrängt, wenn die Gesetze auch in oder für Südwestafrika erlassen wurden.

Ungeachtet dessen ist jedoch vorab zu klären, ob eine solche pauschale Verdrängung auch im Rahmen der während der Gründung des unabhängigen Staates Namibia entwickelten Rechtsquellenlehre ausgeblieben ist.

539 Dazu ausführlich Horn 2008.

B. Staatsrechtliche Grundlagen und Rechtsquellen

Die Erlangung der Unabhängigkeit und die damit einhergehende Neugründung eines souveränen Staates bot die Gelegenheit auch zu einem gesetzgeberischen Neuanfang. Im Folgenden sollen die Ergebnisse dieses Vorgangs in ihren Grundzügen dargestellt und dabei daraufhin untersucht werden, ob und inwieweit im Rahmen dieses Prozesses eine Kontinuität des Rechtssystems und der maßgeblichen Rechtsquellenlehre erhalten blieb.

1. Verfassung

Den höchsten Rang innerhalb der Rechtsquellen in Namibia nimmt die gemäß ihres Artikels 130 am Tag der Unabhängigkeit, dem 21. März 1990 in Kraft getretene Verfassung[540] (NV) ein. Laut ihrem Artikel 1 Absatz 6 fungiert sie als *Supreme Law of Namibia* und ist damit oberste Rechtsquelle des Landes.

a) Staatsprinzipien

Nach einer Präambel, die besonders die Elemente der nationalen Einheit und der Versöhnung der einzelnen Volksgruppen in den Vordergrund stellt[541] und im Übrigen in klassischer Funktion einen zusammenfassenden Überblick der folgenden Regelungen enthält,[542] werden im ersten und zweiten Kapitel die grundlegenden Staatsprinzipien[543] geregelt: Durch Artikel 1 der Verfassung wird die Republik Namibia als souveräner, demokratischer Einheitsstaat konstituiert (Absatz 1), alle Macht in die Hand des Volkes gelegt (Absatz 2) und der Grundsatz der Gewaltenteilung eingeführt (Absatz 3). Artikel 2 der Verfassung definiert die Staatssymbole, Amtssprache ist nach Artikel 3 Absatz 1 Englisch. Für die Staatsbürgerschaft gilt nach dem ausführlichen Artikel 4 der Verfassung grundsätzlich das Prinzip *ius soli*.[544]

---

540 Constitution of Namibia, Government Gazette 1990, Act No 1. Für einen Überblick siehe auch Schmidt-Jortzig 1991. Zum Unabhängigkeitsprozess Namibias und zur Entstehungsgeschichte der Verfassung s. o. II. A. 3. a) (5).

541 Schmidt-Jortzig 1991, S. 417.

542 Watz 2003, S. 39.

543 Ausführlich zu Staatsgebiet, Staatsvolk, Staatssymbolen und Amtssprache Watz 2003, S. 60–67.

544 Dazu Schmidt-Jortzig 1991, S. 418.

b) Grundrechte

Es folgt in Kapitel 3 ein weit gefasster Katalog von Grundrechten[545], die gemäß Artikel 131 der Verfassung in Anlehnung an die „Ewigkeitsklausel“ des Artikels 79 Absatz 3 des deutschen Grundgesetzes einer Verfassungsänderung entzogen sind.[546] Er schützt neben Leben (Artikel 6 NV), Freiheit (Artikel 7, 9, 11 NV) und Menschenwürde (Artikel 8 NV) die Familie (Artikel 14 NV), gewährleistet den Schutz des Eigentums (Artikel 16 NV) und der Bildung (Artikel 20 NV) sowie das Recht auf ein faires Gerichtsverfahren (Artikel 12 NV) und etabliert ein Mehrparteiensystem (Artikel 17 NV). Er ist damit an westlichen Vorbildern orientiert und erfüllt in jeglicher Hinsicht die Anforderungen moderner, für Afrika konzipierter Menschenrechtskonventionen.[547] Kritisch anzumerken ist jedoch, dass die in Artikel 21 Absatz 1 der Verfassung zusammengefassten Grundfreiheiten (*Fundamental Freedoms*) der Freizügigkeit, des Streikrechts, der Meinungs-, Presse- und Versammlungsfreiheit nach dessen Absatz 2 mit wenig konkreten Vorgaben eingeschränkt werden können, etwa soweit „dies in einer demokratischen Gesellschaft notwendig“ (*necessary in a democratic society*) und etwa im „Interesse von Anstand und Moral erforderlich ist“ (*required in the interest of [...] decency or morality*).[548]

Die Grundrechte entfalten gemäß Artikel 5 der Verfassung neben der Bindung aller Staatsgewalt auch eine direkte Drittwirkung und sind gerichtlich überprüf- und durchsetzbar (Artikel 25 NV).[549] In Artikel 18 wird für das Verwaltungshandeln der Grundsatz der Verhältnismäßigkeit festgeschrieben und eine Bindung der Verwaltung an die Gesetze und das Gemeinrecht ausgesprochen. Durch Entscheidungen oder Handlungen der Verwaltung beschwerten Personen wird das Recht zugestanden, diese von einem zuständigen Gericht überprüfen zu lassen.[550]

545 Für eine detaillierte Auseinandersetzung mit den einzelnen Grundrechten siehe Watz 2003, S. 69–175.

546 Schmidt-Jortzig 1991, S. 426.

547 Schmidt-Jortzig 1991, S. 423 m.w.N.

548 Wenig kritisch dazu: Watz 2003, S. 160 f.

549 Dazu Watz 2003, S. 77-79, 170-175. Siehe auch unten II. C. 1. und 2.

550 Eine spezielle Gerichtsbarkeit oder Prozessordnung existiert trotz dieses Verweises bislang noch nicht. Entsprechende Fälle werden von den ordentlichen Gerichten bearbeitet. Die Möglichkeit der Einführung einer eigenen Verwaltungsgerichtsbarkeit sowie eines Verwaltungsgerichtsgesetzes wird zurzeit in Namibia lebhaft diskutiert. Vom 18. bis 21. August 2008 fand in Windhoek die Konferenz „*Promoting Administrative Justice in Namibia*“ statt. Vgl. zum Überblick den aus diesem Anlass erschienenen Kommentar von Hinz 2009.

c) Staatsorganisation

(1) Legislative

Die Legislative in Namibia wird durch ein bikamerales System abgebildet. Dieses besteht aus der in Kapitel 7 der Verfassung beschriebenen *National Assembly* und dem *National Council*, dessen Zusammensetzung und Funktion in Kapitel 8 der Verfassung geregelt wird.

(a) National Assembly

Artikel 44 der Verfassung legt die legislative Gewalt in die Hände der *National Assembly*, macht diese dabei jedoch weitgehend von der Zustimmung des Präsidenten abhängig.[551]

Die *National Assembly* besteht aus 72 in freien, direkten und geheimen Wahlen nach dem Proporzsystem gewählten Abgeordneten (Artikel 46 Absatz 1 lit. (a) NV) und bis zu sechs vom Präsidenten bestimmten Beisitzern ohne Stimmrecht (Artikel 46 Absatz 1 lit. (b) NV). Ihre Mitglieder sind nach dem Wortlaut des Artikels 45 der Verfassung nur den Zielen der Verfassung, dem öffentlichen Interesse und ihrem Gewissen verpflichtet. Die Unabhängigkeit des Abgeordneten ist jedoch insoweit eingeschränkt, als gemäß Artikel 48 Absatz 1 lit. (b) der Verfassung sein Mandat durch den Verlust seiner Parteimitgliedschaft erlischt – unabhängig davon, ob ein freiwilliger Austritt oder ein zwangsweiser Ausschluss aus der Partei erfolgt ist.[552] Trotz der dem Abgeordneten zugesicherten Freiheiten ist das Mandat damit nicht wirklich als frei, sondern als dem jeweiligen Parteiwillen untergeordnet anzusehen.[553] Die Verfassung gestattet es dem Parlament zudem, einen Abgeordneten aus „guten und ausreichenden Gründen“ (*good and sufficient reasons*) aus der *National Assembly* auszuschließen (Artikel 48 Absatz 1 lit. (d) NV), wodurch einer Mehrheitspartei grundsätzlich Tür und Tor geöffnet werden, die Abgeordneten der Opposition anzugreifen.[554]

Eine Wahlperiode dauert grundsätzlich fünf Jahre (Artikel 50 NV). Der Präsident kann die *National Assembly* auf Vorschlag des Kabinetts jedoch auflösen, falls die Regierung nicht in der Lage ist, „effizient zu regieren“ (*govern efficiently*), woraufhin binnen 90 Tagen Neuwahlen sowohl für die *National Assembly* als auch das Präsidentenamt abgehalten werden müssen (Artikel 57 NV).

---

551 Dazu Müller 1992, S. 159 f.

552 Watz 2003, S. 236.

553 Kießewetter 1993, S. 177; Schmidt-Jortzig 1991, S. 419.

554 Kießewetter 1993, S. 177.

Die Gesetzgebungskompetenzen der *National Assembly* werden durch die Vorgaben des Artikels 63 der Verfassung konkretisiert.[555] Die *National Assembly* hat ferner eine Kontrollfunktion gegenüber der Exekutive. Nach Artikel 39 der Verfassung kann sie jedem Mitglied des Kabinetts mit Ausnahme des Präsidenten mit einfacher Mehrheit das Vertrauen entziehen, woraufhin dieses Kabinettsmitglied durch den Präsidenten zu entlassen ist. Die Effektivität dieser Kontrollfunktion ist insoweit als eingeschränkt zu bewerten, als die Politik der Regierung vor dem Parlament durch den Präsidenten vertreten wird (Artikel 32 Absatz 2 NV), dessen Amtshandlungen gemäß Artikel 32 Absatz 9 der Verfassung durch das Parlament nur nach einem Antrag von mindestens einem Drittel der Abgeordneten mittels einer – angesichts der Zugehörigkeit der Mehrheit der Abgeordneten und der beiden bisherigen Präsidenten Sam Nujoma und Hifikepunye Pohamba zur Volksgruppe der Ovambo in der Praxis bisher noch nie erreichten[556] – Zweidrittelmehrheit revidiert werden können.[557]

(b) National Council

Der *National Council* setzt sich gemäß Artikel 69 Absatz 1 der Verfassung aus jeweils zwei gewählten Vertretern der 13 Regierungsbezirke (*Regions*, Artikel 102 NV) Namibias zusammen.

Er kann der *National Assembly* Vorschläge zu Gesetzesvorhaben unterbreiten und soll dabei insbesondere regionale Belange berücksichtigen (Artikel 74 Absatz 1 lit. (c) NV). Ihm sind zudem alle von der *National Assembly* verabschiedeten Gesetze zur Kommentierung und Unterbreitung von Änderungsvorschlägen vorzulegen (Artikel 75 NV). Der *National Council* hat insoweit jedoch lediglich eine beratende Funktion, seine mit einfacher Mehrheit beschlossenen Empfehlungen und Änderungsvorschläge sind für die *National Assembly* größtenteils nicht bindend (Artikel 75 Absatz 4 NV).[558]

Da der *National Council* zudem durch die Notstandsbestimmungen des Artikels 26 der Verfassung effektiv ausgeschaltet werden kann, darf zu Recht bezweifelt werden, ob der angestrebte Zweck dieser zweiten Kammer[559], nämlich die Gewährleistung des Schutzes der ethnischen Minderheiten und die Schaffung

555 Zum Gesetzgebungsverfahren im Einzelnen siehe unten II. B. 2. a).

556 Mit zutreffender Vorhersage so auch Müller 1992, S. 158; Kießewetter 1993, S. 180; zum ethnischen Wahlverhalten s. Müller 1992, S. 253.

557 Kießewetter 1993, S. 179 f.

558 Zum Gesetzgebungsverfahren im Einzelnen siehe unten II. B. 2. a).

559 Die Bezeichnung als zweite Kammer wird aufgrund der bloßen Funktion des National Council als Gewaltenhemmmer der National Assembly mitunter als untreffend angesehen, Müller 1992, S. 146, 162 m.w.N.

eines Gegengewichtes zu der Überzahl der Mitglieder der zahlenmäßig starken, aber regional sehr begrenzten Volksgruppe der Ovambo in der *National Assembly*, durch die bislang die bisherigen Präsidenten gestellt wurde, überhaupt wirksam umgesetzt werden kann.[560]

Eine Ausnahme besteht lediglich im Hinblick auf Verfassungsänderungen, bei denen den Abgeordneten des *National Council* ein uneingeschränktes Mitspracherecht verbleibt: Diese müssen gemäß Artikel 132 Absatz 2 lit. (b) der Verfassung auch im *National Council* von einer Zweidrittelmehrheit bestätigt werden.

(2) Exekutive

Die Regierungsgewalt wird von der Verfassung nach französischem und US-amerikanischem Vorbild[561] in umfassendem Maße in die Hände des Präsidenten gelegt, dem in der namibischen Staatsorganisation insoweit eine Schlüsselrolle zufällt. Dieser wird bei der Regierungsarbeit von einem nachgeordneten Kabinett unterstützt.

(a) Präsident

Die herausragende Stellung des Präsidenten wird bereits durch die umfangreiche Regelung seiner Wahl, Aufgaben und Befugnisse in Kapitel 5 der Verfassung betont, die noch vor den entsprechenden Regelungen der Legislative erfolgt. Nach Artikel 27 Absatz 1 der Verfassung ist er das Staatsoberhaupt, steht der Regierung vor und hat die Befehls- und Kommandogewalt über die Streitkräfte inne. Nach Artikel 27 Absatz 2 und 3 der Verfassung teilt er sich die Exekutivgewalt jedoch mit dem Kabinett und hat sich in Ausübung seines Amtes mit Ausnahme entgegenstehender verfassungs- oder einfachrechtlicher Bestimmungen an dessen Ratschlüsse zu halten.[562]

Der Präsident wird in direkter und unabhängiger Wahl durch das Volk gewählt. Dazu werden gegebenenfalls mehrere Wahlgänge abgehalten, bis ein Kandidat die absolute Mehrheit der Stimmen auf sich vereinen kann (Artikel 28 Absatz 2 lit. (b) NV). Das passive Wahlrecht hat jede Person, die nach Abstammung oder Geburt namibischer Staatsbürger und älter als 35 Jahre ist (Artikel 28 Absatz 3 NV).

Eine Amtsperiode des Präsidenten beträgt gemäß Artikel 29 Absatz 1 lit. (a) der Verfassung fünf Jahre. Die Amtszeit jedes Präsidenten darf nach Artikel 29

---

560 Kießewetter 1993, S. 180–183; Watz 2003, S. 247, 251 f.

561 Watz 2003, S. 205 f.

562 Watz 2003, S. 206 f.

Absatz 3 der Verfassung zwei Amtsperioden nicht überschreiten. Die Fragilität der Verfassung im Angesicht der großen Mehrheit der bisher unangefochtenen Regierungspartei SWAPO zeigte sich bereits im Jahr 1998, als Bestrebungen, die Beschränkung der Amtszeit des Präsidenten vollumfänglich abzuschaffen, nur mit Mühe in eine Einzelfallregelung für Sam Nujoma als ersten Präsidenten Namibias umgelenkt werden konnten, die diesem als Ausnahme im neu geschaffenen Absatz 3 des Artikels 134 der Verfassung eine dritte Amtszeit zugesteht.[563]

Eine Amtsenthebung des Präsidenten kann nach Artikel 29 Absatz 2 der Verfassung nur nach Überwindung der hohen Hürden einer Zweidrittelmehrheit sowohl in der *National Assembly* als auch des *National Council* durchgeführt werden. Artikel 31 der Verfassung gewährt dem Präsidenten eine umfassende straf – und zivilrechtliche Immunität, die sich auch auf die Zeit nach Ausscheiden aus dem Amt erstreckt.[564]

Die weitreichenden Aufgaben und Befugnisse des Präsidenten sind in Artikel 32, dem längsten Artikel der Verfassung, aufgelistet.[565] Dessen Absatz 1 gewährt ihm eine umfassende Exekutivgewalt, die lediglich vom Gesetzesvorbehalt und dem Haushaltsrecht der *National Assembly* (Artikel 63 Absätze 1 und 2 NV) eingeschränkt[566] und in den Absätzen 3 bis 8 des Artikels 32 der Verfassung konkretisiert wird. Der Präsident kann insbesondere in vielfältiger Weise auf die Zusammensetzung von Behörden und anderen öffentlichen Institutionen Einfluss nehmen. Er entscheidet ohne Mitwirkung des Parlaments über die Besetzung von allen wichtigen Staatsämtern, vor allem die Ernennung der Minister, aus denen sich das Kabinett zusammensetzt (Artikel 32 Absatz 3 lit. (i) NV). Für die Bereiche der Justiz, der Finanzverwaltung und des Militärs geschieht dieses nach Empfehlungen von Auswahlkommissionen[567] (Artikel 32 Absatz 4 NV). Der Präsident kann zudem neue Ämter und Behörden schaffen und diese mit Personen seiner Wahl besetzen (Artikel 32 Absatz 7 NV).

Gemäß Artikel 32 Absatz 5 lit. (b) der Verfassung kann er jederzeit eigene Gesetzesvorlagen direkt in die *National Assembly* einbringen. Die von der *National Assembly* verabschiedeten Gesetze bedürfen nach Artikel 56 Absatz 1 der Verfassung der Zustimmung des Präsidenten.[568]

---

563 Namibian Constitution First Amendment Act No. 34 of 1998 vom 7. Dezember 1998; dazu Watz 2003, S. 210 m.w.N.

564 Dazu kritisch Watz 2003, S. 211–213.

565 Ausführlich dazu Watz 2003, S. 213–224.

566 Müller 1992, S. 157.

567 Deren Mitglieder letztlich wiederum in weiten Teilen durch den Präsidenten ernannt werden; vergleiche etwa Artikel 85 Absatz 1 NV i.V.m. Judicial Service Commission Act No. 18 of 1995, Section 2, Government Gazette vom 20. November 1995.

568 Zum Gesetzgebungsverfahren im Einzelnen siehe unten II. B. 2. a).

Eine Kontrolle der konkreten Amtshandlungen des Präsidenten findet abgesehen von dem Verfahren zur Amtsenthebung nur nach Maßgabe des Artikels 32 Absatz 9 der Verfassung statt.[569] Der Präsident hat nach Artikel 32 Absatz 2 der Verfassung die Pflicht, zumindest einmal jährlich vor dem Parlament zu erscheinen, um dort die zukünftige Politik zu erläutern, über das vergangene Jahr Rechenschaft abzulegen und diesbezüglich für Fragen zur Verfügung zu stehen.

(b) Kabinett

Zusammensetzung und Funktion des Kabinetts werden in Kapitel 6 der Verfassung beschrieben. Es besteht nach Artikel 35 Absatz 1 der Verfassung aus dem Präsidenten, dem Premierminister und einer zahlenmäßig nicht begrenzten Anzahl von Ministern, die vom Präsidenten ausschließlich aus den Reihen der Abgeordneten der *National Assembly* zu ernennen sind. Ausdrücklich eingeschlossen sind darin die sechs stimmrechtslosen Mitglieder der *National Assembly*, die vom Präsidenten gemäß der Vorschrift des Artikel 46 Absatz 1 lit. (b) der Verfassung ernannt werden können, deren Sinn sich insoweit erschließt.[570]

Der Premierminister koordiniert nach Artikel 36 der Verfassung die Arbeit des Kabinetts und berät den Präsidenten. Er hat darüber hinaus keine klaren, verfassungsrechtlich definierten Kompetenzen. Seine somit schwache Position ist eher mit der eines Verwalters des Präsidenten zu vergleichen.[571]

Aufgaben und Funktionen der Kabinettsmitglieder sind in Artikel 40 der Verfassung aufgelistet. Neben der Führung ihrer Ministerien und auch der Staatsunternehmen (Artikel 40 lit. (a), (f) NV) haben sie vor allem eine beratende Funktion und sollen sowohl dem Präsidenten als auch dem Parlament ihre Fachexpertise zur Verfügung stellen (Artikel 40 lit. (c), (e), (g)- (j) NV).

Die Minister müssen die Führung ihrer jeweiligen Geschäftsbereiche sowie die allgemeine Kabinettsarbeit sowohl gegenüber dem Präsidenten als auch dem Parlament verantworten (Artikel 41 NV). Eine detaillierte Regelung dieser Rechenschaftspflicht, wie sie etwa Artikel 32 Absatz 2 der Verfassung für den Präsidenten vorsieht, existiert hingegen nicht. Gesetzesvorschläge können von allen Ministern in die *National Assembly* eingebracht werden (Artikel 40 lit. (b) NV). Die *National Assembly* kann jedem Minister mit einfacher Mehrheit das Vertrauen entziehen, dieser ist daraufhin vom Präsidenten zu entlassen (Artikel 39

569 S.o. II. B. 1. c) (1) (a).
570 Watz 2003, S. 236 f.
571 Watz 2003, S. 228.

NV).[572] Stellvertretende Minister können nach Artikel 37 der Verfassung entweder aus dem Kreise der Abgeordneten der *National Assembly* oder des *National Council* durch den Präsidenten ernannt werden.

Das Kabinett soll eine Vermittlerrolle zwischen der Regierung und dem Parlament ausfüllen.[573] Angesichts der Tatsache, dass momentan von den insgesamt 72 + 6 Abgeordneten der *National Assembly* 23 Abgeordnete ein Ministeramt und 19 Abgeordnete das Amt eines stellvertretenden Ministers bekleiden,[574] bleibt es zweifelhaft, ob eine solche Vermittlung überhaupt noch erreichbar und auch notwendig ist. Da die Kabinettsmitglieder und ihre Stellvertreter die Mehrheit der Abgeordneten der National Assembly stellen, scheint auch die Rechenschaftspflicht nach Artikel 41 der Verfassung in der Praxis ins Leere zu laufen.

Abschließend lässt sich festhalten, dass das Kabinett neben dem Präsidenten und dem Parlament aufgrund seiner hauptsächlich beratenden Funktionen nur eine untergeordnete Rolle spielt.[575]

(3) Judikative

Der Aufbau der Judikative findet sich in Kapitel 9 der Verfassung. In den Artikeln 78-83 der Verfassung werden die Grundzüge des Gerichtsaufbaus geregelt. Den Gerichten wird Unabhängigkeit zugesichert, sie sind nach Artikel 78 Absatz 2 der Verfassung nur der Verfassung und dem Gesetz unterworfen.[576] Ein Paradigmenwechsel erfolgt dabei bereits durch Artikel 25 der Verfassung: waren die Gerichte in Südwestafrika – wie auch in Südafrika und in Großbritannien – vor der Unabhängigkeit im Jahre 1990 noch nicht ermächtigt, ein Parlamentsgesetz aufzuheben, so können die Gerichte nunmehr gegen verfassungswidrige Gesetze vorgehen.[577]

---

572 Der Präsident wird hingegen nicht gehindert, die entlassenen Minister *stante pede* wieder einzusetzen, weshalb diese Kontrollmöglichkeit als wenig effektiv angesehen wird; Watz 2003, S. 232.

573 Müller 1992, S. 160.

574 Siehe www.parliament.gov.na/national_assembly/na_members_current.php; zuletzt abgerufen am 22. März 2012. Von den insgesamt 54+6 Abgeordneten der Mehrheitspartei SWAPO bekleiden 52 einen solchen Minister- oder Stellvertreterposten oder ein vergleichbar hohes (Partei-) Amt. Neben dem Amt des Premierministers existieren zurzeit 22 weitere Ministerien. Ein vollständiger Überblick findet sich unter: www.namibian.com.na/news/full-story/archive/2010/article/namibian-new-cabinet-announced/ vom 22. März 2010, zuletzt abgerufen am 22. März 2012.

575 So auch Watz 2003, S. 233.

576 Ausführlich zum Gerichtsaufbau sogleich unter II. C.

577 Watz 2003, S. 170-175, 254.

In Artikel 88 regelt dieser Abschnitt der Verfassung zudem Ernennung und Funktion des Generalstaatsanwaltes (*Prosecutor-General*). Dieser untersteht dem *Attorney-General*, der als politischer Beamter allein vom Präsidenten ernannt wird, als dessen oberster Rechtsberater fungiert und zudem mit dem Verfassungsschutz beauftragt ist (Artikel 86 i.V.m. 32 Absatz 3 lit. (i) (cc) NV; Artikel 87 NV).

Die Amtsenthebung der Richter wird in Artikel 84 der Verfassung geregelt. Wie auch die Ernennung der Richter an den Obergerichten erfolgt diese auf Empfehlung der *Judicial Service Commission*[578] durch den Präsidenten. Als Grund für eine Amtsenthebung kommen Unzurechnungsfähigkeit und schweres Fehlverhalten in Betracht (*mental incapacity or [...] gross misconduct*, Artikel 84 Absatz 2 NV).[579] Auch wenn der sich daraus ergebende große Einfluss des Präsidenten auf die Stellenbesetzung in der Justiz zunächst als potentiell äußerst schädlich für die Unabhängigkeit der Richterschaft angesehen wurde,[580] haben sich diese Befürchtung nach aktueller Ansicht größtenteils nicht bewahrheitet.[581]

(4) Ombudsmann

Eine Sonderrolle im namibischen Staatsorganisationsrecht nimmt das in Kapitel 10 der Verfassung beschriebene Amt des Ombudsmannes ein, der nach schwedischem Vorbild[582] eine Vermittlerrolle zwischen Bürgern und Behörden ausfüllen soll.[583] Der Ombudsmann ist vom Präsidenten auf Vorschlag der *Judicial Service Commission* zu ernennen (Artikel 90 Absatz 1 NV) und muss die Befähigung zum Richteramt besitzen (Artikel 89 Absatz 4 NV). Er hat das Amt bis zum Erreichen der Altersgrenze von 65 Jahren, in Ausnahmefällen von bis zu 70 Jahren inne (Artikel 90 Absatz 2 NV). Eine Amtsenthebung ist nach Artikel 94 der Verfassung auf Empfehlung der *Judicial Service Commission* durch den Präsidenten möglich, wenn der Ombudsmann unzurechnungsfähig ist oder sich schwerer Verfehlungen schuldig gemacht hat (*mental incapacity or gross misconduct*).[584]

---

578 Ein fünfköpfiges Gremium, dessen Mitglieder direkt oder auf Empfehlung von berufsständischen Organisationen vom Präsidenten ernannt werden; Artikel 85 Absatz 1 NV, Judicial Service Commission Act No. 18 of 1995, Section 2, Government Gazette vom 20. November 1995.

579 Kritisch dazu, insbesondere im Hinblick auf die Unabhängigkeit der Justiz: Watz 2003, S. 266–269.

580 Kießewetter 1993, S. 185 f.; Watz 2003, S. 257, 269-271.

581 Die Frage der Unabhängigkeit der Justiz wird ausführlich aufgearbeitet in: Bösl und Horn 2008. Siehe dazu auch unten II. C. 1. a).

582 Müller 1992, S. 154.

583 Müller 1992, S. 154. Ausführlich dazu Ruppel-Schlichting 2008.

584 Dazu mit kritischen Anmerkungen: Watz 2003, S. 279, 267 f.

Gemäß Artikel 91 der Verfassung[585] nimmt der Ombudsmann die Rolle einer zentralen Beschwerdeinstanz ein, die sich mit Fragen der Gleichberechtigung und dem Zugang zu öffentlichen Ämtern (Artikel 91 lit. (b) NV), mit Grundrechtsverletzungen von Bürgern durch staatliche (Artikel 91 lit. (a) NV) oder private (Artikel 91 lit. (d) NV) Institutionen, aber auch bezüglich des Umweltschutzes und der Überwachung der Ausbeutung der natürlichen Ressourcen (Artikel 91 lit. (c) NV) beschäftigt.[586]

Zur Erfüllung dieses verfassungsrechtlichen Auftrages stehen dem Ombudsmann umfassende Vorladungs-, Befragungs- und Auskunftsrechte zu, die gerichtlich durchsetzbar sind (Artikel 92 NV). Die Inanspruchnahme des Ombudsmannes stellt insoweit lediglich ein unförmliches Rechtsmittel dar, als er neben der ihm durch Artikel 91 lit. (e) (aa) der Verfassung an die Hand gegebenen Möglichkeit der Mediation streitige Fragen mitsamt seiner Bewertung und Handlungsempfehlung an vorgesetzte Behörden und die Gerichte weiterleiten kann (Artikel 91 lit. (e) (bb)-(ff) NV), deren Entscheidungen jedoch nicht zu ersetzen vermag.[587]

Der Ombudsmann hat der *National Assembly* jährlich über seine Tätigkeit Bericht zu erstatten (Artikel 91 lit. (g) NV). Obwohl seine Möglichkeit einer unabhängigen Amtsführung ebenso wie diejenige der Richterschaft im Hinblick auf den starken Einfluss des Präsidenten auf Ernennung und Entlassung in der Vergangenheit angezweifelt wurde,[588] wird die Ausübung des im Mai 2012 von dem Advokaten *John Robert Walters* bekleideten Amtes in der Praxis von aktuellen Kommentatoren als förderlich für Demokratie und Rechtsstaatlichkeit angesehen.[589]

d) Staatszielbestimmungen

In Kapitel 11 legt die Verfassung mit den Staatszielbestimmungen (*Principles of State Policy*) eine programmatische Grundlage für die Regierungsarbeit. Der Staat hat danach die Wohlfahrt seiner Bürger zu fördern (Artikel 95 NV),[590] eine

---

585 Funktion und Aufgaben des Ombudsmannes werden durch den Ombudsman Act No. 7 of 1990, Government Gazette vom 14. Juni 1990 konkretisiert.

586 Zu den Aufgaben des Ombudsmannes siehe: Watz 2003, S. 275–278.

587 Watz 2003, S. 274.

588 Watz 2003, S. 280.

589 Ruppel-Schlichting 2008, S. 289.

590 Unter dieser Überschrift fasst Artikel 95 NV vielfältige Zielvorgaben zusammen: etwa den Mutterschutz, die Gewährleistung einer Altersvorsorge und fairer Löhne, Bildungschancen und die Gesundheitsvorsorge, insbesondere aber auch den Schutz der Umwelt (Artikel 95 lit. (l) NV); dazu Watz 2003, S. 176–178.

friedliche und neutrale, also bündnisfreie Außenpolitik zu betreiben (Artikel 96 NV) und ein Asylrecht zu gewähren (Artikel 97 NV). Die Wirtschaftsordnung soll als sogenannte „*mixed economy*“ auf verschiedenen Eigentumsformen basieren und ausländische Investitionen begünstigen (Artikel 98, 99 NV). Neben dem privaten und öffentlichen Eigentum und verschiedenen Mischformen wird dabei insbesondere das Eigentum von der *small-scale family* erwähnt (Artikel 98 lit. (f) NV). Letztlich schreibt Artikel 100 der Verfassung fest, dass sämtliche natürliche Ressourcen im Eigentum des Staates stehen, soweit sie nicht bereits anderweitig rechtmäßig erworben wurden.[591]

Allen Staatszielbestimmungen ist gemein, dass sie gemäß Artikel 101 der Verfassung für sich genommen nicht gerichtlich durchsetzbar sind, sondern lediglich der Regierung als Anhalt für die eigentliche Gesetzgebung und der Judikative als Auslegungshilfe für die Gesetze dienen sollen. Sie entfalten weder eine Bindungswirkung für die Staatsgewalt, noch eine Drittwirkung und sind insoweit nicht als Rechtsquelle einzustufen.[592]

2. Gesetze

Wie auch in Südafrika ist die erste Rechtsquelle, die bei der Bearbeitung einer juristischen Fragestellung zu Rate gezogen werden muss, die Gesetzgebung.[593] Dieses ergibt sich aus Artikel 1 Absatz 1 der Verfassung, in dem die Republik Namibia als Rechtsstaat konstituiert wird (*“The Republic of Namibia is [...] founded upon [...] the rule of law and justice for all. [...]”*).[594]

Im Folgenden wird das Gesetzgebungsverfahren in Namibia dargestellt und der Frage nachgegangen, in welcher Form das vormals geltende Gesetzesrecht auch nach der Unabhängigkeit des Landes Berücksichtigung findet.

a) Gesetzgebungsverfahren

Die Gesetzgebung wird durch Artikel 44 der Verfassung in die Hände der *National Assembly* gelegt, die dazu der Mitarbeit des Präsidenten und des *National Council* bedarf:

591 Siehe dazu auch unten III. C. 1.

592 Watz 2003, S. 175 f.; so auch Kießewetter 1993, S. 168.

593 Zimmermann 1983, S. 46; Hahlo und Kahn 1968, S. 142–148.

594 Watz 2003, S. 53–58.

„Legislative Power

The legislative power of Namibia shall be vested in the National Assembly with the power to pass laws with the assent of the President as provided in this Constitution subject, where applicable, to the powers and functions of the National Council as set out in this Constitution.“

Diese Gesetzgebungskompetenz der *National Assembly* wird in Artikel 63 Absatz 1 der Verfassung folgendermaßen konkretisiert:

„Functions and Powers

(1) The National Assembly, as the principle legislative authority in and over Namibia, shall have the power, subject to this Constitution, to make and repeal laws for the peace, order and good government of the country in the best interest of the people of Namibia. [...]“

Für die Annahme eines Gesetzesentwurfes genügt die einfache Mehrheit der Stimmen (Artikel 67 NV). Die Beschlussfähigkeit der *National Assembly* ist nach Artikel 53 der Verfassung gegeben, wenn neben dem gewählten Sprecher oder seinem Vertreter noch mindestens 37 andere stimmberechtigte Mitglieder anwesend sind. Im Falle einer Stimmgleichheit richtet sich das Ergebnis nach der Stimme des Sprechers (Artikel 54 NV).

Nach der Verabschiedung durch die *National Assembly* sind die Gesetzesentwürfe (*bills*) dem *National Council* vorzulegen (Artikel 75 Absatz 1 NV). Dieser hat den jeweiligen Entwurf zu beraten und kann diesen in einem abschließenden Bericht entweder bestätigen, mit Änderungsvorschlägen zur erneuten Lesung an die *National Assembly* zurückreichen oder ablehnen (Artikel 75 Absätze 3, 4 und 5 NV). Diese Entscheidung muss grundsätzlich lediglich von der einfachen Mehrheit der Mitglieder des *National Council* gefällt werden. Die Beschlussfähigkeit liegt bei Anwesenheit von mehr als der Hälfte der 26 Mitglieder vor (Artikel 76 NV). Der aus ihrem Kreis gewählte Vorsitzende (Artikel 73 NV) hat kein eigenes Stimmrecht, nur im Falle einer Stimmengleichheit steht ihm die Entscheidung zu (Artikel 77 NV).

Eine Bindungswirkung der *National Assembly* besteht nur, soweit ein Gesetzesentwurf von einer Zweidrittelmehrheit des *National Councils* abgelehnt wird. Aber selbst in diesem Fall kann eine solche Ablehnung mit einer Zweidrittelmehrheit der *National Assembly* überstimmt werden (Artikel 75 Absatz 5 lit. (b) NV).[595] An mit einfacher Mehrheit beschlossene Änderungsvorschläge ist sie nicht gebunden (Artikel 75 Absatz 4 lit. (b) NV). Fiskalische Gesetze sind von diesen Regelungen ausgenommen (Artikel 75 Absatz 7 NV).

Alle von der *National Assembly* unter Mitwirkung des *National Council* so verabschiedeten Gesetzesentwürfe bedürfen nach Artikel 56 Absatz 1 der Ver-

595 Siehe dazu Amoo 2008, S. 58.

fassung der Zustimmung des Präsidenten, dem insoweit ein Vetorecht zusteht. Ein Gesetzesentwurf erstarkt erst dann zum Gesetz, wenn er durch den Präsidenten im namibischen Amts- und Gesetzblatt, der *Government Gazette*, veröffentlicht wurde. Das Vetorecht entfällt nur dann, wenn das fragliche Gesetz durch die *National Assembly* mit einer Zweidrittelmehrheit verabschiedet wurde (Artikel 56 Absatz 2 NV). Unabhängig davon kann der Präsident jedem Gesetzesvorhaben seine Zustimmung verweigern und es gerichtlich überprüfen lassen, falls er es für verfassungswidrig hält (Artikel 64 Absatz 1 NV). Nur wenn diese Prüfung negativ ausfällt und der fragliche Gesetzesentwurf mit einer Zweidrittelmehrheit verabschiedet wurde, ist der Präsident zur Zustimmung verpflichtet (Artikel 64 Absatz 3 NV).

b) Übernahme bestehender Gesetze

Um die Entstehung eines entsprechenden Rechtsvakuums durch die Erklärung der Unabhängigkeit zu vermeiden, trifft die Verfassung in Artikel 140 Absatz 1 eine Regelung zur pauschalen Übernahme aller überkommenen Gesetze, die unmittelbar vor der Unabhängigkeit am 21. März 1990 für das namibische Territorium Gültigkeit hatten:

> „*The Law in Force at the Date of Independence*
>
> *(1) Subject to the provisions of this Constitution, all laws which were in force immediately before the date of Independence shall remain in force until repealed or amended by Act of Parliament or until they are declared unconstitutional by a competent Court. [...]*“

Artikel 25 Absatz 1 lit. (b) der Verfassung konkretisiert die Erklärung der Verfassungswidrigkeit und den Rechtsschutz gegen diese vorkonstitutionellen Gesetze.[596] Obwohl sich in den Absätzen 2 bis 5 des Artikel 140 der Verfassung nur Transfer- und Auslegungsvorschriften für südafrikanische Gesetzestexte – also alle *Acts*, *Proclamations* und *Ordinances*[597] – finden, sind aufgrund des Wortlautes, der lediglich pauschal von Gesetzen (*laws*) spricht, und mangels entgegenstehender Vorschriften von dieser Regelung auch alle gegebenenfalls noch bestehenden einfachgesetzlichen Regelungen aus deutscher Zeit umfasst.

Die namibische Verfassung hält insoweit die mit Hinblick auf die Legislative seit Beginn der deutschen Kolonialzeit andauernde grundsätzliche Kontinuität der Rechtsquellenlehre in Südwestafrika aufrecht.

---

596 Watz 2003, S. 172 f.

597 S. o. A. II. 3. b) (2) (a).

3. (Römisch-holländisches) Gemeinrecht

Die sich aufdrängende Frage, ob vom Wortlaut der Regelung des Artikels 140 der Verfassung auch das vormals in Südwestafrika geltende römisch-holländische Gemeinrecht[598] umfasst ist, erübrigt sich mit Blick auf Artikel 66 der Verfassung:

> *„Customary and Common Law*
>
> *(1) Both the customary law and the common law of Namibia in force on the date of Independence shall remain valid to the extent to which such customary or common law does not conflict with this Constitution or any other statutory law.*
>
> *(2) Subject to the terms of this Constitution, any part of such common law or customary law may be repealed or modified by Act of Parliament, and the application thereof may be confined to particular parts of Namibia or to particular periods."*

Sowohl dem traditionellen Recht[599] als auch dem Gemeinrecht wird durch diesen Artikel der Status vollwertiger Rechtsquellen verliehen, die wie alle anderen Rechtsquellen dem Primat der Verfassung untergeordnet sind[600] und durch das Parlament jederzeit eingeschränkt oder ausgesetzt werden können (Artikel 66 Absatz 2 NV). Zeitlicher Fixpunkt für die Übernahme ist das Datum der Unabhängigkeit, der 21. März 1990. In der gerichtlichen Praxis müssen Prinzipien des Gemeinrechts vor ihrer Anwendung einer grundlegenden Prüfung ihrer Verfassungsmäßigkeit unterzogen werden.[601] Diese Prüfung muss keinen formalen Charakter aufweisen, das auf einen gewissen Rechtssatz bezugnehmende Gericht muss jedoch darlegen, dass es dessen Verfassungsmäßigkeit während seiner Urteilsfindung einer Betrachtung unterzogen hat.[602]

Durch diese Regelung wird auch für das römisch-holländische Gemeinrecht eine Kontinuität seit dessen Einführung durch die *Administration of Justice Proclamation No. 21* von 1919 gewährleistet. Eventuelle Unklarheiten über den Umfang der Geltung des römisch-holländischen Gemeinrechts[603] und die Fortbildungen, die es in der Praxis seit dem 1. Januar 1920 erfahren hat,[604] werden durch den Wortlaut von Artikel 66 Absatz 1 der Verfassung insoweit nivelliert,

---

598 Dazu ausführlich oben, II. A. 3. b) (2) (b).

599 Dazu sogleich unter II. B. 4.

600 Artikel 66 Absatz 1 2. Halbsatz NV ist angesichts Artikel 1 Absatz 6 NV lediglich deklaratorischer Natur.

601 *Myburgh v Commercial Bank of Namibia*, 1994 NR 41 (HC); zitiert nach: Amoo 2008, S. 105.

602 Amoo führt dazu beispielhaft das *obiter dictum* eines – vergleichbaren Regelungen unterliegenden – südafrikanischen Richters an; Amoo 2008, S. 105.

603 S.o. II. A. 3. b) (2) (b) (i).

604 S.o. II. A. 3. b) (2) (b) (ii).

als dieser keinen expliziten Bezug auf das römisch-holländische Gemeinrecht, sondern lediglich auf das aktuell in Namibia geltende Gemeinrecht („[...] *common law of Namibia [...]*“) nimmt. Dieser Begriff umfasst nicht nur das römisch-holländische Recht in seiner ursprünglichen oder einer abgeänderten Form, sondern rundheraus alle Regelungen, die in der Rechtspraxis in Südwestafrika seit dessen Einführung zu Gemeinrecht erstarkt sind. Ein solches Erstarken der entsprechenden Regelungen vorausgesetzt, ist es nach dieser Vorschrift in der Theorie somit auch möglich, dass noch aus der deutschen Kolonialzeit stammende Rechtsgrundsätze dem namibischen Gemeinrecht zuzurechnen wären.

4. Traditionelles Recht

Erstmalig wird damit durch Artikel 66 Absatz 1 der Verfassung auch das traditionelle, überlieferte Recht der einzelnen indigenen Volksgruppen als vollwertige Rechtsquelle anerkannt und dem (römisch-holländischen) Gemeinrecht gleichgesetzt.[605] Dieses Recht wurde seit jeher von den jeweiligen Autoritäten der verschiedenen Stämme ausgeübt und deckt neben dem Strafrecht auch viele dem Zivilrecht zuzuordnenden Belange ab, etwa das Familien- und Erbrecht, sowie das Schadenersatz- und Immobiliarsachenrecht, ist dabei jedoch aufgrund der Zersplitterung der diversen Stämme sehr diversifiziert.[606] Die Anwendung dieses Rechts wurde zwar bereits sowohl während der deutschen Kolonialzeit als auch der südafrikanischen Besatzungszeit toleriert und seine prozessuale Durchsetzung durch die Stammesversammlungen, den sogenannten „*Chief's Courts*“, mitunter einfachgesetzlich konkretisiert, behielt dabei jedoch immer einen untergeordneten und unklaren Status.[607]

5. Gerichtsentscheidungen

Durch die Übernahme des geltenden Gemeinrechts in Artikel 66 der Verfassung ist das namibische Rechtssystem in Teilen dem *common law*-Rechtskreis zuzuordnen.[608] Somit kommt wie im unter südafrikanischer Herrschaft stehenden *South West Africa* auch im unabhängigen Namibia der Grundsatz *stare decisis et*

605 Siehe dazu Amoo 2008, S. 102–106; ausführlich zum *customary law* in Namibia: Hinz 2003.

606 Amoo 2008, S. 102.

607 Etwa durch die Native Administration Proclamation No. 15 of 1928, die der indigenen Bevölkerung in begrenztem Umfang die Bildung eigener Gerichte zur Regelung von *native matters* gestattete; siehe Amoo 2008, S. 104–106; Watz 2003, S. 253, 264-266.

608 Amoo 2008, S. 62.

non quieta movere zum Tragen.[609] Dabei bleibt es jedoch aufgrund der Besonderheiten des zugrundeliegenden römisch-holländischen Gemeinrechts bei der beschriebenen Einschränkung, die bei einer augenscheinlich falschen oder überholten Anwendung des Gemeinrechts eine Durchbrechung dieses Grundsatzes erlaubt.[610] Die Entscheidungen der Obergerichte zählen damit in der Praxis nach wie vor zu den wichtigsten Rechtsquellen.

Artikel 81 der Verfassung schreibt die Bindungswirkung der Entscheidungen des *Supreme Court* für alle anderen namibischen Gerichte fest:[611]

> *„Binding Nature of Decisions of the Supreme Court*
>
> *A decision of the Supreme Court shall be binding on all other Courts of Namibia and all persons in Namibia unless it is reversed by the Supreme Court itself, or is contradicted by an Act of Parliament lawfully enacted."*

Eine solche gesetzliche Regelung der Bindungswirkung fehlt für die Entscheidungen der beiden darunter liegenden Instanzen des namibischen Gerichtssystems.[612] Grundsätzlich gilt, dass die Entscheidung eines Gerichts vertikal alle darunter liegenden Ebenen bindet. In horizontaler Richtung, also der Bindung von Gerichten auf der gleichen Hierarchieebene, sind verschiedene Aspekte zu berücksichtigen: so spielen etwa die Anzahl und die Seniorität der Richter im jeweiligen Spruchkörper, die Anzahl etwaiger abweichender Voten (*dissenting judgments*) und die Überzeugungskraft der im Urteil zitierten Fälle, aber auch die Frage, ob es sich um eine erstinstanzliche Entscheidung oder um eine Entscheidung in einer Berufungssache gehandelt hat, eine Rolle.[613]

Mit der Unabhängigkeit Namibias und der Etablierung einer eigenständigen Judikative haben die Entscheidungen der südafrikanischen Gerichte zum römisch-holländischen Gemeinrecht ihre bindende Wirkung verloren und entfalten – ebenso wie die historische und zeitgenössische juristische Literatur – nur noch eine *persuasive authority* auf die namibischen Gerichte.[614]

6. Internationales Recht

Die Stellung des internationalen Rechts in Namibia wird in Artikel 144 der namibischen Verfassung festgelegt:

---

609 Amoo 2008, S. 66, 277.

610 S.o. II. A. 3. b) (2) (d).

611 Gesetzgebung und Verwaltung sind vom Wortlaut nicht erfasst, zu diesem Konflikt s. Watz 2003, S. 260 f.

612 Dazu sogleich unter II. C.

613 Amoo 2008, S. 281.

614 Amoo 2008, S. 281, Preface I.

„International Law

Unless otherwise provided by this Constitution or Act of Parliament, the general rules of public international law and international agreements binding upon Namibia under this Constitution shall form part of the law of Namibia."

Demnach wird Völkergewohnheitsrecht automatisch Bestandteil des nationalen Rechts und bedarf keines zusätzlichen Transformationsaktes. Internationale Verträge werden Bestandteil, sobald sie durch den Präsidenten (Artikel 32 Absatz 3 (e) NV), gegebenenfalls im Zusammenwirken mit dem Parlament (Artikel 63 Absatz 2 (e) NV), ratifiziert wurden. Der Präsident wird dabei durch das Kabinett beraten, das der *National Assembly* Bericht erstattet (Artikel 40 (i) NV). Diese Grundsätze werden lediglich dann außer Kraft gesetzt, wenn das Parlament durch Gesetz eine Ausnahme bestimmt oder Verfassungsbestimmungen den fraglichen internationalen Regelungen entgegenstehen.

Die Umsetzung des internationalen Rechts in Namibia orientiert sich an der monistischen Auffassung, die das internationale und nationale Recht als einheitlichen Rechtskörper ansieht und eine gesonderte Transformation internationaler Regelungen in nationale Rechtssätze insoweit nicht für notwendig erachtet.[615] Diese Bestimmungen ermöglichen eine vergleichsweise schnelle und unkomplizierte Anwendung internationalen Rechts, so dass die Verfassung Namibias als *„international law-friendly"* bezeichnet wird, auch wenn es bislang in der Rechtspraxis der namibischen Justiz kaum zu einer Anwendung oder Problematisierung dieser Regelungen gekommen ist.[616]

C. Gerichtsaufbau

Der moderne namibische Gerichtsaufbau orientiert sich maßgeblich an dem römisch-holländischen Rechtssystem Südafrikas, welches gerade auf prozessualer Ebene wiederum vielen Einflüssen aus dem anglo-amerikanischen *common law* unterlegen war.

Nach Erlangung der Unabhängigkeit wurde in der Präambel der Verfassung von Namibia die erstmalige Errichtung einer freien und unabhängigen Judikative manifestiert. Die zentralen Vorschriften für deren Errichtung finden sich in Kapitel 9 der namibischen Verfassung. Ihre Ausgestaltung wird in Artikel 78 Absatz 1 der Verfassung konkretisiert, der die grundsätzliche Aufteilung in den *Supreme Court*, den *High Court* und die *Lower Courts* vorsieht, wobei lediglich die Zuständigkeiten von *Supreme Court* und *High Court*, den sogenannten *Su-*

615 Tshosa 2010, S. 4-7, 12.

616 Tshosa 2010, S. 28–30.

perior Courts, verfassungsrechtlich geregelt sind. Der vormals eigenständige *Labour Court* ist seit 2008 als unterstellte Abteilung dem *High Court* eingegliedert. Artikel 78 Absatz 2 der Verfassung schützt die Unabhängigkeit der Gerichte, Absatz 3 verbietet die Beeinflussung der Richter durch Mitglieder der Exekutive oder Legislative und ruft alle Organe des Staates zum Schutz der Unabhängigkeit, der Würde und der Effektivität der Gerichte auf.

1. Supreme Court

Der *Supreme Court* ist das höchste Gericht in Namibia. Aufbau, Zuständigkeit und Verfahrensregeln bestimmen sich nach Artikel 79 der Verfassung sowie dem *Supreme Court Act* vom 8. Oktober 1990[617] (SCA). Sitz des *Supreme Court* ist Windhoek.[618] Die Entscheidungen des *Supreme Court* binden nach Artikel 81 der Verfassung alle Gerichte sowie natürliche und juristische Personen in Namibia, solange dieser sie nicht selbst aufhebt oder das Parlament rechtmäßig ein entgegenstehendes Gesetz erlässt.[619]

a) Gerichtsaufbau

Der *Chief Justice* sitzt dem *Supreme Court* als oberster Richter des Landes vor.[620] Die genaue Anzahl weiterer Richterstellen am *Supreme Court* ist gesetzlich nicht vorgegeben. Entscheidungen des *Supreme Court* bedürfen nach Artikel 79 Absatz 3 der Verfassung jeweils eines Quorums von mindestens drei Richtern[621], so dass diese Zahl das Minimum der Richterschaft darstellt, die gemäß Section 13 Subsection 1 SCA durch den *Chief Justice* aber von Fall zu Fall erhöht werden kann.

Die Besetzung ständiger Richterstellen des *Supreme Court* und des *High Court* erfolgt grundsätzlich auf Vorschlag der *Judicial Service Commission* durch den Präsidenten.[622] Die Amtszeit der Richter endet mit Vollendung des 65. Lebensjahres, kann vom Präsidenten in Einzelfällen jedoch bis zur Vollendung des 70. Lebensjahres verlängert werden.[623] Zeit seines Bestehens war der *Su-*

617 Supreme Court Act No. 15 of 1990, Government Gazette vom 8. Oktober 1990.

618 Supreme Court Act, Section 3.

619 Zur kritischen Auseinandersetzung mit dieser Vorschrift, deren Wortlaut Regierung und Parlament nicht umfasst, siehe Watz 2003, S. 260 f.

620 Art. 79 Abs. 2 S. 1 NV.

621 Art. 79 Abs. 3 NV; Supreme Court Act, Section 13.

622 Art. 85 i.V.m. Art. 82 Abs. 1 NV.

623 Art. 82 Abs. 4 S. 1 NV.

preme Court allerdings noch nie von drei ständigen Richtern[624] besetzt. Stattdessen werden für unterschiedliche Zeiträume, mitunter auch nur für einzelne Entscheidungen, sogenannte *Acting Judges*[625] als Teilzeitrichter ernannt, die zumeist aus dem Kreis der Richter des *High Court*, aber auch aus der Rechts- oder Staatsanwaltschaft stammen. Ihre Ernennung erfolgte bis zum Oktober 2003 allein durch den Präsidenten, erst ein Grundsatzurteil des *High Court* führte zu einer Beteiligung der *Judicial Service Commission*[626], so dass sich das Verfahren der Ernennung von ständigen Richtern und *Acting Judges* nunmehr gleicht.

Dieses Verfahren ist nach Artikel 82 Absatz 2 der Verfassung an sich nur zur Überbrückung von zeitlich begrenzten Besetzungslücken oder der Hinzuziehung von Spezialisten in gewichtigen Fällen vorgesehen. Die dauerhafte Besetzung des Gerichtes mit *Acting Judges* verstößt mithin gegen den Wortlaut der Verfassung.

Mit Recht kann dieser Praxis zudem vorgehalten werden, durch die stetige Befristung die richterliche Unabhängigkeit zu gefährden.[627] Ob darüber hinaus ein Recht auf einen gesetzlichen Richter aus Artikel 12 Absatz 1 lit. (a) der Verfassung verletzt wird,[628] erscheint angesichts dessen Wortlautes zweifelhaft, der entgegen etwa dem Artikel 101 des deutschen Grundgesetzes nicht von einem gesetzlichen Richter, sondern ausdrücklich nur von einem „*Court or Tribunal established by law*" spricht.

Problematischer erscheint in diesem Zusammenhang eine mögliche Befangenheit der *Acting Judges*, die sich aus ihrer jeweiligen hauptberuflichen Tätigkeit ergibt. Dieser beugt der *Supreme Court Act* durch Section 13 Subsection 3 für hauptamtliche Richter vor, wonach diese nicht in einem Berufungsverfahren tätig werden dürfen, an dessen Vorentscheidung sie beteiligt waren. Der gerade in einem bevölkerungsarmen Land wie Namibia nicht allzu fernliegenden möglichen Befangenheit von hauptberuflichen Rechtsanwälten angesichts von Beziehungen zu früheren Mandanten oder Loyalitäten gegenüber ihren Kanzleien stehen allerdings keine gesetzlichen Regelungen entgegen, vielmehr können und sollen sich diese bei Interessenkonflikten selbstständig aus der Mitarbeit an dem Fall zurückziehen.[629]

Diese der Verfassung entgegenstehende Vorgehensweise wird mit der geringen Anzahl von geeigneten namibischen Juristen im noch aufwachsenden namibischen Justizsystem im Allgemeinen und der mangelnden Attraktivität des

624 Supreme Court Act, Section 5.

625 Art. 82 Abs. 2 NV; Supreme Court Act, Section 7.

626 *S v Zemburuka* (2) 2003 NR 200 (HC).

627 Tjombe 2008, S. 234.

628 Watz 2003, S. 263.

629 Tjombe 2008, S. 230.

Richterberufes bei möglichen Kandidaten im Speziellen gerechtfertigt.[630] Ob diese Argumentation, die den Wortlaut der Verfassung vermeintlichen praktischen Erfordernissen unterstellt, auch fast 22 Jahre nach Erlangung der Unabhängigkeit noch zu tragen vermag, sei an dieser Stelle bezweifelt.

b) Zuständigkeit

Der *Supreme Court* entscheidet zuvorderst über die Rechtsmittel[631] gegen alle Entscheidungen des *High Court*, wobei das Gericht in diesem Zusammenhang auch verfassungsrechtliche Fragen, insbesondere zur Auslegung und Durchsetzung der Grundrechte zu klären hat.[632] Besonders hervorzuheben ist dabei, dass eine solche verfassungsrechtliche Überprüfung über Artikel 18 der Verfassung auch die Rechtmäßigkeit eines Verwaltungsverfahrens umfasst.[633] Eine gesonderte Verfassungsgerichtsbarkeit existiert daneben nicht.

Eine bislang selten in Anspruch genommene erstinstanzliche Zuständigkeit des *Supreme Court* besteht für Fälle, die durch den *Attorney-General* an ihn herangetragen werden.[634] Darüber hinaus hat der *Supreme Court* als höchstes namibisches Gericht eine breit gefasste, generelle Aufsichtsfunktion für die Überprüfung jeglichen Justiz- oder Verwaltungshandelns.[635] Die Ausübung dieser Aufsicht erfolgt *mero motu*, also aus eigenem Antrieb, sobald den Richtern eine Unregelmäßigkeit im Verfahren zur Kenntnis kommt. Ein Anspruch auf Überprüfung oder ein entsprechendes formelles Beschwerderecht Betroffener besteht hingegen nicht.[636]

---

630 Tjombe 2008, S. 238, 241.

631 Die in Deutschland übliche Unterscheidung zwischen Berufung und Revision wird durch den in Namibia verwandten Begriff *appeal* nicht getroffen. Da die Rechtsmittelinstanzen an Supreme Court und High Court immer auch Tatsacheninstanzen sind (vgl. Supreme Court Act, Section 19 Subsection lit. (a) SCA und High Court Act No. 16 of 1990, Section 19 Subsection lit. (a)), wird *appeal* im Folgenden mit Berufung übersetzt.

632 Art. 79 Abs. 2 S. 1, Abs. 4 NV i.V.m. Supreme Court Act, Section 14.

633 Watz 2003, S. 259.

634 Art. 79 Abs. 2, Abs. 4 NV i.V.m. Supreme Court Act, Section 15. Diese Zuständigkeit wurde bis heute nur zwei Mal in Anspruch genommen (*Ex-Parte Attorney General: In Re Corporal Punishment by Organs of State*, 1991 NASC 2; *Ex-Parte Attorney General, Namibia: In re the Constitutional Relationship between the Attorney General and the Prosecutor General*, 1995 NASC 1).

635 Supreme Court Act, Section 16 Subsection 1.

636 Supreme Court Act, Section 16 Subsection 2; zu einem faktischen Beschwerderecht der Rechtssuchenden und dem unbestimmten Rechtsbegriff der Unregelmäßigkeit siehe die Fallbesprechungen von Heathcote 2009.

c) Verfahren

Der *Supreme Court* ist in seinen Entscheidungen unabhängig und nicht an solche seiner Vorgängergerichte gebunden.[637] Die Entscheidung des Gerichts wird nach Section 13 Subsection 2 des *Supreme Court Act* durch die einfache Mehrheit der beteiligten Richter bestimmt. Gegen seine Entscheidungen sind Rechtsmittel nicht gegeben.[638] Durch Artikel 78 Absatz 4 der Verfassung wird der *Supreme Court* ermächtigt, sich eine eigene Geschäftsordnung zu geben. Das in Ausübung der generellen Aufsichtsfunktion des Gerichts anzuwendende Verfahren wird durch den *Chief Justice* festgelegt.[639] Die Verhandlungen sind grundsätzlich öffentlich[640], ein Anwaltszwang besteht nicht.[641]

Die Zulässigkeit von Berufungen ist nicht vom Streitwert abhängig.[642] In den Berufungsverfahren kann der *Supreme Court* als Tatsacheninstanz neue Beweismittel hören oder aber den Fall zur erneuten Verhandlung an das erstinstanzliche Gericht zurückverweisen.[643] Die Ausgangsentscheidungen können im Ergebnis ersetzt, geändert oder bestätigt werden.[644]

Auffällig ist, dass viele Verfahrensvorschriften eine unbestimmte Auffangklausel haben, die es dem *Supreme Court* ermöglicht, Formalien zu umgehen. So haben etwa auch Anwälte ohne Zulassung zum *Supreme Court* dort ein Vorspracherecht, wenn es der Gerechtigkeit („*administration of justice*“) dient.[645] Das Gericht kann sich zudem über seine vom *Chief Justice* erlassene Geschäftsordnung hinwegsetzen, wenn es der grundlegenden Gerechtigkeit („*substantial justice*“) oder Effizienz des Verfahrens dient („*perform its functions and duties most efficially*“).[646]

2. High Court

Der *High Court* ist in erster Instanz zuständig für alle Zivil- und Strafsachen, soweit diese nicht spezialgesetzlich dem *Supreme Court* oder den *Lower Courts*

637 Supreme Court Act, Section 17 Subsection 2.
638 Supreme Court Act, Section 17 Subsection 1.
639 Supreme Court Act, Section 16 Subsection 3.
640 Supreme Court Act, Section 6; ein Ausschluss der Öffentlichkeit kann nach Art. 12 Abs. 1 lit. a) NV erfolgen.
641 Supreme Court Act, Section 35 Subsection 1.
642 Supreme Court Act, Section 14 Subsection 2 lit. (a).
643 Supreme Court Act, Section 19 lit. (a).
644 Supreme Court Act, Section 19 lit. (b).
645 Supreme Court Act, Section 35 Subsection 2.
646 Supreme Court Act, Section 37 Subsection 2.

zugewiesen sind, und bildet somit das Rückgrat des namibischen Gerichtswesens. Aufbau, Zuständigkeit und Verfahren ergeben sich aus Artikel 80 der Verfassung sowie dem *High Court Act* vom 8. Oktober 1990 (HCA)[647]. Ständiger Sitz des Gerichtes ist Windhoek und seit 2009 daneben auch Oshakati. Bei Bedarf werden Sitzungen auch in anderen namibischen Städten abgehalten, so etwa in Grootfontein, Swakopmund oder Gobabis.[648]

a) Gerichtsaufbau

Der Gerichtsaufbau des *High Court* wird in der Verfassung und dem *High Court Act* nicht abschließend vorgeschrieben, auch die Anzahl der Richter des *High Court* wird gesetzlich nicht festgelegt. Zurzeit sind am *High Court* zehn ständige Richter tätig, denen *Judge President* Petrus Damaseb vorsitzt. Die für das Richteramt notwendigen Qualifikationen sind in Section 3 des *High Court Act* festgelegt.

Die jeweilige Zusammensetzung des Gerichts variiert in erstinstanzlichen und Berufungsverfahren der Straf- und Zivilgerichtsbarkeit:

Dem erstinstanzlichen Verfahren in Zivilsachen sitzt grundsätzlich ein Einzelrichter vor.[649] Der *Judge President* oder der dienstälteste Richter als sein Stellvertreter können jedoch jederzeit anordnen, dass der Fall vor einem *full court* geführt werden soll; ebenso kann ein Einzelrichter den ihm vorliegenden Fall jederzeit an einen *full court* verweisen.[650] Die Anzahl der Richter, die Bestandteil eines *full court* bilden ist dabei nicht positiv bestimmt: In Section 1 (Definition *full court*) des *High Court Act* ist lediglich festgelegt, dass dieser jedenfalls mehr als zwei Richter umfassen muss. Erstinstanzliche Strafverfahren werden von einem Einzelrichter geleitet, dem unter gewissen Umständen bis zu zwei sach- oder rechtskundige Beisitzer zugeordnet werden können.[651]

In allen Berufungsverfahren kann der *Judge President* bestimmen, dass die Sache von einem oder mehreren Richtern gehört werden soll.[652]

Auch die Richterschaft des *High Court* kann durch *Acting Judges* ergänzt werden[653], so dass sich die oben erläuterte Problematik der Unabhängigkeit der *Acting Judges* vor dem *Supreme Court* auch auf die Richter des *High Court* überträgt. Verschärft wird diese Problematik durch die Regelung der Section 6

---

647 High Court Act No. 16 of 1990, Government Gazette vom 8. Oktober 1990.

648 High Court Act, Section 4 gestattet dem *Judge President* solche Verlegungen des Sitzungsortes.

649 High Court Act, Section 10 Subsection 1 lit. (a).

650 High Court Act, Section 10 Subsection 1 lit. (a).

651 Criminal Procedure Act No. 51 of 1977 vom 22. Juli 1977, Section 145.

652 High Court Act, Section 10 Subsection 2.

653 Art. 83 Abs. 3 NV.

des *High Court Act*, die eine rückwirkende Ernennung eines *Acting Judges* zu einem ständigen Richter möglich macht und somit eine Art Probezeit konstituiert, in der nicht ausschließlich die fachliche Qualifizierung überprüft wird und die regelmäßig mit der vollen Berufung in das Richteramt endet, sondern der betreffenden Person, deren fachliche Eignung ja schon aufgrund der Berufung zum *Acting Judge* unstreitig sein sollte und die in dieser Funktion ohne Einschränkungen Recht spricht, vielmehr einen Anreiz zu „konformem" Verhalten gibt, um so statusrechtliche Vorteile erlangen zu können.

b) Zuständigkeit

Die Zuständigkeiten des *High Court* ergeben sich aus Artikel 80 Absatz 2 Satz 1 der Verfassung sowie Section 16 des *High Court Act*. Die erstinstanzliche Zuständigkeit für alle Zivil- und Strafsachen erstreckt sich nach Artikel 80 Absatz 2 Satz 1 der Verfassung auch auf Fälle mit einem verfassungsrechtlichen Bezug. Mögliche Grundrechtsverletzungen und andere Fragen werden mithin sowohl vom *High Court* als auch dem *Supreme Court*[654] im laufenden Verfahren geprüft; eine separate Verfassungsgerichtsbarkeit besteht daneben nicht. Aufgrund von Artikel 18 der Verfassung ist damit auch die Zuständigkeit für die Überprüfung von Verwaltungsentscheidungen gegeben, was in Rule 53 der *High Court Rules* für den *High Court* explizit bestätigt und hervorgehoben wird.[655]

Ferner fungiert der *High Court* nach Artikel 80 Absatz 2 Satz 2 der Verfassung als Berufungsinstanz für alle Entscheidungen der *Lower Courts*. Einfachgesetzlich wird zudem eine generelle Aufsichtsfunktion gegenüber allen *Lower Courts* konstituiert.[656] Im Gegensatz zur Aufsicht durch den *Supreme Court* kann diese jedoch nur auf Antrag ausgeübt werden und ist in ihrem Umfang beschränkt.[657]

c) Verfahren

In Zivil- und Strafsachen entscheidet grundsätzlich ein Einzelrichter. Wird die Entscheidung durch einen *full court* gefällt, wird diese regelmäßig durch die einfache Mehrheit der beteiligten Richter bestimmt.[658] Der *Judge President* erstellt eine Prozess- und Geschäftsordnung für den *High Court*.[659] Die Verfahren sind

654 Art. 79 Abs. 2 NV.
655 Amoo 2008, S. 183.
656 High Court Act, Section 16 lit. (b).
657 High Court Act, Section 20.
658 High Court Act, Section 14 Subsection 1.
659 High Court Act, Section 39; s. Rules of the High Court of Namibia vom 10. Oktober 1990.

gemeinhin öffentlich[660], jedoch können Presse oder Öffentlichkeit aus Gründen der Moral, der öffentlichen Ordnung oder der nationalen Sicherheit ausgeschlossen werden.[661]

In Berufungssachen kann der *High Court* die angefochtene Entscheidung bestätigen, verwerfen oder zur erneuten Entscheidung an das ursprüngliche Gericht zurückverweisen.[662] Das Gericht kann auch ein neues, abgeändertes Urteil fällen oder Verfügungen erlassen. Wenn notwendig, kann der *High Court* während des Berufungsverfahrens auch in ein erneutes Beweisverfahren eintreten.[663]

3. Labour Court

Eine Besonderheit im namibischen Gerichtsaufbau stellt das Arbeitsgericht dar. Der vormals selbstständige *Labour Court*, der hierarchisch auf der Ebene der *Superior Courts* angesiedelt war[664], wurde durch die Reform des *Labour Act* als eigenständige Abteilung dem *High Court* angegliedert.[665] Dessen *Judge President* hat Richter aus dem Plenum des *High Court* an den *Labour Court* abzustellen.[666]

Zuständigkeit und Verfahren vor dem *Labour Court* werden durch Section 117 des *Labour Act* sowie das *Labour Court Rules Board*[667] bestimmt, dessen Vertreter eine Prozess- und Geschäftsordnung[668] für das Gericht erstellen. In Bezug auf Berufungen zum *Supreme Court* werden die Urteile des *Labour Court* als Entscheidungen des *High Court* angesehen. Eine entsprechende, gesonderte Abteilung für Arbeitsrecht besteht am *Supreme Court* nicht.

---

660 High Court Act, Section 13.

661 Art. 12 Abs. 1 lit. (a) NV.

662 High Court Act, Section 19 Subsection 1 lit. (b).

663 High Court Act, Section 19 Subsection 1 lit. (a).

664 Amoo 2008, S. 184.

665 Labour Act No. 11 of 2007 vom 1. November 2008, Section 115 i.V.m. Labour Court Act No. 6 of 1992 vom 13. März 1992, Section 6. Durch die 2008 erfolgte Reform des Arbeitsrechts wurde die auf Ebene der *Lower Courts* angesiedelte erste Instanz der Arbeitsgerichte, die *District Labour Courts*, gestrichen und durch umfangreiche Schlichtungs- und Mediationsverfahren ersetzt.

666 Labour Act, Section 116.

667 Vgl. Labour Act, Section 119.

668 Labour Court Rules vom 15. Januar 2009 (Government Notice 279/2008, Government Gazette 4175).

4. Lower Courts

Die *Lower Courts* sind gemäß Artikel 78 Absatz 1 lit. (c) der Verfassung Teil der namibischen Judikative. Sie haben entgegen dem *Supreme Court* und dem *High Court* jedoch keine originelle, aus der Verfassung resultierende Zuständigkeit. Diese ergibt sich alleine aus den sie konstituierenden einfachgesetzlichen Vorschriften, die ihre prozessuale Handlungsfähigkeit somit abschließend regeln und begrenzen.[669] Dieses sind zum einen der noch aus südafrikanischer Besatzungszeit übernommene *Magistrates' Courts Act*[670], durch den der *Magistrates' Court* konstituiert wird, sowie den *Community Courts Act*[671], durch den in Form der *Community Courts* der Anwendung des traditionellen Rechts ein Forum geschaffen wird.

a) Magistrates' Courts

Die *Magistrates' Courts* tragen die Hauptlast der alltäglich anfallenden Verfahren. Die 32 ständigen Gerichte sind hinsichtlich ihrer örtlichen Zuständigkeit unterteilt in *regional*, *district* und *sub-district divisions*.[672] Sachlich sind die regionalen *Magistrates' Courts*[673] ausschließlich für alle Strafsachen außer Hochverrat zuständig,[674] während die *district divisions* und *sub-district divisions* in strafrechtlicher Hinsicht für alle Vergehen und Verbrechen mit Ausnahme von Hochverrat, Mord und Vergewaltigung zuständig sind und in Zivilsachen über Geldforderungen von nicht mehr als N$ 100.000 und dingliche Ansprüche mit einem Streitwert bis zu N$ 25.000 entscheiden.[675]

Den grundsätzlich öffentlichen[676] Verfahren vor dem *Magistrates' Court* sitzt ein *Magistrate* als *judicial officer*[677] vor.[678] Dieser wird nach den Vorschriften des *Magistrates Act*[679] gewählt, in dem auch der dienstrechtliche Status der *Magistrates* geregelt ist. Ein Anwaltszwang besteht nicht.

---

669 Art. 83 Abs. 1 NV.

670 Magistrates Court Act No. 32 of 1944 vom 2. Juli 1945 in der Fassung vom 30. Juli 2009.

671 Community Courts Act No. 10 of 2003 vom 19. August 2003.

672 Magistrates Court Act, Section 3 Subsection 1, Section 26.

673 Windhoek, Oshakati, Otjiwarongo, Rundu und Keetmanshoop.

674 Magistrates Court Act, Section 26 Subsection 1 i.V.m. Section 89 Subsection 2.

675 Magistrates Court Act, Section 29.

676 Magistrates Court Act, Section 5.

677 Zur Problematik der korrekten Übersetzung dieses Begriffes s. Watz 2003, S. 266.

678 Magistrates Court Act, Section 8.

679 Magistrates Act No. 3 of 2003 vom 20. Juni 2003.

Der *Magistrates' Court* ist zudem zuständig für Berufungen gegen Entscheidungen der *Community Courts.*[680]

b) Community Courts

Der Vielvölkerstaat Namibia kann auf alte und unterschiedliche Rechtstraditionen der einzelnen Volksgruppen zurückblicken, die zum Teil Jahrtausende zurückreichen. Seit der Unabhängigkeit war es ein Bestreben des Staates, die daraus entstandenen Rechtsbeziehungen zu formalisieren und in das von den Kolonialherren und Besatzern übernommene Rechtssystem zu integrieren und damit auch judifizierbar zu machen.

Die namibische Verfassung erkennt in ihrem Artikel 66 Absatz 1 das traditionelle Recht (*customary law*) allgemein an, soweit dieses nicht der Verfassung oder den formellen Gesetzen widerspricht, und stellt es dem römisch-holländischen Gemeinrecht gleich.[681] Es war zunächst umstritten, inwieweit auch die Möglichkeit zur Durchsetzung von traditionellem Stammesrecht in der Verfassung verankert werden sollte.[682] Zu einer expliziten Aufnahme in die Verfassung, die über die durch Artikel 83 der Verfassung gewährleistete Möglichkeit der einfachgesetzlichen Schaffung von entsprechenden Gerichten hinausgeht, kam es nicht. In der Folgezeit wurde dann mit dem *Traditional Authorities Act No. 25 of 2000* und dem *Community Courts Act No. 10 of 2003* eine Stammesgerichtsbarkeit einfachgesetzlich konkretisiert. Der maßgebliche *Community Courts Act* wurde allerdings erst im Jahr 2010 nach langer Diskussion[683] über die Ausgestaltung, Kompetenzen und generelle rechtliche Natur der traditionellen Gerichte in Kraft gesetzt; zeitgleich erfolgte nach dessen Maßstäben[684] die genaue Bestimmung der jeweiligen örtlichen und sachlichen Zuständigkeit sowie die Ernennung von Richtern und Assessoren, die in ihren jeweiligen Gemeinden als Kenner des traditionellen Rechts gelten müssen.[685]

Laut Section 12 lit. (b) des *Community Courts Act* besteht eine Zuständigkeit nur gegenüber solchen Personen, denen das Gericht eine „enge Verbindung" mit dem traditionellen Recht attestiert. Nach Section 25 des *Community Courts Act* müssen Verfahren vor den *Community Courts* ausgesetzt werden, soweit die gleiche Sache bereits bei einem anderen Gericht anhängig ist; sie sind gegenüber diesen insoweit subsidiär.

---

680 Community Courts Act No. 10 of 2003, Sections 26-28.

681 S.o. II. B. 4.

682 Watz 2003, S. 264 f.

683 Hinz 2008, S. 152.

684 Community Courts Act No. 10 of 2003, Sections 2-4, 7, 8.

685 Government Notices 52-61, 86-114 / 2010, Government Gazettes 4262 und 4450.

Die im Gegensatz zum formellen, modernen Recht mitunter sehr unterschiedlichen Maßstäbe des traditionellen Rechts werden ebenso wie die Probleme, die sich rechtlich aus der Schaffung einer zusätzlichen, mitunter trotz entgegenstehender Vorschriften tatsächlich parallel arbeitenden Hierarchieebene neben dem *Magistrates' Court* ergeben, nicht nur in der juristischen Fachwelt zur Zeit immer noch kontrovers diskutiert.[686] Ob sich die *Community Courts* entsprechend der Absicht dieser formellen Verankerungen auch tatsächlich als fester und akzeptierter Zweig der namibischen Gerichtsbarkeit etablieren können oder die Verfahren vor traditionellen Gerichten sich lediglich zu einer einfachgesetzlich strukturierten und durch die Gerichte überprüfbaren Form der Mediation entwickelt, die in der Praxis jedoch nicht gleichberechtigt neben den bisherigen Gerichtsverfahren steht, bleibt abzuwarten.[687]

D. Ergebnis und Schlussfolgerung

Auch wenn das traditionelle Recht (*customary law)* der einzelnen indigenen Volksgruppen bereits seit Urzeiten existiert – ein Rechtssystem nach westlichem Verständnis wurde in Südwestafrika zuerst im Rahmen der deutschen Kolonialherrschaft etabliert. Das Ende der deutschen Herrschaft lässt sich konkret auf den 9. Juli 1915 festlegen, als die Kapitulation der Schutztruppen im Übergabevertrag von Khorab festgeschrieben wurde und die siegreichen Südafrikaner die Kontrolle über Südwestafrika erst als Mandats- und später als Besatzungsmacht ausübten.

Wie die obige Untersuchung gezeigt hat, lässt sich eine solch eindeutige Aussage in Bezug auf die Fortgeltung des deutschen Rechts nicht treffen. Die südafrikanische Administration hat davon abgesehen, das deutsche Recht mit einer trennscharfen Regelung außer Kraft zu setzen. Vielmehr wurde das in Südafrika geltende römisch-holländische Gemeinrecht über das vormals geltende deutsche Recht gestülpt und hat dieses nur dort verdrängt, wo es zu gegensätzlichen Berührungspunkten kam. Die Herausarbeitung dieser Berührungspunkte ist für alle fraglichen Rechtssätze in einer Einzelfallprüfung vorzunehmen. Diese Aufgabe gestaltet sich durch die Art und Weise der Umsetzung der gesetzlichen Implementierung durchaus kompliziert: Problematisch wirkt sich die Tatsache aus,

686 „*Community Justice vs Magistrate Court*" von Placido Hilukilwa, 13. September 2011, www.namibiansun.com/content/local-news/community-justice-vs-magistrate-court, zuletzt abgerufen am 14.11.2011; „*Community Courts – Yes or No?*", Editor Namibian Sun, 01. September 2011, www.namibiansun.com/content/editors-corner/community-courts-yes-or-no, zuletzt abgerufen am 14.11.2011.

687 Ausführlich zur Thematik des traditionellen Rechts s. Hinz 2003 und Hinz 2008.

dass das römisch-holländische Gemeinrecht in der südafrikanischen Praxis des 19. und 20. Jahrhunderts durch vielfältige Einflüsse aus der englischen *common law*-Tradition ergänzt beziehungsweise ersetzt wurde, diese Änderungen jedoch keinen Eingang in die Regelung der Anwendbarkeit des römisch-holländischen Gemeinrechts in Südwestafrika gefunden haben. Diese Lücken im römisch-holländischen Gemeinrecht führten – beabsichtigt oder nicht – dazu, dass einzelne deutsche Gesetze und Rechtssätze zunächst fortgelten konnten.

Ebenfalls einer Einzelfallprüfung bleibt es überlassen, Fortgeltung, Abänderung oder Außerkraftsetzung der mannigfaltigen deutschen Gesetze während der südafrikanischen Besatzungszeit herauszuarbeiten. Durch die Gesetzesinitiativen der südafrikanischen Administration, die ihren Schwerpunkt zum einen sowohl unmittelbar nach der Machtübernahme in den zwanziger Jahren, zum anderen während und kurz nach dem Zweiten Weltkrieg hatten, kann verallgemeinernd gesagt werden, dass die Masse der deutschen Rechtsnormen seit den fünfziger Jahren aus der Rechtspraxis in Südwestafrika verschwunden sind. Durch die Kontinuität des Wirtschaftslebens seit der deutschen Kolonialzeit und das andauernde Fortbestehen einer auch ökonomisch relevanten deutschen Minderheit lassen sich Spuren deutscher Rechtskonstrukte aus der Kolonialzeit finden, etwa auf dem Gebiet des Vertrags- und Gesellschaftsrechts, die in die neue Rechtsordnung assimiliert wurden.

Auch nach der mit Inkrafttreten der namibischen Verfassung beginnenden Unabhängigkeit Namibias ist es nicht zu einem pauschalen Bruch mit der bestehenden Rechtsquellenlehre gekommen. Der Status des in Südwestafrika geltenden Gemeinrechts wurde durch die namibische Verfassung auf eine neue, gefestigte Basis gestellt. Das unklare Bild, das sich aus der gesetzlichen Regelung der Rezeption des in der südafrikanischen Kapprovinz geltenden römisch-holländischen Gemeinrechts, der Gerichtsorganisation und -kompetenzen in Südwestafrika und vor allem der Gültigkeit der Rechtseinflüsse des englischen *common law* in Vergangenheit und Gegenwart ergab, wurde insoweit aufgehellt, als die Anwendung des am Datum der Unabhängigkeit praktizierten Gemeinrechts eine neue verfassungsrechtliche Grundlage gefunden hat. Dazu trägt ebenfalls die Tatsache bei, dass die Einflüsse der südafrikanischen und anderer ausländischer Gerichtsentscheidungen auf die nunmehr unabhängige namibische Gerichtsbarkeit nur noch im Rahmen einer nicht bindenden *persuasive authority* erfolgt.

Auch alle zum Datum der Unabhängigkeit bestehenden Gesetze haben ihre Gültigkeit behalten. Die Vereinbarkeit mit der Verfassung ist zwar grundsätzliche Bedingung für deren jeweilige Fortgeltung, allerdings verlieren überkommene Gesetze ihre Rechtswirkung erst dann, wenn eine Verfassungswidrigkeit von einem Gericht explizit festgestellt wurde. Noch aus der deutschen Kolonialzeit stammende Gesetze, die nicht von der südafrikanischen Administration außer Kraft gesetzt wurden, wirken somit zunächst grundsätzlich auch nach dem Übergang in die Unabhängigkeit fort. Die Feststellung, ob oder wie lange solche Regelungen auch im unabhängigen Namibia fortwirken, obliegt folglich ebenfalls einer genauen Prüfung des Einzelfalls.

Die oben genannten Einzelfallprüfungen sollen im folgenden Abschnitt der Arbeit für das Bergrecht in Südwestafrika durchgeführt werden. Nach einer Darstellung der rechtsgeschichtlichen Entwicklung der bergrechtlichen Regelungen in Deutsch-Südwestafrika und der diesen jeweils zugrundeliegenden wirtschaftlichen und politischen Rahmenbedingungen erfolgt eine Betrachtung, in welcher Form diese Regelungen zunächst durch die südafrikanische Administration und später den namibischen Gesetzgeber übernommen oder ersetzt wurden. Ein besonderes Augenmerk soll in dem folgenden Abschnitt dann darauf liegen, ob sich in dieser Entwicklung deutsche bergrechtliche Prinzipien gegenüber spezifischen südafrikanischen oder englischen Einflüssen trotz einer möglichen Ersetzung der sie tragenden gesetzlichen Regelungen behaupten konnten.

III. Entwicklung des Bergrechts in Südwestafrika

Der folgende Abschnitt stellt die Entwicklung des Bergbaus[688] im Schutzgebiet Deutsch-Südwestafrika und die historischen Rechtsquellen dieser Zeit vor. In den sich anschließenden Abschnitten wird die Weiterentwicklung des Bergrechts sowohl während der südafrikanischen Besatzungszeit als auch im unabhängigen Namibia dargestellt. Während das Bergrecht und die Entwicklung des Bergbaus für die deutsche Periode als Basis der Untersuchung detailliert behandelt werden, sind die entsprechenden Beschreibungen für die Folgezeit – knapp 100 Jahre – unter südafrikanischer und namibischer Ägide auf die Eck- und Rahmendaten des Bergbaubetriebes sowie diejenigen Gesetze und Gesetzesnovellierungen beschränkt, die für die Fortentwicklung der Grundsätze des Bergrechts maßgeblich waren.

Sodann wird, gegebenenfalls unter zu Hilfenahme der unter II. herausgearbeiteten Ergebnisse jeweils dargestellt, inwieweit die deutschen bergrechtlichen Regelungen durch neues Recht verdrängt und ersetzt wurden. Dadurch soll die Grundlage für die im anschließenden Abschnitt IV. durchgeführte Überprüfung gelegt werden, in welcher Form das deutsche Kolonialbergrecht im Falle einer Verdrängung in den entsprechenden südwestafrikanischen und namibischen Gesetzen dem Grundsatz nach fortgalt oder sogar noch heute gilt.

A. Bergrecht im Schutzgebiet Deutsch-Südwestafrika

Die Entwicklung des Bergrechts in Deutsch-Südwestafrika lässt sich grob in drei Abschnitte untergliedern. Zunächst sollen überblicksartig die verschiedenen bergrechtlichen Regelungen vorgestellt werden, die vor der deutschen Besitzergreifung und während der Gründungs- und Aufbauzeit des Schutzgebietes vor den oben beschriebenen[689], variierenden politischen und wirtschaftlichen Hintergründen Anwendung fanden.

---

688 Für das Textverständnis notwendige spezielle Begrifflichkeiten des Bergbaus und des Bergrechts werden an gegebener Stelle definiert. Im Übrigen wird für die entsprechende Terminologie auf die grundlegenden Erläuterungen und Definitionen in: Naujoks 1994 verwiesen.

689 S.o. II. A. 1.; II. A. 2. a) und b).

Danach folgt eine ausführliche Betrachtung der Kaiserlichen Bergverordnung vom 8. August 1905, die bis zur deutschen Kapitulation die maßgebliche bergrechtliche Regelung für das Schutzgebiet Deutsch-Südwestafrika darstellte und insoweit den Ansatzpunkt für die Überprüfung der Fortgeltung deutschen Bergrechts über diesen Zeitpunkt hinaus bildet.

Eine Sonderrolle nimmt die auf dieser Verordnung aufbauende, aber in entscheidenden Punkten abweichende Regelung des Diamantenabbaus ein, die anschließend erörtert wird. Nach den sensationellen Funden im Jahre 1908 steuerte der Diamantenbergbau einen maßgeblichen Anteil am wirtschaftlichen Aufwuchs der Kolonie bei und wurde wegen seiner Bedeutung entsprechend ausführlich reglementiert.

1. Entwicklung des Bergrechts in Deutsch-Südwestafrika bis 1905

a) Bergbau in vorkolonialer Zeit

(1) Indigener Bergbau

Bergbauliche Aktivitäten hat es in Namibia schon lange vor der deutschen Kolonialzeit gegeben. Anhand von Abbauspuren lässt sich nachweisen, dass schon zu prähistorischen Zeiten Eisen- und Kupfererze gewonnen, verhüttet, und zu hochpreisig gehandelten Werkzeugen und Schmuck verarbeitet wurden.[690] Ebenso wurde auf einfache Weise an vielen Stellen, insbesondere nördlich der Etosha-Pfanne, Salz abgebaut und gewonnen.[691] Der Abbau von Bodenschätzen erforderte wie jede andere Nutzung von Grund und Boden die Zustimmung der Anführer der Stämme oder Gemeinschaften, auf deren Gebiet er erfolgen sollte.[692] Ein dezidiertes Bergrecht existierte nicht. Aus dem 19. Jahrhundert überliefert sind jedoch Verpflichtungen unterworfener San-Stämme, gefundenes Kupfererz an den Stammesführer eines dominierenden Ovambo-Stammes abzuliefern.[693]

(2) Vorstöße der Weißen

Die unwirtliche Küste mit der Namib-Wüste als natürliche Barriere verhinderte für Jahrhunderte nach der Entdeckung des Küstenstreifens durch die Portugiesen im Jahre 1485 ein weiteres Vordringen der Europäer in das Landesinnere. Eine

690 Schippling 1991, S. 161.
691 Duggal 1987, S. 1.
692 Duggal 1987, S. 64.
693 Schinz 1891, S. 293.

Ausbeutung der Rohstoffe Südwestafrikas setze erst ab dem 17. Jahrhundert ein und beschränkte sich zunächst auf den Fisch-, Wal- und Robbenfang.[694]

Seit Mitte des 18. Jahrhunderts sind aus der Kapkolonie[695] Expeditionen gen Südwestafrika ausgesandt worden, um Gerüchten von angeblich reichen Goldvorkommen in Südwestafrika nachzugehen. Obwohl die erhofften Goldfunde größtenteils ausblieben, stießen die Kundschafter in den südlichen und mittleren Regionen Südwestafrikas auf ergiebige und leicht zugängliche Kupfervorkommen.[696]

(a) Kupferbergbau durch die ersten Minengesellschaften

Eine wirtschaftlich organisierte Ausbeutung von Kupfervorkommen wurde Mitte des 19. Jahrhunderts in Angriff genommen, nachdem es einzelnen Unternehmern gelungen war, von den ansässigen Stammesoberhäuptern Minenkonzessionen zu erwerben, die sie im Folgenden auf neu gegründete Gesellschaften aus Kapstadt übertrugen. Ausgangspunkt dieser Unternehmungen waren die bereits existierenden Handelsposten in *Angra Pequena* und *Walfish Bay*. Der einsetzende „Kupferrausch" währte jedoch nur kurz. Aufgrund der hohen Betriebskosten und der kaum vorhandenen Infrastruktur gab die seit 1855 von *Angra Pequena* aus operierende *Great Namaqualand Mining Company* ihre Konzession bereits nach wenigen Monaten wieder auf.[697] Auch die 1854 in Kapstadt gegründete *Walfish Bay Mining Company*, die seit 1855 von Otjimbingwe aus im Khomas-Hochland die *Matchless* Kupfer-Mine betrieb, musste 1860 ihren Betrieb einstellen, nachdem sich die Ausbeutung des Kupfererzes vor allem aufgrund der hohen Transportkosten[698] als unrentabel erwiesen hatte.[699]

Eine direkte – oder indirekt über die Kapkolonie erfolgende – Einflussnahme von Europäern auf die Ausgestaltung von rechtlichen Regelungen des Kupferabbaus oder der Ausbeutung anderer Rohstoffe auf dem südwestafrikanischen Festland gab es bis zum Beginn der deutschen Kolonialzeit nicht, was auf die damals geringe wirtschaftliche Bedeutung dieser Vorkommen zurückzuführen sein mag. Dennoch konnte auch der damalige Bergbau nicht in einem quasi

694 Kaulich 2000, S. 38, 39.

695 Ausführlich zur Geschichte der Kapkolonie siehe Fisch 1991, Kapitel 4 und 5.

696 Kaulich 2000, S. 382, Schippling 1991, S. 162.

697 Esterhuyse 1968, S. 10.

698 Das Kupfererz wurde mit Ochsenwagen über den sogenannten „Baiweg" nach Walfish Bay verbracht – maßgeblich für den Entschluss zur Aufgabe der Unternehmung war auch ein Ausbruch der Rinderpest im Jahre 1860, der einen Verlust aller Zugtiere bewirkte, vgl. Schippling 1991, S. 162.

699 Esterhuyse 1968, S. 10.

rechtsfreien Raum erfolgen. Viele Stämme, insbesondere die Nama und Herero, waren seit Anfang des 19. Jahrhunderts durch zum Teil skrupellose kapländische Händler[700] und die Arbeit von europäischen Missionsgesellschaften sowohl mit guten wie auch schlechten Aspekten der Zivilisation in Berührung gekommen. Es mag an diesen Erfahrungen gelegen haben, dass es zwischen den Stammesoberhäuptern und den Minengesellschaften mitunter zu ausdifferenzierten Vereinbarungen kam: so gaben die Stämme durch die Konzessionen nicht das Eigentum am Land auf, sondern verpachteten dieses lediglich für einen bestimmten Zeitraum für eine bergbauliche Nutzung.[701] Einzelne Häuptlinge wie etwa Jan Jonker vereinbarten zudem eine Förderabgabe und ließen sich für jede Karrenladung Erz einen bestimmten Geldbetrag auszahlen.[702]

(b) Exkurs: Die Ausbeutung der südwestafrikanischen Guano-Inseln

(i) Hintergrund

Eine Sonderstellung in der kolonialen Epoche Südwestafrikas hatten die der Küste vorgelagerten Pinguininseln inne. Aufgrund ihrer reichen Guanovorkommen wurden sie wesentlich früher als das Festland zum Spielball internationaler Interessen. Der rechtliche Rahmen, der um Abbau und Ausbeutung dieses vormals wertvollen Rohstoffes gespannt wurde, soll im Folgenden kurz dargestellt werden.

Guano ist ein sedimentäres Phosphatgestein, das auf Felseninseln unter besonderen klimatischen Bedingungen aus der Reaktion von Wasservogelexkrementen mit Kalkstein entsteht und sich hervorragend als Grundlage für die Herstellung von Düngemitteln eignet.[703] Nachdem sich diese Erkenntnis in Europa und Nordamerika Anfang des 19. Jahrhunderts durch Forschungsergebnisse von Alexander von Humboldt und später von Justus von Liebig durchgesetzt hatte, begann zwischen England und den Vereinigten Staaten von Amerika ein Wettlauf um die wenigen, aber sehr konzentrierten Vorkommen dieses Rohstoffes an den Küsten Südamerikas und Südafrikas.[704] Diesen konnten die Engländer für Südamerika durch die Vereinbarung eines Abbaumonopols mit der Regierung von Peru weitestgehend für sich entscheiden. Die wirtschaftliche Bedeutung des Guanoabbaus für diese Zeit mag durch die Tatsache verdeutlicht werden, dass die Vereinigten Staaten von Amerika am 16. August 1856 den noch heute gülti-

700 Dazu Kaulich 2000, S. 41.
701 Kaulich 2000, S. 41.
702 Lau 1987, S. VII.
703 Okrusch und Matthes 2009, S. 373.
704 Watson 1930, S. 634.

gen *Guano Islands Act* verabschiedet haben, der eine unbewohnte Insel mit Guanovorkommen, die nicht zum Staatsgebiet einer anderen Nation gehört, automatisch für die Vereinigten Staaten annektiert, wenn ein US-Bürger diese friedlich in Besitz nimmt.[705]

(ii) Annexion der südwestafrikanischen Pinguininseln

Im Jahr 1843 wurde auf der vor der heutigen Lüderitzbucht gelegenen Insel *Ichaboe* durch eine englische Expedition ein gewaltiges Guanovorkommen entdeckt und von dem Leiter der Expedition – zunächst noch ohne offizielle Bestätigung – für die britische Krone in Besitz genommen.[706] Der in den folgenden Jahren einsetzende Abbau erfolgte zunächst chaotisch: Nach dem Recht des Stärkeren steckten sich die ersten Ankömmlinge eigene Felder, sogenannte *pits,* auf der Insel ab und versahen diese mit Stegen, von denen aus die Schiffe beladen werden konnten. Die Nutzung dieser Infrastruktur zum Abbau der Vorkommen auf der Insel, die nach internationalem Recht ohne die offizielle Bestätigung der Inbesitznahme durch die britische Krone immer noch als herrenlos galt, wurde den Besatzungen der eintreffenden Schiffen gegen eine Gebühr gestattet.[707] Nachdem es zu einer Vielzahl von Auseinandersetzungen und sogar Kämpfen gekommen war, entsandte die britische Regierung seit 1844 Kriegsschiffe aus der Kapkolonie, um die Ordnung dieses mehrheitlich von britischen Unternehmern durchgeführten Abbaus aufrechtzuerhalten.[708] 1861 erfolgte die offizielle Bestätigung der Inbesitznahme der Insel *Ichaboe* durch die britische Krone, 1866 wurde die gesamte Inselkette der Pinguininseln[709] durch Großbritannien annektiert, von Kapstadt aus verwaltet und der Guanoabbau durch ein Monopol in die Hände der britischen Firma *De Pass, Spence & Co.* gelegt.[710]

---

705 48 USC CHAPTER 8, Sections 1411 – 1419. Diese Regelungen trugen im 20. Jahrhundert erheblich zur Territorialexpansion der USA im Pazifischen Ozean bei.

706 Die Dicke der Guanoschicht vor Beginn des Abbaus wird auf wenigstens 60 ft, das Gesamtvorkommen auf der nur 6,5 ha großen Insel auf etwa 700.000 t bis 800.000 t geschätzt; Watson 1930, S. 634.

707 Teilweise lagen vor der kleinen Insel bis zu 300 Schiffe vor Anker; Esterhuyse 1968, S. 9.

708 Watson 1930, S. 638 f.

709 Die neben *Ichaboe* noch aus den Felseninseln *Hollamsbird, Mercury, Long Island, Seal Island, Penguin Island, Halifax, Possession Island, Albatross Rock, Pomona, Plum Pudding Island* und *Roast Beef Island* bestehen.

710 Kaulich 2000, S. 42.

Die Inselkette blieb – wie auch der Tiefseehafen *Walfish Bay*, der 1878 durch Großbritannien annektiert wurde[711] – während der deutschen Kolonialzeit[712] zunächst in britischer Hand, ging 1910 auf die *Union of South Africa* über und wurde am 1. März 1994 an die Republik Namibia abgetreten.[713]

(iii) Aktuelle Regelung des Guanoabbaus in Namibia

Auch wenn die über Jahrhunderte entstandenen Vorkommen längst abgebaut wurden und die wirtschaftliche Bedeutung von Guano in der heutigen Zeit erheblich gesunken ist, findet nach wie vor ein Abbau dieses natürlich nachwachsenden Rohstoffes statt. Seit 1930 erfolgt dieser nicht nur auf den der Küste vorgelagerten Felseninseln, sondern auch auf künstlich im Meer errichteten Plattformen, die den Seevögeln als Brut- und Ruhestätte dienen und einmal im Jahr „abgeerntet“ werden.

Obwohl Guano, zumindest in der Verbindung mit Kalkstein, als Phosphatsediment eigentlich den Mineralien zuzurechnen ist[714], fällt die Zuständigkeit für die Reglementierung des Abbaus dem namibischen *Ministry for Fisheries and Marine Resources* mit Sitz in Swakopmund zu.[715] Laut des maßgeblichen *Marine Resources Act* vom 21. Dezember 2000 bedarf es für die Guanogewinnung einer Genehmigung[716], die durch den zuständigen Minister erteilt und mit Auflagen[717] versehen werden darf.

b) Die kolonialen Anfänge – Minenkonzessionen und Schutzverträge

(1) Erwerb von Bergbaukonzessionen bei Abschluss von Schutzverträgen

Anfang der 1880er Jahre wurde der Kupferabbau an den Flussläufen des Swakop und Kuiseb für kurze Zeit wieder aufgenommen, nachdem englische, kapländische und deutsche Händler erneut Minenkonzessionen von Stammesführern in der Gegend zwischen *Walfish Bay* und Windhuk als Rechtsgrundlage für ihre

711 S. o. II. A. 1.

712 Auch an der Festlandküste von Deutsch-Südwestafrika erfolgte von 1895 bis 1904 ein reger und ertragreicher Guano-Abbau, s. Kaulich 2000, S. 400 f., 416 f.

713 Vgl. Transfer of Walvis Bay to Namibia Act No. 203 of 1993 vom 28.01.1994 – Republic of South Africa.

714 Okrusch und Matthes 2009, S. 373.

715 Marine Resources Act No. 27 of 2000 vom 21. Dezember 2000, Section 1 (Definition *marine resources*).

716 Marine Resources Act, Section 32 Subsection 1.

717 Marine Resources Act, Section 33 Subsections 1, 3.

Unternehmungen erworben hatten.[718] Die Unternehmungen verliefen in wirtschaftlicher Hinsicht nicht erfolgreich; die zugrundeliegenden Minenkonzessionen dienten aber als nachträglicher Anknüpfungspunkt für die zunächst pauschal erfolgte Inbesitznahme der südwestafrikanischen Küstengebiete durch das Deutsche Reich, die im Folgenden durch den Abschluss von Schutzverträgen legitimiert werden sollte.[719] Nach Übernahme der Schutzherrschaft auftretende Konflikte mit britischen und kapländischen Unternehmern, die Minenkonzessionen außerhalb der britischen Enklave *Walfish Bay* hielten, wurden durch eine im März 1885 einberufene deutsch-britische Kommission verhandelt.[720]

Bereits vor der Übernahme der Schutzherrschaft durch das Deutsche Reich entsandte Franz Lüderitz am 20. April 1884 eine Bergbauexpedition in die erworbenen Gebiete.[721] Die Schutzverträge, die durch den Kaiserlichen Kommissar Gustav Nachtigal und seine Vertreter und Nachfolger nach Erklärung der deutschen Schutzherrschaft am 24. April 1884 geschlossen wurden, enthielten Bestimmungen zu Bergbaukonzessionen, da der Aufbau der neuen Kolonie doch maßgeblich durch erhoffte Gewinne aus dem Bergbau finanziert werden sollte. So trat der Stamm der Bethanier in dem Schutz- und Freundschaftsvertrag zwischen dem Deutschen Reich und Kapitän Joseph Fredericks von Bethanien vom 28. Oktober 1884[722], der insoweit als „Mustervertrag" für die in dieser Zeit geschlossenen Abkommen galt[723], unter anderem sämtliche Rechte, „Minen auszugraben und auszubeuten" an den Bremer Kaufmann Franz Lüderitz oder in seiner Rechtsnachfolge stehende Gesellschaften ab (Artikel 6) und unterwarf sich für darauf bezogene Streitfragen der Autorität des Deutschen Reiches (Artikel 8). Der Stamm der Bastards von Rehoboth verpflichtete sich im Schutzvertrag mit dem Deutschen Reich vom 13. Oktober 1884 dazu, dem Kaiserlichen Kommissar ein Vorkaufsrecht für alle Minen in seinem Gebiet zuzugestehen, ließ sich dafür allerdings auch zusichern, dass „durch Bergwerksanlagen denen, die Verdienst suchen, Arbeit gegeben wird".[724]

Derlei Einzelvereinbarungen bildeten die Anfänge von bergrechtlichen Bestimmungen in Deutsch-Südwestafrika.[725]

---

718 Esterhuyse 1968, S. 36–38; s. a. Lenssen 1999, S. 6, 9.

719 S.o. II. A. 2. b) (2) (a).

720 Esterhuyse 1968, S. 57–62.

721 Lenssen 1999, S. 12.

722 Abgedruckt bei: Schinz 1891, S. 504 f.

723 Kaulich 2000, S. 204.

724 Abgedruckt bei: von Koschitzky 1888, S. 91.

725 Für eine Aufzählung weiterer Beispiele s. Hesse 1906, S. 32–36.

(2) Bergbaukonzessionen der DKGfSWA

Durch den Übergang der Besitzungen von Lüderitz an die DKGfSWA im April 1885[726] waren die Land- und Minenrechte in Südwestafrika maßgeblich in einer Gesellschaft vereint.[727] Da in den Jahren 1885 und 1886 ausgesandte Expeditionen der DKGfSWA auf keine abbauwürdigen Mineralvorkommen gestoßen waren[728], fand in diesem Zeitraum jedoch noch keine nennenswerte Förderung von Rohstoffen durch die Gesellschaft statt.

Rechtliche Regelungen des Bergbaus, die über die Einzelvereinbarungen der Schutzverträge hinausgingen, bestanden in der Zeit bis zum Frühjahr 1886 nicht. Von den fehlenden bergbaulichen Aktivitäten abgesehen, die es zu regeln gegolten hätte, dürfte für detaillierte gesetzliche Bestimmungen auch insoweit noch kein Bedarf bestanden haben, als es den damaligen Plänen Bismarcks entsprochen haben mag, der DKGfSWA als designierter Empfängerin eines „Kaiserlichen Schutzbriefes" zur Ausübung von Hoheitsrechten möglichst viel Spielraum zur Entfaltung ihrer Tätigkeiten zu gewähren. Auch wenn dem Bergbau für die Zukunft der Kolonie eine tragende Rolle zugedacht wurde[729], lag der Schwerpunkt dieser ersten Jahre zunächst auf der Konsolidierung der neuen Erwerbungen und nicht auf der Ausgestaltung spezieller Rechtsregeln, zumal diese durch die faktisch nicht vorhandene Exekutive auch nicht hätten durchgesetzt werden können.

(3) Schaffung der ersten Bergbehörde in DSWA

Die erste bergrechtliche Bestimmung, die in Ausübung der neu erworbenen hoheitlichen Schutzgewalt erlassen wurde, erging durch den stellvertretenden Reichskommissar Louis Nels in Form der Verfügung betreffend die Verleihung von Minenkonzessionen durch die Häuptlinge des Schutzgebietes vom 19. April 1886:

> [...] *„Da nur Weiße, d.h. Angehörige eines zivilisierten Staates bei der Regelung der Minenkonzessionen in dem südwestafrikanischen Schutzgebiet beteiligt sind, und da ein öffentliches Interesse vorliegt, daß eine sachkundige Bergbehörde diese Regelung in die Hand nimmt, so verfüge ich hiermit, daß von heute ab die Häuptlinge in dem diesseitigen Schutzgebiet nur mit Zustimmung der Bergbehörde Konzessionen verleihen oder die etwa schon vorhandenen mo-*

726 S.o. II. A. 2. b) (2) (c).

727 Esterhuyse 1968, S. 90–95.

728 Sander 1912, S. 28–33.

729 Bericht des Kaiserlichen Kommissars für das südwestafrikanische Schutzgebiet Dr. Göring vom 22. Februar 1886 (abgedruckt in: RT-Vhdl., 6. LP, 2. Session 1885/1886, Band 6, S. 1637-1640), zitiert nach Kaulich 2000, S. 383.

difizieren können. Verleihungen von Konzessionen oder Modifizierungen von schon bestehenden sind ohne Mitwirkung der Bergbehörde nichtig. Als Bergbehörde fungiert vorläufig der Kaiserliche Reichskommissar in dem diesseitigen Schutzgebiet." [...][730]

Diese Verfügung diente der Absicherung der erworbenen Konzessionen gegen ausländischen, vor allem britischen Einfluss. In der Person des Kaiserlichen Kommissars Dr. Heinrich Göring wurde die erste Bergbehörde geschaffen.

c) Grundsätzliche Übernahme des preußischen Bergrechts

Von der oben genannten Ausnahme abgesehen sind die ersten umfassenden bergrechtlichen Bestimmungen im südwestafrikanischen Schutzgebiet über den Umweg der Konsulargerichtsbarkeit eingeführt worden. Diese trat in Deutsch-Südwestafrika nach § 2 Absatz 1 des Gesetzes betreffend die Rechtsverhältnisse der deutschen Schutzgebiete vom 17. April 1886 zum 1. Januar 1888 in Kraft.[731] Nach § 3 Absatz 1 Variante 3 des Konsulargerichtsgesetzes (KGG) galten die dem bürgerlichen Recht zufallenden Teile der Gesetze derjenigen preußischen Landesteile, in welchen das preußische Allgemeine Landrecht Gesetzeskraft hat. Das preußische Allgemeine Berggesetz (ABG) vom 24. Juni 1865[732] ist mit Wirkung vom 1. Oktober 1865 im gesamten Königreich Preußen in Kraft getreten.[733] Über § 3 Absatz 1 Variante 3 KGG erlangten dessen Bestimmungen damit auch im Schutzgebiet Deutsch-Südwestafrika Gültigkeit, soweit die einzelnen Vorschriften einen privatrechtlichen Charakter[734] hatten.

Einer direkten Übernahme der Gesetze des Deutschen Reiches stand die Einsicht entgegen, dass eine pauschale Übertragung in den Bereichen unzweckmäßig sei, in denen die Verhältnisse in den Schutzgebieten von denen des Reiches abwichen oder zur Umsetzung der Regelung notwendige Einrichtungen nicht vorhanden waren.[735] Im Fokus dieser Überlegungen stand zunächst die allgemeine Regelung der Landfrage in den Kolonien.[736] Auch ohne Berücksichtigung der zentralen politischen Interessen, die mit dem schnellen, erfolgreichen und flexiblen Gedeihen des Bergbaus in Deutsch-Südwestafrika verbunden waren, trafen diese Vorbehalte auf eine Anwendung des unangepassten Systems des preußischen Allgemeinen Bergrechts in den Kolonien sicherlich zu.

730 Abgedruckt in: Deutsche Kolonial-Gesetzgebung, Band I, S. 298.

731 S.o. II. A. 2. c) (2) (d).

732 Preußische Gesetzessammlung Nr. 30, S. 705 ff.; zu dessen Grundzügen s. Willecke 1977, S. 101–103.

733 § 243 ABG.

734 Dazu Westhoff und Schlüter 1910, S. 226 f., 229.

735 Westhoff und Schlüter 1910, S. 220; Hoffmann (Edler von) 1907, S. 108.

736 Hoffmann (Edler von) 1907, S. 116.

Dem Kaiser als Inhaber der Hoheitsgewalt wurde über § 3 Nr. 6 des Gesetzes betreffend die Rechtsverhältnisse der deutschen Schutzgebiete in der Fassung vom 7. Juli 1887[737] zunächst ermöglicht, durch Verordnung eine abweichende Regelung der Rechte an unbeweglichen Sachen zu bestimmen. Diese Bestimmung war in bergrechtlicher Hinsicht insoweit zweideutig, als § 52 des preußischen Allgemeinen Berggesetzes das Bergwerkseigentum nicht unter den Oberbegriff der unbeweglichen Sache stellte, sondern lediglich die entsprechenden gesetzlichen Vorschriften für das Grundeigentum für anwendbar erklärte. Bereits im März des darauffolgenden Jahres wurde das Schutzgebietsgesetz dahingehend konkretisiert, dass die kaiserliche Verordnungsermächtigung sich nunmehr auch explizit auf die Regelung des Bergwerkseigentums erstreckte.[738] Von dieser Verordnungsgewalt machte der Kaiser für das Schutzgebiet Deutsch-Südwestafrika auch alsbald Gebrauch.

d) Kaiserliche Bergverordnung vom 25. März 1888

(1) Hintergrund: Goldrausch am Swakopfluss

In den ersten Jahren der Kolonie hatte sich gezeigt, dass der ursprüngliche Plan Bismarcks, den Aufbau der Kolonie allein privaten, durch Bergbau finanzierten Gesellschaften zu überlassen, keine Früchte trug. Die DKGfSWA verharrte mangels Entdeckung lohnenswerter Rohstoffvorkommen in relativer Passivität, so dass die kleinen Schritte zum Aufbau einer Administration für Deutsch-Südwestafrika maßgeblich durch das Reich selbst getätigt werden mussten.[739]

Diese Situation änderte sich schlagartig mit der vermeintlichen Entdeckung eines äußerst ertragreich erscheinenden Goldvorkommens an der Mündung des Swakopflusses durch australische Bergleute im Sommer 1887.[740] Diese hatten zuvor von der DKGfSWA durch einen privaten Vertrag das Recht erworben, auf ihren Besitzungen nach Gold zu graben.[741]

737 RGBl. 1887, S. 307.

738 § 3 Nr. 2 des Gesetzes betreffend die Rechtsverhältnisse der deutschen Schutzgebiete vom 17. April 1886 (RGBl. 1886, S. 75) i.d.F. der Bekanntmachung wegen Redaktion des Gesetzes betreffend die Rechtsverhältnisse der deutschen Schutzgebiete vom 19. März 1888 (RGBl. 1888, S. 75).

739 S.o. II. A. 2. (b) (2).

740 Esterhuyse 1968, S. 124 f.

741 Besprechung der Kaiserlichen Verordnung vom 25. März 1888 in der Deutschen Kolonialzeitung, Nr. 14 vom 7. April 1888, abgedruckt in: Zeitschrift für Bergrecht, Band 29 (1888), S. 434-440 (434).

Nach Bekanntwerden der vermeintlichen Goldfunde war es das Ziel der Reichsregierung, den Abbau der Goldvorkommen in die alleinige Verantwortung der DKGfSWA zu legen, was neben der Gewährleistung des Schutzes der Goldfelder auch die Errichtung einer Bergbehörde umfassen sollte.[742] Die Aussicht auf eine gewinnbringende Ausbeutung der vermeintlichen Vorkommen führte, wenn auch nur für einen kurzen Zeitraum, zu den Aktivitäten seitens der DKGfSWA, die ihr von Bismarck zugedacht worden waren: Bereits ab September 1888 kristallisierte sich nämlich heraus, dass die „Goldfunde" von Betrügern lediglich vorgetäuscht worden waren, wodurch der kurze Goldrausch in Südwestafrika rasch zum Erliegen kam.[743]

(2) Inhalt: Das Bergregal der DKGfSWA

Um dem Abbau der vermeintlichen Goldvorkommen ein rechtliches Gerüst zu geben, erließ der Kaiser kraft seiner Verordnungsgewalt[744] am 25. März 1888 die Verordnung betreffend das Bergwesen und die Gewinnung von Gold und Edelsteinen im südwestafrikanischen Schutzgebiet[745]. Durch diese Verordnung wurde der DKGfSWA das Bergregal über das gesamte Schutzgebiet[746] verliehen, diese dabei jedoch unter die Aufsicht des Reiches gestellt. Ihr § 1 lautet:

> *„Auf diejenigen Mineralien, welche wegen ihres Gehaltes an Metallen, Schwefel, Alaun, Vitriol und Salpeter verwendbar sind, ferner auf Edelsteine, Graphit sowie Bitumen in festem und flüssigem Zustande, steht innerhalb des südwestafrikanischen Schutzgebietes der deutschen Kolonialgesellschaft für Südwestafrika das Bergregal unter Aufsicht des Reiches zu."*

Der Begriff des Bergregals steht dabei für das Verfügungsrecht über diejenigen Bodenschätze, welche nicht dem jeweiligen Grundeigentümer, sondern einem Dritten – meistens, aber nicht notwendigerweise dem Landesherren – zustehen sollen.[747] Durch § 55 der Verordnung wurde der Reichskanzler zum Erlass der

742 Vgl. den im November 1887 entwickelten „Drei-Punkte-Plan" des Kaiserlichen Kommissars Dr. Göring, in: Hintrager 1956, S. 22 f.

743 Esterhuyse 1968, S. 133 f.

744 S.o. III. A. 1. c).

745 RGBl. 1888, S. 115-124; abgedruckt in: Zeitschrift für Bergrecht, Band 29 (1888), S. 425-433.

746 Das mangels einer abschließenden Festlegung des Interessengebietes zu diesem Zeitpunkt lediglich aus den an die DKGfSWA übergegangenen Lüderitz'schen Erwerbungen an der südwestafrikanischen Küste zwischen Oranje- und Kunene-Fluss und den durch Schutzverträge mit den örtlichen Häuptlingen einbezogenen Gebieten (Bethanien, Bersaba, Hoachanas, Rehoboth und Hereroland) bestand, in denen die deutsche Verwaltung auch tatsächlichen Einfluss hatte; Hesse 1906, S. 40.

747 Dieses Kernprinzip des deutschen Bergrechts hat sich bereits im mittelalterlichen Bergbau herausentwickelt, da nur so eine zweckmäßige Gewinnung und volkswirtschaftliche Nutzung der Bodenschätze als umsetzbar angesehen wurde; vgl. zu den Begriffen Bergregal und Bergfreiheit

erforderlichen Ausführungsbestimmungen ermächtigt. Die DKGfSWA war nach § 2 der Verordnung verpflichtet, allen interessierten natürlichen und juristischen Personen die Aufsuchung und Gewinnung von Mineralien im Rahmen ihres Bergregals zu gestatten. Das der Gesellschaft verliehene Bergregal umfasste demnach nicht das Recht, andere vom Bergbau auszuschließen oder die Bedingungen für die Zulassung Dritter eigenmächtig festzulegen, so dass die DKGfSWA vielmehr die Rolle der Verwalterin des Bergwesens nach den von der Kaiserlichen Verordnung vom 25. März 1888 festgelegten Rahmenbedingungen innehatte.[748]

Alle Bewerber hatten nachzuweisen, dass sie ihren Wohn- oder Gesellschaftssitz im Schutzgebiet haben oder durch eine dort ansässige Person vertreten werden (§ 3). Bereits bestehende Gerechtsame waren vom Bergregal der DKGfSWA ausgenommen (§ 4), wurden jedoch mit der Verpflichtung belegt, ihre Ausbeutung innerhalb von zwei Jahren zu beginnen (§ 5). Mangels entgegenstehender Bestimmungen galten die Vorschriften der Verordnung sowohl für die indigene Bevölkerung als auch für Weiße.[749]

Gemäß § 42 der Verordnung hatte die DKGfSWA eine Bergbehörde aufzustellen, deren Mitglieder auf ihren Vorschlag hin vom Reichskanzler zu ernennen waren und von diesem auch wieder entlassen werden konnten. Die vornehmlichen Aufgaben dieser Bergbehörde waren die Ausübung der Bergaufsicht im gesamten Schutzgebiet (§ 43 Nr. 5) und die Schlichtung der Streitigkeiten, die sich aus der Anwendung der Verordnung ergaben (§ 43 Nr. 4). Dabei unterstand sie der Oberaufsicht des Kaiserlichen Kommissars für Deutsch-Südwestafrika (§ 42 Satz 1), an den auch Beschwerden über Entscheidungen der Bergbehörde gerichtet werden konnten (§ 46).

Detaillierte materielle Vorschriften finden sich im II. Abschnitt der Verordnung (§§ 6 bis 41) lediglich für die Aufsuchung und Gewinnung von Gold, Golderzen und Edelsteinen. Die Anwendung des preußischen Allgemeinen Bergrechts über das Schutzgebiets- und Konsulargerichtsgesetz[750] auf Deutsch-Südwestafrika wird durch § 54 der Verordnung ausgeschlossen. Da Regelungen für Aufsuchung und Gewinnung von anderen Mineralien durch die Verordnung nicht getroffen wurden, verblieb deren Ausgestaltung damit zunächst im freien Ermessen der DKGfSWA.

---

und ihrer geschichtlichen Entwicklung auch Naujoks 1994, S. 76 f., 127 ff.; ausführlich dazu Willecke 1977, S. 15-33.

748 Besprechung der Kaiserlichen Verordnung vom 25. März 1888 in der Deutschen Kolonialzeitung, Nr. 14 vom 7. April 1888, abgedruckt in: Zeitschrift für Bergrecht, Band 29 (1888), S. 434-440 (435).

749 Schnee 1920, S. 169.

750 S. o. III. A. 1. c).

Die Bergbehörde hatte gemäß § 7 der Verordnung mit Genehmigung des Kaiserlichen Kommissars Schürfgebiete für Golderze und Edelsteine auszuweisen. Innerhalb ausgewiesener Gebiete konnten sodann für jeweils sechs Monate einzelne Erlaubnisscheine für das Aufsuchen von Mineralien auf kreisförmigen Flächen von einem Kilometer Radius erteilt werden, für die eine monatlich im Voraus zu entrichtende Gebühr von zehn Mark an die Bergbehörde zu zahlen war (§ 8). Alle gemachten Funde waren der Bergbehörde anzuzeigen (§ 16), die das Schürfgebiet[751] daraufhin in ein öffentliches Grubengebiet umwandeln konnte (§ 18). Auf dieser Fläche waren durch die Bergbehörde sodann rechteckige Felder zu verleihen, deren Größe beim Bergbau auf Gold zwei Hektar, beim Bergbau auf Edelsteine ein Hektar nicht überschreiten durfte (§ 19). Dem Finder standen fünf solcher Felder (§ 26), dem Eigentümer eingefriedeter Grundstücke auf dem Grubengebiet je ein Feld pro fünf Hektar betroffener Bodenfläche (§ 27) und der DKGfSWA pauschal zehn Felder (§ 28) zu. Über die Verleihungen war ein Register zu führen (§ 32). Der Bergbaubetrieb war innerhalb von zwei Jahren aufzunehmen und durfte nicht länger als ein Jahr unterbrochen werden (§§ 37, 38). Die Bergbehörde konnte die Höhe der für jedes Feld monatlich zu zahlenden Gebühr eigenständig festlegen, diese durfte jedoch 60 Mark nicht überschreiten (§ 34). Finder, Grundeigentümer und die DKGfSWA waren von der Zahlung einer solchen Gebühr ausgenommen (§ 35).

Dem Reich stand gemäß § 52 der Verordnung ein Vorkaufsrecht auf das im Schutzgebiet gefundene Gold zu. Auf den Wert der geförderten Mineralien waren Abgaben[752] und Steuern[753] zu zahlen. Die dadurch eingenommenen Gelder sowie alle nach der Verordnung anfallenden Gebühren sollten gemäß § 51 Absatz 1 der Verordnung zur Bestreitung der bei der DKGfSWA entstehenden Kosten der Bergverwaltung verwandt werden. Der Reichskanzler war nach § 51 Absatz 2 der Verordnung ermächtigt, nach Ablauf von fünf Jahren anzuordnen, dass ein Viertel der über die Verwaltungskosten hinaus erwirtschafteten Überschüsse „*zum allgemeinen Nutzen des Schutzgebietes und insbesondere zu den Kosten der vom Reich geführten Verwaltung*“ zu verwenden sind. Durch diese fünfjährige Karenzzeit sollte der Auffassung Rechnung getragen werden, dass die Verlei-

751 Als „Schürfen“ oder „Prospektion“ (engl. *to prospect, prospecting*) wird in der Bergbau-Terminologie das Aufsuchen von Rohstoffen bezeichnet. Dieses kann durch verschiedenste Methoden erfolgen: ursprünglich durch einfaches Graben „auf gut Glück“ bis zur heutigen hochtechnisierten Suche aus der Luft mit geophysikalischen Meßsystemen; vgl. dazu ausführlich Naujoks 1994, S. 31-39.

752 Diese betrugen 6% des Wertes der Förderung. Der Satz konnte durch die Bergbehörde bis auf 10% erhöht werden, § 49.

753 Diese konnten von der DKGfSWA zusätzlich zu den Abgaben nach § 49 in Höhe von bis zu 5% des Wertes der Förderung erhoben werden, § 50.

hung des Bergregals für die DKGfSWA zunächst eine beträchtliche wirtschaftliche Belastung darstellte und die mittelfristigen Gewinnaussichten des südwestafrikanischen Bergbaus von zeitgenössischen Fachleuten durchaus kritisch beurteilt wurden.[754]

(3) Entwicklung

Anfang 1888 wurde zunächst die „Schutztruppe der Deutschen Kolonialgesellschaft für Südwestafrika“ auf Kosten der DKGfSWA aufgestellt. Ihre 26 Soldaten waren sowohl auf die Deutsche Reichsregierung als auch auf die DKGfSWA vereidigt und sollten im Auftrag der zu gründenden Bergbehörde Recht und Ordnung auf den zukünftigen Goldfeldern der DKGfSWA aufrecht erhalten, konnten aber auch im restlichen Schutzgebiet eingesetzt werden, um schutzherrliche Verordnungen und Verfügungen durchzusetzen.[755]

Die Bergbehörde der DKGfSWA wurde in Otjimbingwe gegründet, dem Sitz des Kaiserlichen Kommissars und bis 1891 Hauptstadt des Schutzgebietes, und nahm ihre Tätigkeit im Mai 1888 auf. Sie wurde von einem Berghauptmann, dem Bergassessor Georg Frielinghaus aus Saarbrücken und seinem Vertreter, dem Bergreferendar Gustav Duft, geleitet.[756] Am 31. Juli 1888 wurde der gesamte Flusslauf des Swakop von Otjimbingwe bis *Walfish Bay* entsprechend den Anforderungen des § 7 der Verordnung als „Schürfgebiet Nr. 1“ ausgewiesen, sodann wurden Schürffelder an die aus aller Welt angereisten Glücksritter vergeben.[757]

Auch nach dem schnellen Abklingen des „Goldrausches am Swakopfluss“ hatte die DKGfSWA weiterhin das Bergregal inne, aufgrund der zeitgleichen „Eingeborenenaufstände“ und der dadurch bedingten Rückschläge im allgemeinen Aufbau der Kolonie[758] und ihrer Kapitalschwäche kamen weitere Aktivitäten der Gesellschaft jedoch zum Erliegen, die Schutztruppe und die Bergbehörde wurden zum 3. März 1889 aufgelöst.[759]

---

754 Besprechung der Kaiserlichen Verordnung vom 25. März 1888 in der Deutschen Kolonialzeitung, Nr. 14 vom 7. April 1888, abgedruckt in: Zeitschrift für Bergrecht, Band 29 (1888), S. 434-440 (439 f.).

755 Esterhuyse 1968, S. 128 f.

756 Lenssen 1999, S. 31 f.

757 Von denen die meisten dem Land nach Ausbleiben der erhofften Goldfunde allerdings schon ab September 1888 wieder den Rücken kehrten; vgl. Esterhuyse 1968, S. 133 f.

758 S.o. II. A. 2. b) (2) (d) und sogleich unter e).

759 Kaulich 2000, S. 385; Sander 1912, S. 51.

e) Kaiserliche Bergverordnung vom 15. August 1889

(1) Hintergrund: Verlust und Wiedererlangung der deutschen Autorität im Schutzgebiet

Für ein abruptes Ende der Bergbauaktivitäten der DKGfSWA und damit auch der ursprünglichen Pläne Bismarcks für den Aufbau der Kolonie sorgte jedoch im November 1888 nicht allein der fehlende wirtschaftliche Erfolg, sondern die Unfähigkeit des Deutschen Reiches, seiner proklamierten Schutzherrlichkeit in Deutsch-Südwestafrika auch tatsächlich nachzukommen. Nachdem ihm das Deutsche Reich keine Unterstützung im Kampf gegen den konkurrierenden Häuptling Hendrik Witbooi liefern konnte, kündigte der Oberhäuptling des Stammes der Herero, Maharero Katyamuaha, den mit den Deutschen geschlossenen Schutzvertrag vom 21. Oktober 1885[760] zugunsten des englischen Händlers und Abenteurers Robert Lewis auf.[761] Damit erloschen auch die der DKGfSWA von den Herero erteilten Bergbaukonzessionen, welche den rechtlichen Ausgangspunkt für das der DKGfSWA verliehene Bergregal und damit des „Schürfgebietes Nr. 1" bildeten. In Folge dieser Entwicklung wurden nicht nur der Bergbaubetrieb stillgelegt, sondern auch die Angestellten und Soldaten der DKGfSWA entlassen und in die Heimat verbracht. Auch der Kaiserliche Kommissar Dr. Göring setzte sich im November 1888 in die britische Enklave *Walfish Bay* ab.[762] Der Fortbestand des Schutzgebietes Deutsch-Südwestafrika stand zu diesem Zeitpunkt auf Messers Schneide. Nachdem das Engagement in Südwestafrika nach der grundlegenden Entscheidung des Reichskanzlers fortgeführt wurde und die deutsche Autorität durch die Entsendung einer direkt dem Deutschen Reich unterstehenden Schutztruppe wiederhergestellt worden war,[763] konnten die bestehenden bergrechtlichen Regelungen deshalb nicht aufrecht erhalten werden, weil die dünne Kapitaldecke[764] der DKGfSWA eine nochmalige Übernahme der Verwaltung des Bergwesens unmöglich machte.[765]

---

760 Schutzvertrag des Deutschen Reiches mit Maharero Katyamuaha, dem Häuptling der Hereros, vom 21. Oktober 1885, abgedruckt in RT-Vhdl., 6. LP, 2. Session, 6. Band – Anlagen, S. 1388 f.

761 Kaulich 2000, S. 82; Sander 1912, S. 51 f.

762 Dazu ausführlich: Esterhuyse 1968, S. 134–138.

763 Esterhuyse 1968, S. 144–162; s. o. II. A. 2. b) (2) (d).

764 Die Anfang des Jahres 1889 lediglich 150.000 Mark betrug; Kaulich 2000, S. 83.

765 Hesse 1906, S. 42.

(2) Inhalt: Einführung der Bergfreiheit in DSWA

Die dadurch notwendig gewordene grundlegende Neuregelung des Bergrechts für Deutsch-Südwestafrika erfolgte durch die *Kaiserliche Verordnung, betreffend das Bergwesen im südwestafrikanischen Schutzgebiet* vom 15. August 1889[766], welche das Prinzip der Bergfreiheit[767] im deutschen Schutz- und Interessengebiet[768] nun auch tatsächlich etablierte. Durch § 57 dieser Verordnung wurde die Bergverordnung vom 25. März 1888 aufgehoben und der DKGfSWA damit das Bergregal für Deutsch-Südwestafrika wieder entzogen, welches an den Staat zurückfiel. Die Verwaltung des Bergwesens wurde in vollem Umfang einer staatlichen Bergbehörde übertragen, die der Aufsicht des Kaiserlichen Kommissars unterstand (§ 49).

Die Verordnung stellte in ihrem II. Abschnitt allgemeine Regeln für das Aufsuchen von Mineralien, das Schürfen, auf. Die der Verordnung unterworfenen Mineralien waren in ihrem § 1 enumeriert und entsprachen denen in der Bergbauverordnung vom 25. März 1888 genannten Mineralien, wobei zwischen Edel-[769] und sonstigen Metallen nunmehr eine klare Trennung erfolgte.

Gemäß § 3 der Verordnung war das Schürfen nach den genannten Mineralien nur in den Teilen des Schutzgebietes gestattet, die von der Bergbehörde für den Bergbau eröffnet und damit zu öffentlichen Schürfgebieten erklärt worden waren. Die von der Bergbehörde auf Antrag erteilte (§ 4) und in ein Register aufzunehmende (§ 5) Schürferlaubnis gewährte ihrem Inhaber das exklusive Recht, auf einer kreisförmigen Fläche von zwei Kilometer Radius nach Mineralvorkommen zu suchen (§ 7). Die Schürferlaubnis unterschied nicht zwischen Edel- und gemeinen Mineralien. Innerhalb eines öffentlichen Schürfgebietes konnte der Inhaber seinen Schürfkreis nach Belieben wechseln (§ 8).

Hinsichtlich der Förderung von Mineralien unterscheidet die Verordnung zwischen den im III. Abschnitt behandelten Edelmetallen und Edelsteinen, der im

---

766 RGBl. 1889, S. 179-190; abgedruckt in: Deutsche Kolonialgesetzgebung, Band I, S. 300-309.

767 Die Trennung von Grundeigentum und der Verfügungsgewalt über die im Boden lagernden Mineralien, die vorher bei der DKGfSWA zusammenfielen. Vgl. zur Entstehung und Entwicklung der Bergfreiheit ausführlich Willecke 1977, S. 15-33.

768 Die Ausmaße des deutschen Interessengebietes waren nach Norden durch das Abkommen mit Portugal vom 30. Dezember 1886, nach Süden durch den Oranje-Fluss und erst ab dem 1. Juli 1890 mit dem deutsch-englischen Abkommen durch die Grenze zu Betschuanaland schließlich auch nach Osten mit den angrenzenden Mächten vertraglich festgelegt. Als Schutzgebiet wurden innerhalb des Interessengebietes zu dieser Zeit lediglich die Gebiete bezeichnet, in denen die deutsche Schutzherrschaft durch eine Verwaltung auch tatsächlich vor Ort ausgeübt werden konnte; s. ausführlich zum tatsächlichen Umfang Hesse 1906, S. 42–44.

769 Edelmetalle im Sinne des § 1 der Verordnung waren Gold, Silber und Platin.

IV. Abschnitt geregelten Gewinnung von sonstigen Mineralien und der Ausbeutung von sogenannten gemischten Vorkommen im V. Abschnitt.

Für Edelmetalle und Edelsteine herrschte eine Anzeigepflicht aller Funde (§ 13), deren Nichteinhaltung unter Strafe stand (§ 52). Die Bergbehörde konnte sodann ein von ihr festzusetzendes Gebiet um den Fundort nach Prüfung der Abbauwürdigkeit des Vorkommens zu einem öffentlichen Grubengebiet erklären (§ 14). Auf diesem Gebiet konnte jeder Interessierte bei der Bergbehörde die Verleihung von maximal zwei 50 x 50 Meter (0,25 Hektar) großen Feldern beantragen (§§ 15, 19).[770] Dem Finder stand als besonderes Vorrecht ein Anspruch auf drei Felder seiner Wahl zu (§ 16 Absatz 1), danach konnte der Grundeigentümer abhängig von der Größe des Grundstückes einen Anspruch auf Verleihung von bis zu 15 Feldern gegenüber der Bergbehörde geltend machen (§ 16 Absatz 2). Die Verleihung eines solchen Grubenfeldes gewährte dem Inhaber das exklusive Recht, darauf alle Arten von Edelmetallen und Edelsteinen abzubauen, und schloss Dritte von jeglichen Schürfarbeiten aus (§ 21). Die Abbauarbeiten waren spätestens ein Jahr nach Verleihung der Felder aufzunehmen (§ 26) und durften danach nicht länger als sechs Monate unterbrochen werden (§ 27).

Die für alle übrigen Mineralien geltenden Regelungen des IV. Abschnittes der Verordnung sahen keine allgemeine Anzeigepflicht von Funden vor. Jedermann konnte bei der Bergbehörde die Verleihung eines bis zu 100 x 100 Meter (1 Hektar) großen Feldes beantragen (§ 37), wenn die Ablagerung eines solchen Minerals entdeckt und das Vorkommen der Bergbehörde glaubhaft nachgewiesen wurde (§ 41). Die Art des aufgefundenen Minerals war dabei zu spezifizieren (§ 40 Nr. 2), die Erlaubnis erstreckte sich ausschließlich auf den Abbau des angegebenen Minerals. Dem Finder stand dabei innerhalb der ersten dreißig Tage seit der Entdeckung des Vorkommens ein Vorrecht auf die Verleihung zu (§ 38). Die Bergbehörde hatte daraufhin abschließend zu prüfen, ob Rechte Dritter der Verleihung entgegenstehen (§§ 41, 42). Die Frist für den Beginn der Abbauarbeiten betrug zwei Jahre, bezüglich deren Unterbrechung ein Jahr (§ 43 i.V.m. §§ 26, 27).

So Edelmetall- oder Edelsteinvorkommen mit sonstigen Mineralvorkommen vermischt auftraten und ihr Abbau nur im Zusammenhang mit diesen Mineralvorkommen lohnenswert erschien, war die Verleihung der Abbaubefugnis zwangsläufig an die Befugnis zum Abbau der sonstigen Mineralien gebunden und erfolgte nach den entsprechenden Vorschriften des IV. Abschnitts (§ 44 Absatz 1). Konnten auf einem Feld verschiedene Arten von Mineralien, für die ge-

770 So ein Gebiet nicht zum öffentlichen Grubengebiet erklärt wurde, konnte lediglich der Finder die Verleihung von drei Feldern in seinem Schürfkreis und der Grundeigentümer die Verleihung einer sogenannten Abbauberechtigung beantragen, §§ 32-35.

trennte Berechtigungen vorlagen, nur zusammen gefördert werden, so durfte jeder Berechtigte beide Mineralien fördern, hatte das von seiner Erlaubnis nicht umfasste Mineral jedoch dem anderen Teil gegen Erstattung der Kosten herauszugeben (§ 44 Absatz 2).

Durch die Verordnung waren lediglich pauschale Gebühren für die Erteilung von Schürferlaubnissen und die Verleihung von Feldern vorgesehen. Diese betrugen fünf Mark pro Schürferlaubnis und 20 Mark pro Bergbaufeld und waren monatlich im Voraus zu entrichten (§§ 4, 24, 43).[771] Darüber hinausgehende Steuern und Abgaben waren im Gegensatz zu der Bergverordnung vom 25. März 1888 nicht vorgesehen, wodurch die Bergbautreibenden substantiell entlastet wurden. Die für die Verleihung erhobenen Gebühren (§§ 24, 34 Absatz 3, 43) standen zur Hälfte den Eigentümern der betroffenen Grundstücke zu (§ 46). Wenn das fragliche Land noch einem indigenen Häuptling unterstand, erhielt dieser die Einnahmen, jedoch war der Kaiserliche Kommissar ermächtigt, die Art und Weise der Zahlung zu bestimmen und an Bedingungen zu knüpfen (§ 47). Im Übrigen sollten aus den eingenommenen Gebühren die Kosten der Bergverwaltung getragen werden (§ 48 Absatz 1). Sonstige Überschüsse waren zur Hälfte an die DKGfSWA abzuführen, diese hatte die Gelder „*im Interesse des Schutzgebietes*" zu verwenden (§ 48 Absatz 2).

Die bereits aus dieser Vorschrift erkennbare Sonderrolle der DKGfSWA wurde durch die im IX. Abschnitt der Verordnung gewährten Sonderrechte weiter konkretisiert: In § 55 der Verordnung waren von ihren Bestimmungen sämtliche Gebiete ausgenommen, die bereits vor dem Erlass der Bergverordnung vom 25. März 1888 im Eigentum der DKGfSWA standen. Die DKGfSWA konnte hier den Bergbau nach ihrem Ermessen regeln und hatte keinerlei Gebühren oder Abgaben zu zahlen. Sie war lediglich der bergpolizeilichen Aufsicht der Bergbehörde unterstellt (§ 56). Ebenso waren alle durch Vereinbarung mit indigenen Häuptlingen an die DKGfSWA oder Dritte verliehenen Gerechtsame von den Regelungen ausgenommen, die vor dem 19. April 1886 entstanden sind oder bis zum Inkrafttreten der Bergverordnung vom 25. März 1888 durch die Reichsregierung anerkannt worden waren.

Einen expliziten Ausschluss der Anwendung des preußischen Allgemeinen Bergrechts, der § 54 der Verordnung vom 25. März 1888 entsprochen hätte, enthielt die Verordnung vom 15. August 1889 nicht. Dieser Ausschluss wurde jedoch in § 3 der *Kaiserlichen Verordnung, betreffend die Rechtsverhältnisse an*

771 Lediglich für eine Abbauberechtigung des Grundeigentümers konnte die Bergbehörde statt einer jährlich zu entrichtenden pauschalen Verleihungsgebühr eine Zahlung in Höhe von bis zu zweieinhalb Prozent des Wertes der jährlich geförderten Mineralien festlegen, § 34 Absatz 3.

unbeweglichen Sachen in Deutschsüdwestafrika vom 5. Oktober 1898[772] erneut ausgesprochen, so dass es in der Zwischenzeit in Zweifelsfragen zu einem Rückgriff auf die Regelungen des preußischen Allgemeinen Bergrechts hätte kommen können.

(3) Entwicklung

Die in der Verordnung vorgesehene staatliche Bergbehörde nahm Mitte 1891 zunächst in der Person des Regierungsassessors August Köhler, der zur Unterstützung des neuen Kommandeurs der Schutztruppe, Curt von Francois,[773] in das Schutzgebiet entsandt wurde, ihre Tätigkeit auf. 1892 zog sie mit der gesamten Kolonialverwaltung von Otjimbingwe nach Windhuk und wurde dort ab 1893 vom Bergreferendar Gustav Duft geleitet.[774] Sie war mit den ihr übertragenen Verwaltungsaufgaben vollends ausgelastet, eine von ihr ausgehende bergbauliche Erforschung oder Erschließung des Schutzgebietes erfolgte nicht.[775]

Trotz der erfolgten Einführung der Bergfreiheit kam es bis zur Jahrhundertwende nicht zu einer breiten Ausweitung der allgemeinen privaten bergbaulichen Aktivitäten in Südwestafrika, da dieser Grundsatz aufgrund der durch die Verordnung gewährten umfassenden Sonderrechte *de facto* wieder ausgehebelt wurde. So standen im Jahre 1889 ca. 240.000 km² des insgesamt ca. 855.000 km² umfassenden Schutzgebietes im Eigentum der DKGfSWA und damit durch die Ausnahmeregelung des § 55 der Verordnung auch weiterhin ausschließlich unter dem bergrechtlichen Primat dieser Gesellschaft.[776] Durch Landverkäufe der chronisch unterfinanzierten DKGfSWA[777] und die Vergabe von neuen exklusiven Bergbaukonzessionen durch die Reichsregierung an andere Land- und Minengesellschaften[778] war ein freier Bergbau im Sinne der Verordnung Anfang des

772 RGBl. 1898, S. 1063 ff.; abgedruckt in: Deutsche Kolonialgesetzgebung, Band III, S. 129-138.

773 Dazu s.o. II. A. 2. b) (2) (d).

774 Kaulich 2000, S. 87, 385.

775 Külz 1909a, S. 339.

776 Hesse 1906, S. 47 f.

777 Durch Vertrag vom 12. August 1893 verkaufte die DKGfSWA eine Fläche von ca. 105.000 km² an die deutsch-englische Kaoko-Land- und Minengesellschaft (KLMG); Lenssen 1999, S. 53, ausführlich zu den durch diesen Verkauf gewährten Rechten Hesse 1906, S. 139–149.

778 Neben der Übertragung der Konzessionen für die Bezirke Rehoboth und Gobabis an die Hanseatischen Land-, Minen- und Handelsgesellschaft für Deutsch-Südwestafrika (HLMHfDSWA) ist dabei vor allem die sogenannte Damaraland-Konzession an die englisch-deutsche South West Africa Company (SWAC) zu nennen, die zur Gründung der Tochtergesellschaft Otavi Minen- und Eisenbahngesellschaft führte – dazu sogleich unter 2. a); Lenssen 1999, S. 53, 93, Kaulich 2000, S. 286–302. Ausführlich zu Begründung, Inhalt und Umfang der den Gesellschaften gewährten Rechte s. Hesse 1906, S. 149–281.

20. Jahrhunderts lediglich auf 200.000 km^2, also weniger als einem Viertel der Fläche des Schutzgebietes möglich.[779]

Seit den 1890er Jahren behinderte zudem die von § 54 der Verordnung gewährte Sonderstellung bestehender Bergrechte insoweit ein Engagement möglicher Investoren, als diese mittels Bergbaukonzessionen erteilten Bergrechte von den indigenen Häuptlingen häufig mehrfach für dasselbe Gebiet vergeben worden waren.[780] Die dadurch entstandene unklare Rechtslage lichtete sich auch nach der im Juni 1898 abgeschlossenen Durchführung eines Verfahrens zur Regelung der Feststellung der vor 1890 erworbenen Bergrechte durch öffentliches Aufgebot unter Androhung der Präklusion,[781] durch das alle Ansprüche bei der nach § 49 Nr. 3 der Verordnung vom 15. August 1889 zuständigen Bergbehörde anzumelden waren, mangels einer Veröffentlichung der im Rahmen dieses Verfahrens als rechtskräftig anerkannten Konzessionen nur in unzureichendem Maße.[782]

Die im Nachhinein äußerst kritisch bewertete[783] zugrunde liegende Absicht der Reichsregierung, die Erschließung des Schutzgebietes durch die Vergabe von umfangreichen Land- und Minenrechten an auch aus dem Ausland stammende Gesellschaften weiterhin durch das private Großkapital gewährleisten zu können, erfüllte sich nicht. Auch die neugegründeten Gesellschaften verhielten sich weitgehend passiv und investierten weder in die geologische Erkundung, noch in die allgemeine Erschließung des Landes, so dass die wenigen bergbaulichen Aktivitäten dieser Zeit fast ausschließlich auf einzelnen Zufallsfunden beruhten und die erteilten Bergbaukonzessionen vielmehr als bloße Spekulationsobjekte angesehen wurden.[784]

Bereits im Jahr 1898 kam es bei der DKGfSWA zu einer – wenn wohl auch ausschließlich finanziell motivierten[785] – ersten Lockerung dieser abwartenden Haltung: In enger Anlehnung an den Wortlaut der Vorschriften der Kaiserlichen Bergverordnung vom 15. August 1889 erteilte die DKGfSWA sechsmonatige Lizenzen für den Schürfbetrieb auf ihren Konzessionsflächen gegen eine frei zu vereinbarende Gebühr von monatlich mindestens zehn Mark an Dritte, die im

---

779 Hesse 1906, S. 49. Für eine kartografische Darstellung s. Kaulich 2000, S. 305.

780 Hesse 1906, S. 45.

781 Kaiserliche Verordnung betreffend das Bergwesen im südwestafrikanischen Schutzgebiet vom 6. September 1892, abgedruckt in Deutsche Kolonialgesetzgebung, Band I, S. 310-313.

782 Hesse 1906, S. 46 f.

783 Blumhagen 1934, S. 111; Hintrager 1956, S. 173.

784 Kaulich 2000, S. 306, 388. Zu den wenigen, hauptsächlich von der aus England finanzierten *South West Africa Company* ausgerüsteten Expeditionen s. Schneider 2002, S. 82; Külz 1909a, S. 302 f.

785 So Kaulich 2000, S. 386.

Falle eines Mineralfundes auch einen Anspruch auf die Verleihung von bis zu zehn Bergbaufeldern hatten, für die entsprechend den Bestimmungen der §§ 23, 34 Absatz 2 Satz 2 der Bergverordnung von 1889 eine Gebühr von jeweils zwanzig Mark pro Monat oder eine jährliche Abgabe von zweieinhalb Prozent des Bruttoförderwertes zu entrichten war.[786] Diese Regelung sollte allerdings erst zehn Jahre später, nachdem auf dem Gebiet der DKGfSWA ein äußerst ergiebiges Diamantenvorkommen entdeckt worden war, größere Bedeutung für den südwestafrikanischen Bergbau erlangen.[787]

2. Kaiserliche Bergverordnung vom 8. August 1905

Mit Wirkung vom 1. Januar 1906 trat in Südwestafrika die *Kaiserliche Bergverordnung für Deutsch-Südwestafrika* vom 8. August 1905[788] (KBergVO) in Kraft. Auf dieser Verordnung baute nicht nur das Bergrecht in Deutsch-Südwestafrika bis zum Ende der deutschen Herrschaft über das Schutzgebiet im Jahr 1915 auf, sie bildete vielmehr die Grundlage für die fast wortgleiche *Kaiserliche Bergverordnung für die afrikanischen und Südseeschutzgebiete mit Ausnahme von Deutsch-Südwestafrika* vom 27. Februar 1906[789] und damit für das Bergrecht aller übrigen deutschen Kolonien mit Ausnahme von Kiautschou.

a) Hintergrund

(1) Betriebszwang und erste ergiebige Rohstofffunde

Die ersten Jahre des 20. Jahrhunderts läuteten eine langsame Wende für den Bergbau in Südwestafrika ein. Als ein Grund dafür sind zunächst die greifbarer gewordenen Erfolgs- und Profitaussichten in der südwestafrikanischen Rohstoffgewinnung zu nennen. Hatten sich die Ergebnisse der seltenen Expeditionen und Zufallsfunde im 19. Jahrhundert nur als wenig ergiebig erwiesen, kam es nach der Jahrhundertwende zu ersten Entdeckungen von dauerhaft abbauwürdigen Erz-, vor allem Kupfervorkommen in der Otavi-Region.

Diese Funde waren weniger durch bloße Eigeninitiative der Minengesellschaften, sondern vielmehr durch einen bei der Konzessionsvergabe vertraglich vereinbarten Betriebszwang bedingt: In Artikel 5 der sogenannten Damaraland-

786 Instruktion an den Generalbevollmächtigen der DKGfSWA, abgedruckt in: Deutsches Kolonialblatt, 1898, S. 543-545; dazu Brassert 1899.

787 S. u. III. A. 3.

788 RGBl. 1905, S. 727 ff.; abgedruckt in: Deutsche Kolonialgesetzgebung, Band IX, S. 221-241.

789 RGBl. 1906, S. 363 ff.; abgedruckt in: Deutsche Kolonialgesetzgebung, Band X, S. 36-55.

konzession[790], die der *South West Africa Company* unter dem 12. September 1892 verliehen worden war, war die Aufnahme eines ordnungsgemäßen bergmännischen Betriebes vor Ablauf von acht Jahren vereinbart worden. Zur Umsetzung dieser Auflage wurde am 6. April 1900 die Otavi Minen- und Eisenbahngesellschaft (OMEG) als Tochtergesellschaft der *South West Africa Company* in Grootfontein gegründet,[791] die sogleich mit der Erkundung lohnenswerter Erzlagerstätten begann und bei Tsumeb auf reichhaltige Blei- und Kupfervorkommen stieß.[792] Auch wenn mit der Förderung dieser Vorkommen aufgrund logistischer Herausforderungen[793] und dem 1904 beginnenden Aufstand der Herero und Nama erst ab 1907 begonnen werden und die mehrfach verlängerte[794] Frist der Damaralandkonzession letztlich nicht eingehalten werden konnte,[795] war ein Aufschwung zumindest des Kupfer- und Bleibergbaus in Südwestafrika absehbar geworden.

Trotz dieser ersten Erfolge blieb das Interesse an einer noch intensiveren Fortsetzung der mineralogischen Erforschung des Landes insoweit auch weiterhin bestehen, als es sich bei den Funden nicht um die erhofften Edelsteine oder Edelmetalle gehandelt hatte. Um die Erkundung Südwestafrikas durch Kapitalgesellschaften vorantreiben zu können, wurde der Reichskanzler durch die *Allerhöchste Ordre, betreffend Sonderberechtigungen im Bergwesen des deutsch-südwestafrikanischen Schutzgebietes* vom 18. September 1904[796] berechtigt, Sondergenehmigungen zur ausschließlichen Aufsuchung und Gewinnung für einzelne Mineralien auch innerhalb der Gebiete zu verleihen, in denen die allgemeine Schürffreiheit nach § 3 der Verordnung vom 15. August 1889 bestand, die also innerhalb eines für den Bergbau eröffneten öffentlichen Schürfgebietes lagen und damit grundsätzlich den Regelungen dieser Verordnung unterfielen. Eine solche explizite Ermächtigung fehlte in der Verordnung von 1889. Aufgrund dieser Ermächtigung wurde der Gibeon- Schürf- und Handelsgesellschaft (GSHG) die *Konzession zur Aufsuchung und Gewinnung von Edelsteinen innerhalb des Bezirks von Gibeon in Deutsch-Südwestafrika* vom 25. September

790 Abgedruckt in: Deutsche Kolonialgesetzgebung, Band VI, S. 54-61.

791 Lenssen 1999, S. 103.

792 Külz 1909a, S. 342; Kaulich 2000, S. 390.

793 Vor Aufnahme des Bergbaubetriebes widmete sich die OMEG zunächst dem Bau der für den Erztransport notwendigen Eisenbahnstrecke Tsumeb-Swakopmund, die schließlich am 12. November 1906 fertiggestellt werden konnte; Lenssen 1999, S. 187.

794 Hesse 1906, S. 192–198.

795 Hesse 1906, S. 265 f.

796 Deutsches Kolonialblatt 1904, S. 625; abgedruckt in: Zeitschrift für Bergrecht, Band 46 (1905), S. 293.

1904[797] erteilt, die erhöhte Abgaben an den Fiskus und insbesondere auch strengere Maßstäbe an die Betriebspflicht vorsah. Zudem behielt das Reich das Recht auf den Edelsteinbergbau für einige Gebiete dem südwestafrikanischen Landesfiskus vor.[798]

(2) Politischer Druck aus dem Reich

Die von 1904 bis 1907 mit außerordentlicher Härte betriebene Niederschlagung des Aufstandes der Herero und Nama[799] bedingte einen grundsätzlichen Paradigmenwechsel in der Kolonialpolitik des Deutschen Reiches. Vor dem Hintergrund der nicht zuletzt durch diesen Konflikt katalysierten nationalistischen Stimmung im wilhelminischen Deutschland, die über ein verstärktes Engagement in den Kolonien einen neuen weltpolitischen Anspruch des Reiches formulieren wollte,[800] wandelte sich auch die Bereitschaft der deutschen Kapitalanleger zu einem aktiveren Vorgehen in Südwestafrika.

Zusätzlicher Druck auf die Gesellschaften entstand dabei zudem durch das in Deutschland aufkommende öffentliche Meinungsbild, das den Gesellschaften vorwarf, ihren patriotischen „Aufbaupflichten" nicht in genügendem Maße nachzukommen, was insbesondere nach Ausbruch der Aufstände von 1904 zu einer verstärkten Diskussion über ihre Rolle führte, die in die Errichtung eines Untersuchungsausschusses des Reichstages mündete.[801]

(3) Aufwuchs des Schutzgebietes und seiner Verwaltung

Letztlich ist der Erlass der KBergVO auch vor dem Hintergrund des Aufwuchses des Verwaltungsapparates und des Gerichtswesens in Deutsch-Südwestafrika zu sehen.[802] Auf diese neu entstandenen Strukturen nahm die ja noch in der Gründungszeit der Kolonie entstandene Kaiserliche Verordnung von 1889 keinerlei Bezug.

Das Bergrecht in Südwestafrika war durch die Vielzahl der verliehenen Konzessionen, die den Gesellschaften zumeist absolute Freiheit in der Regelung des

797 Deutsches Kolonialblatt 1904, S. 626; vgl. dazu: Zeitschrift für Bergrecht, Band 46 (1905), S. 294.

798 Verfügung des Reichskanzlers, betreffend Edelsteinbergbau im Süden des deutsch-südwestafrikanischen Schutzgebietes vom 30. Juni 1905, Deutsches Kolonialblatt, S. 467; abgedruckt in: Deutsche Kolonialgesetzgebund, Band IX, S. 162.

799 Kaulich 2000, S. 247–267; Graichen und Gründer 2007, S. 133–152.

800 Kaulich 2000, S. 303.

801 Kaulich 2000, S. 304 f.

802 S. o. II. A. 2. b) (2) (d), II. A. 2. c) (2) (c) und II. A. 2. c) (3).

Bergbaus ließen[803], *de facto* zersplittert. Zur Förderung des Bergbaus wurde insoweit ein modernes Regelwerk für notwendig erachtet, das in detaillierterem Maße auf Einzelfragen Bezug nimmt, Rechtsklarheit gewährleistet und sich damit als rechtliche Basis nicht nur für den allgemeinen Bergbau unter der Bergfreiheit, sondern auch für alle bestehenden und zukünftigen Konzessionen und Sonderberechtigungen anbietet.[804]

b) Kaiserliche Verordnungskompetenz

Auch nach der Novellierung des KGG[805] und dem Inkrafttreten des neuen SchGG[806] im Jahr 1900 behielt der Kaiser eine umfassende Verordnungskompetenz im Hinblick auf die Regelung des Bergwerkseigentums, deren Ausübung die Übertragung der Regelungen des preußischen Allgemeinen Bergrechts auf die deutschen Kolonien ausschloss.[807] Durch § 3 der *Kaiserlichen Verordnung, betreffend die Rechtsverhältnisse in den Schutzgebieten* vom 9. November 1900[808] wurden schließlich die im Reich für Grundstücke und das Bergwerkseigentum geltenden Vorschriften für in den Schutzgebieten grundsätzlich nicht anwendbar erklärt. Diese Regelung hatte für Deutsch-Südwestafrika insoweit lediglich deklaratorische Wirkung, als sie die in § 3 der Verordnung vom 5. Oktober 1898[809] enthaltene Erklärung nur wiederholte und die Kaiserliche Verordnung vom 15. August 1889 die bergrechtlichen Belange für Südwestafrika bereits abschließend regelte. Es kam somit nach wie vor nicht zu einer Vermischung von den im Deutschen Reich geltenden Berggesetzen und dem durch die Kaiserlichen Bergverordnungen geschaffenen kolonialen Bergrecht.

c) Inhalt

Der Inhalt der KBergVO orientierte sich sowohl im Hinblick auf Grundsätze als auch vieler Einzelbestimmungen maßgeblich am Beispiel des preußischen Allgemeinen Berggesetzes. Daneben kamen jedoch auch Einflüsse aus anderen

803 Dazu ausführlich Hesse 1906, S. 149–281.

804 Külz 1909a, S. 339 f.

805 Gesetz über die Konsulargerichtsbarkeit vom 10. Juli 1879 (RGBl. 1879, S. 197-206), geändert und ergänzt durch Gesetz vom 7. April 1900 (RGBl. 1900, S. 213-228).

806 Schutzgebietsgesetz vom 10. September 1900 (RGBl. 1900, S. 812-817), in Kraft gesetzt durch § 1 der Allerhöchsten Verordnung vom 9. November 1900 (RGBl. 1900, S. 1005). Dazu auch oben II. A. 2. c) (2).

807 § 3 SchGG i.V.m. § 21 KGG i.d.F. vom 7. April 1900.

808 RGBl. 1900, S. 1005 ff.

809 S.o. Fn 772.

Bergrechtsordnungen zum Tragen, insbesondere denjenigen der englischen und französischen Kolonien, deren Anwendung sich in einer kolonialen Umgebung bereits bewährt hatte.[810]

(1) Geltungsbereich und Grundsätze

Der § 1 KBergVO definierte die der Verordnung unterfallenden und so vom Verfügungsrecht des Grundeigentümers ausgeschlossenen Mineralien und damit ihren Geltungsbereich:

> *„[...] Die nachstehend bezeichneten Mineralien sind von dem Verfügungsrecht des Grundeigentümers ausgeschlossen. Sie dürfen nur nach den Vorschriften dieser Verordnung aufgesucht und gewonnen werden. [...]“*

Im Folgenden wurde durch § 1 KBergVO sodann zwischen Edelsteinen und -metallen (Gold, Silber, Platin) als Edelmineralien und den gemeinen Mineralien, unter die alle anderen Metalle, Glimmer und Halbedelsteine sowie Kohlen, Salze und nutzbare Erden fallen, unterschieden. Eine Ausnahme wurde – im Hinblick auf die Praxis der indigenen Bevölkerung[811] – für die Entnahme von Kochsalz aus Salzpfannen gemacht. „Eingeborene und andere Farbige“ wurden ansonsten durch § 2 Absatz 2 KBergVO nun erstmalig explizit von der Aufsuchung und Gewinnung von Mineralien ausgeschlossen, solange der Reichskanzler oder Gouverneur keine entsprechende Genehmigung erteilt hatte. Einer Ausnahmegenehmigung des Reichskanzlers bedurften zudem alle im Schutzgebiet tätigen Beamten und Soldaten des Reiches, denen eine Betätigung im Bergbau durch § 95 KBergVO ansonsten grundsätzlich verboten war.

Die bereits in den Bergverordnungen von 1888 und 1889 enthaltene Verpflichtung aller Bergbautreibenden zur Bestellung einer Stellvertretung mit Sitz im Schutzgebiet ist in § 3 KBergVO beibehalten und konkretisiert worden. Durch § 3 Satz 2 KBergVO, nach dem der Gouverneur auch abgelegene und schwer erreichbare Bereiche des Schutzgebietes zu Ausland im Sinne dieser Vorschrift erklären konnte, wird deutlich, dass der Zweck dieser Bestimmung vornehmlich in der Vereinfachung der Administration und weniger in der Verfolgung von wirtschaftspolitischen Absichten lag, die etwa den Bewohnern des Schutzgebietes Vorteile und Beschäftigung hätte sichern sollen. Der § 3 Satz 3 KBergVO diskriminierte wiederum „Eingeborene und andere Farbige“, die ohne Genehmigung der Bergbehörde von der Bestellung als Vertreter ausgeschlossen wurden.

810 Westhoff und Schlüter 1910, S. 176.

811 Westhoff und Schlüter 1910, S. 178.

Gemäß ihres § 93 hatte die KBergVO auch in allen Gebieten Geltung, in denen die Bergrechte per Sonderberechtigung an eine Gesellschaft vergeben worden waren, soweit der konkrete Inhalt der Sonderberechtigung dem nicht entgegenstand. Als Sonderberechtigung im Sinne dieser Vorschrift waren dabei nicht nur die durch den Reichskanzler oder die Kolonialabteilung des Auswärtigen Amtes aufgrund der Ermächtigung vom 18. September 1904 innerhalb von öffentlichen Schürfgebieten verliehenen Sonderberechtigungen zu verstehen. Vielmehr umfasste dieser Begriff alle bislang im Schutzgebiet an Gesellschaften verliehenen Konzessionen und Berechtigungen, die nunmehr auch ungeachtet der Rechtsgrundlage, aufgrund derer sie ursprünglich ausgesprochen wurden, anerkannt und nachträglich sanktioniert wurden.[812] Entgegen den Vorschriften der §§ 54, 55 der Bergverordnung von 1889, durch welche die Gerechtsame der DKGfSWA und anderer Gesellschaften noch explizit von der Geltung jener Verordnung ausgenommen wurden, setzte § 93 KBergVO deren Regelungen für Konzessionsgebiete als subsidiäres Auffangrecht ein und trug somit zur Rechtssicherheit für diese Gebiete bei. Dennoch blieb durch diese Bestimmung ein Großteil des Schutzgebietes nach wie vor von der Anwendung des vom Kaiser erlassenen Bergrechts ausgeschlossen.

Eine Rechtsgrundlage für die Vergabe neuer Sonderberechtigungen für die ausschließliche Aufsuchung und Gewinnung bestimmter Mineralien fand sich schließlich in § 94 KBergVO, durch den der Reichskanzler entsprechend ermächtigt wurde. Dieser war nach § 96 KBergVO zudem befugt, die KBergVO in Einzelheiten bezüglich Fristen, Gebühren durch Verordnung anzupassen, die Zuständigkeit der Behörden zu regeln, den Geltungsbereich der Verordnung nach § 1 zu erweitern und für Aufsuchung und Gewinnung von alluvialen Edelstein- und Edelmetallvorkommen bei Bedarf abweichende Vorschriften zu erlassen.

(2) Aufsuchung von Mineralien

(a) Allgemeine Schürffreiheit

In Abweichung zu den vorhergehenden Verordnungen wurde in § 10 KBergVO die allgemeine Schürffreiheit für das Schutzgebiet erklärt, ohne dass es einer vorherigen Eröffnung bestimmter Gebiete für den Bergbau durch die Bergbehörde bedurfte. Davon ausgenommen waren lediglich öffentliche Wege und Plätze, Eisenbahnstrecken, Begräbnisstätten und – aufgrund ihrer Bedeutung im ariden Südwestafrika – Quellen und Wasserstellen (§ 11). Der Grundeigentümer hatte Schürfarbeiten auf seinem Boden grundsätzlich zu dulden (§ 12), ihm wurden

812 Schnee 1920, S. 173.

durch die KBergVO jedoch bestimmte Rechte gegen den Schürfer zugesprochen.[813] Das Schürfen auf „Eingeborenenland" bedurfte der Genehmigung des Bezirksamtmanns.[814]

Alle Mineralfunde waren bei Strafe innerhalb von drei Monaten der Bergbehörde anzuzeigen (§§ 89, 90 Nr. 8). Das Verfügungsrecht des Schürfers über die bei Schürfarbeiten geförderten Mineralien war zugunsten der Bergbehörde eingeschränkt, diese konnte im Falle einer unbefugten wirtschaftlichen Verwertung der Mineralien Wertersatz verlangen (§ 22).

(b) Schürffelder

Das Aufsuchen von Mineralien an sich bedurfte keiner behördlichen Genehmigung. Um jedoch Dritte von der Aufsuchung und Gewinnung von Mineralien auszuschließen und ein exklusives Schürfrecht für ein bestimmtes Gebiet zu erhalten, konnten Schürffelder errichtet werden. Dabei wurde entsprechend der in § 1 KBergVO vorgenommenen Trennung zwischen Edelmineralschürffeldern und gemeinen Schürffeldern unterschieden (§ 23). Während ein Edelmineralschürffeld Dritte von den Rechten an sämtlichen der Verordnung unterfallenden Mineralien ausschloss, sicherte ein gemeines Schürffeld seinem Inhaber nur die Rechte der unter § 1 Nr. II KBergVO enumerierten gemeinen Mineralien. Die Belegung eines Schürffeldes war zudem Voraussetzung für den Erwerb des Bergwerkseigentums an einem bestimmten Gebiet.

Für ein Edelmineralschürffeld mit den Höchstmaßen von 400 x 200 Metern (8 Hektar) war eine Gebühr in Höhe von zehn Mark, für ein gemeines Schürffeld mit den Höchstmaßen von 1200 x 600 Metern (72 Hektar) eine Gebühr in Höhe von fünf Mark monatlich im Voraus zu entrichten (§§ 23 Absatz 3, 27).

Anbringung und Nachweis von Markierungen und Grenzen (§§ 24-26, 32), Übertragung (§ 30), Wegfall und Schließung des Schürffeldes (§§ 25, 26 Absatz 2, 27 Absatz 2, 29, 32) waren detailliert geregelt. Jedes Schürffeld musste bei der Bergbehörde angezeigt werden (§§ 28, 29).

(3) Gewinnung von Mineralien

In § 36 KBergVO wurde der Begriff „Bergbau" als die regelmäßige Gewinnung von Mineralien legaldefiniert. Der Bergbau war nach dieser Vorschrift nur in einem Bergbaufeld gestattet.

---

813 Dazu sogleich unter III. A. 2. c) (4).

814 Die Bergbehörde war nicht zuständig, wodurch der politische Charakter dieser Entscheidung betont wurde. Dazu und zu dem unbestimmten Begriff des „Eingeborenenlandes" s. Schnee 1920, S. 173 f.

(a) Bergbaufelder

Auf Antrag des Inhabers eines Schürffeldes war dieses von der Bergbaubehörde ganz oder zum Teil in ein solches Bergbaufeld umzuwandeln (§ 37 Absatz 1). Auf diese Umwandlung bestand damit ein Rechtsanspruch. Das Bergbaufeld, das schon aufgrund des Wortlautes von § 37 Absatz 1 KBergVO („Umwandlung“) nicht größer sein konnte als das oder die zugrundeliegenden Schürffelder, hatte ebenfalls die Form eines Rechteckes mit einem maximalen Seitenverhältnis von 5:1 zu haben (§ 39). Im Unterschied zu den Regelungen des preußischen Allgemeinen Berggesetzes[815] war lediglich eine Vermessung und Vermarkung der Oberfläche notwendig, nicht jedoch eine Mutung, also der Nachweis eines Mineralvorkommens (§ 37 Absatz 1, 41). Das Verfahren zur Erlangung einer Abbauberechtigung war durch den Wegfall einer solchen Nachweispflicht auch im Gegensatz zu den südwestafrikanischen Bergverordnungen von 1888 (§ 18) und 1889 (§§ 14, 32) wesentlich vereinfacht worden. Die für die Schürffelder geltende Trennung zwischen Edel- und gemeinen Mineralien wurde beibehalten (§ 44 Nr. 5).

Eine Umwandlung konnte auch gegen den Willen des Inhabers eines Schürffeldes erfolgen, wenn dieser auf dem Schürffeld entweder regelmäßig Mineralien gewann, also Bergbau betrieb, oder das Schürffeld bereits seit mehr als zwei Jahren[816] geschlossen gehalten wurde (§ 38 Absatz 1). Alternativ konnte die Schließung des Schürffeldes aufgehoben und das Gebiet damit wieder für bergbauliche Aktivitäten Dritter zugänglich gemacht werden.

Die Umwandlung eines gemeinen Schürffeldes in ein Edelmineralienbergbaufeld mit umfassenderen Abbaurechten war durch das Gesetz nicht explizit ausgeschlossen. Vielmehr waren im Umwandlungsantrag die Mineralien zu benennen, auf die sich die Bergbauberechtigung beziehen sollte (§ 44 Absatz 2 Nr. 5). Entgegenstehende Rechte waren jedoch insoweit zu berücksichtigen, als der Entscheidung der Bergbehörde über jede Umwandlung eines Schürffeldes in ein Bergbaufeld ein Aufgebotsverfahren vorgeschaltet war, in dem Dritte ihre entgegenstehenden Ansprüche zur Vermeidung der Präklusion innerhalb einer von der Bergbehörde gesetzten Frist vorzutragen hatten (§ 44 Absatz 3). Nach Anmeldung etwaiger Widersprüche entschied die Bergbehörde abschließend über die Umwandlung und machte diese öffentlich bekannt (§ 47).

815 Westhoff und Schlüter 1910, S. 181–183.

816 Die Frist konnte durch den Gouverneur bis auf ein Jahr verkürzt werden; § 38 Absatz 4 KBergVO. § 38 Absatz 3 KBergVO gab der Bergbehörde zudem die Möglichkeit, einer Umgehung dieser Vorschriften durch „Strohmänner“ oder „–firmen“ entgegenzuwirken.

(b) Bergwerkseigentum

Nach einer positiven Entscheidung war von der Bergbehörde eine Umwandlungsurkunde auszustellen (§ 48). Mit Ausfertigung dieser Urkunde wurde das Bergwerkseigentum für das darin bezeichnete Gebiet für den Begünstigten begründet, wodurch alle widersprechenden Rechte Dritter erloschen, soweit diese nicht besonders vorbehalten waren (§ 49).

Der Inhalt des Bergwerkseigentums umfasste für Edelmineralienbergbaufelder das Aufsuchen und Gewinnen aller durch die KBergVO bergfrei gestellten Mineralien, für gemeine Bergbaufelder aller solchen Mineralien mit Ausnahme der Edelmineralien nach § 1 Nr. I KBergVO (§ 51), einschließlich der Errichtung und des Betriebes aller dazu notwendigen Vorrichtungen und Hilfsbaue (§§ 51-54). Die aufgrund dieser Trennung mögliche Problematik wurde durch die KBergVO dergestalt geregelt, dass eine notwendige Mitgewinnung von Edelmineralien grundsätzlich statthaft ist, diese jedoch zu einer Umwidmung eines gemeinen Bergbaufeldes in ein Edelmineralienbergbaufeld durch die Bergbehörde (§ 55) oder einer Herausgabe der geförderten Mineralien an den insoweit berechtigten Dritten zu führen hatte (§ 56).

Neben der Trennung von Edel- und gemeinen Mineralien ist als weitere Besonderheit in Abgrenzung zu den ansonsten sehr ähnlichen Vorschriften des preußischen Allgemeinen Bergrechts die explizite Regelung der Nutzung des auf dem betroffenen Gebiet natürlich vorhandenen oder zugeführten Wassers zu nennen, die einem Erlaubnisvorbehalt der Bergbehörde unterlag (§ 54).[817]

(c) Betrieb und Betriebszwang

In § 57 KBergVO wurde ein strenger Betriebszwang für den Bergwerkseigentümer festgesetzt. Innerhalb von zwei Jahren nach Begründung des Bergwerkseigentums war danach ein „ordnungsmäßiger, der Beschaffenheit des Mineralvorkommen entsprechender Bergwerksbetrieb“ aufzunehmen (§ 57 Absatz 1). Anderenfalls konnte die Bergbaubehörde ein Verfahren zur Aufhebung des Bergwerkseigentums einleiten (§ 57 Absatz 4 i.V.m. §§ 69-75). Ob und wann der tatsächliche Betrieb diesen Vorschriften genügte, stand dabei unter Ausschluss des Rechtsweges allein im Ermessen der Bergbehörde (§ 57 Absatz 2), deren Entscheidung nicht angefochten werden konnte.[818] Das Ausmaß dieses Ermessensspielraumes tritt insbesondere durch Berücksichtigung der Tatsache zu Tage, dass der Umfang der Mineralvorkommen der Bergbaubehörde nicht nachgewie-

817 Westhoff und Schlüter 1910, S. 184.

818 § 57 Absatz 2 KBergVO, s. dazu sogleich III. A. 2. c) (6).

sen werden musste. Diese hatte also im Zweifelsfalle keine objektive Beurteilungsgrundlage für ihre Entscheidung.

Der Gouverneur konnte jedoch anordnen, die Erfüllung der Betriebspflicht mittels einer jährlichen Investition eines bestimmten Geldbetrages oder der Beschäftigung einer bestimmten Zahl an Arbeitskräften objektiv nachweisbar zu machen und zudem die Frist für die Betriebsaufnahme auf ein Jahr verkürzen (§ 57 Absatz 4).

Hinsichtlich des Betriebes herrschten umfangreiche Anzeige- und Dokumentationspflichten. Neben der Meldung von neuen, bislang unbekannten Mineralvorkommen (§ 89) war auch die Eröffnung, Änderung oder Beendigung des Betriebes der Bergbaubehörde vorab anzuzeigen (§ 58) und über Förderung und Belegschaft Buch zu führen (§ 59). Es war bei Androhung der Aufhebung des Bergwerkseigentums ein verantwortlicher Betriebsführer zu ernennen, der wie andere vom Bergwerkseigentümer mit Nachweispflichten beauftragte Personen eidesstattlich zu „gewissenhafter Erfüllung dieser Pflicht" zu verpflichten war (§§ 60, 61). „Eingeborene und andere Farbige" durften nur mit Erlaubnis der Bergbehörde zu Betriebsführern ernannt werden.

(d) Abgaben

Das Bergwerkseigentum war mit einer den damaligen Regelungen des preußischen Allgemeinen Berggesetzes[819] nicht bekannten Feldessteuer und einer Förderungsabgabe belegt. Die dem britischen und französischem kolonialen Bergrecht entlehnte Feldessteuer sollte einer untätigen Sperrung der Bergbaufelder vorbeugen.[820] Sie betrug für Edelmineralbergbaufelder dreißig Mark pro Hektar, für gemeine Bergbaufelder eine Mark pro Hektar, mindestens jedoch dreißig Mark (§ 63) und war halbjährlich im Voraus zu entrichten. Die ebenfalls halbjährlich zu entrichtende Förderungsabgabe betrug zwei Prozent des Wertes der im Vorjahr geförderten Mineralien im unverarbeiteten Zustand (§ 64).[821]

Während die Abgaben für Schürf- und Bergbaufelder im Vergleich mit der Bergverordnung von 1889 demnach substantiell gesenkt worden waren, schloss die Förderungsabgabe an die Bestimmungen der Bergverordnung von 1888 an, unterschritt diese in der Höhe jedoch deutlich. Damit waren zumindest die finanziellen Hürden für den Einstieg in den Bergbaubetrieb in Südwestafrika abgesenkt worden.

---

819 Eine Feldessteuer war im preußischen Allgemeinen Berggesetz nicht vorgesehen, Bergwerksabgaben waren durch das Gesetz wegen Aufhebung direkter Staatssteuern vom 14. Juli 1893 für das Deutschen Reich abgeschafft worden; s. dazu Westhoff und Schlüter 1910, S. 115.

820 Schnee 1920, S. 177.

821 Ausführlich zur Berechnung von Feldessteuer und Förderungsabgabe Schnee 1920, S. 177–179.

(4) Rechte und Pflichten des Grundeigentümers

Schürfberechtigte und Bergwerkseigentümer konnten vom Grundeigentümer die Überlassung von Grund und Boden zur Durchführung des Schürf- und Bergbaubetriebes verlangen (§§ 12, 76), hatten diesem daraufhin jedoch bei Rückgabe für durch den Bergbaubetrieb bedingte entzogene Nutzungen und Wertminderungen (§§ 13, 14 und 77, 78) sowie alle am Grundstück verursachten Schäden Ersatz zu leisten (§§ 20, 83). Der Umfang dieser Überlassung wurde dabei im Falle von Schürfarbeiten durch Ausübung des auf dem Grundstück geführten Wirtschaftsbetriebes, im Falle des Bergbaus allein durch das öffentliche Interesse begrenzt. Im Falle einer länger als drei Jahre dauernden Benutzung konnte der Grundeigentümer vom Schürfberechtigten oder Bergwerkseigentümer den endgültigen Erwerb der betroffenen Grundstücke verlangen (§§ 15, 79). Über Streitigkeiten aus dem Verhältnis zwischen Bergbautreibendem und Grundstückseigentümer entschied die Bergbaubehörde (§§ 18, 82), Bergschäden mussten jedoch vor dem Bezirksgericht geltend gemacht werden.[822]

Wurde das betroffene Grundstück vom Grundeigentümer landwirtschaftlich genutzt, konnte dieser bei der Bergbehörde die Auszahlung von einem Viertel der für das fragliche Bergbaufeld zu zahlenden Förderungsabgabe, also ein halbes Prozent des Werts der Fördermenge, beantragen (§ 86). Landgesellschaften, deren Grundeigentum auf der Verleihung oder Bestätigung einer Konzession durch den Reichskanzler oder seiner Vertreter beruhte, waren nach § 86 Absatz 5 KBergVO explizit von dieser Regelung ausgenommen. Diese kam demnach nur den privaten Farmern zugute, die ihren landwirtschaftlichen Betrieb dafür jedoch auch den diesem vorangestellten bergbaulichen Interessen unterzuordnen hatten.

Die indigene Bevölkerung wurde insoweit benachteiligt, als sie eine solche Beteiligung an der Förderungsabgabe nicht verlangen konnte (§ 86 Absatz 5). Zwar standen ihr die den Grundeigentümern gewährten Schadenersatzansprüche zu, über Umfang und Bedingungen von bergbaulichen Aktivitäten auf ihren Ländereien entschied jedoch allein der jeweilige Bezirksamtmann (§ 83).

(5) Bergverwaltung

Die Errichtung der Bergbehörde wurde von der KBergVO nicht näher geregelt. Aufbau und Ausstattung der Verwaltungseinrichtungen unterfielen der sich aus der Schutzgewalt ergebenden Organisationsgewalt des Kaisers.[823] Durch § 2 der

822 S. u. III. A. 2. c) (6).
823 S.o. II. A. 2. c) (2) (c).

Verfügung des Auswärtigen Amts (Kolonialabteilung) zur Ausführung der Kaiserlichen Bergverordnung für Deutsch-Südwestafrika vom 8. August 1905 vom 3. Dezember 1905[824] wurde der Gouverneur zur Errichtung einer Bergbehörde ermächtigt.

(a) Verwaltungsverfahren

Mit Ausnahme der Bergschadensfälle (§§ 20, 84) und des Mitgewinnungsrechts verschiedener Bergwerkseigentümer (§ 56) entfielen alle Entscheidungen mit Bezug zu bergrechtlichen Fragen grundsätzlich auf die Bergbehörde.[825] Zur Vorbereitung dieser aufgrund der KBergVO zu treffenden Entscheidungen waren die Verwaltungsbehörden befugt, Zeugen und Sachverständige zu hören (§ 7). Wie bereits dargestellt waren lediglich bergrechtliche Entscheidungen mit Bezug zu „Eingeborenenland" nicht durch die Bergbehörde, sondern den zuständigen Bezirksamtmann zu fällen (§§ 19, 83).

Gegen alle aufgrund der KBergVO ergangenen Entscheidungen der Verwaltungsbehörden konnte nach § 4 KBergVO grundsätzlich innerhalb von drei Monaten die Beschwerde an den Gouverneur und gegen dessen Entscheidung innerhalb von vier Wochen Beschwerde an den Reichskanzler[826] eingelegt werden. Ausgenommen davon waren lediglich die Entscheidungen der Bergbehörde über die Einleitung eines Verfahrens zur Aufhebung des Bergwerkseigentums (§ 70) sowie die im Umwandlungsverfahren nach § 44 Absatz 2 KBergVO von Dritten vorgebrachten Widersprüche, gegen die ausschließlich Klage vor dem Bezirksgericht erhoben werden konnte (§ 46 Absatz 1, § 70 Satz 2).[827]

(b) Schürfregister und Berggrundbuch

Alle bei der Bergbehörde angezeigten Schürffelder waren von dieser in ein Schürfregister aufzunehmen, das öffentlich eingesehen werden konnte (§§ 34, 35).

Über das verliehene Bergwerkseigentum war ein gesondertes Berggrundbuch nach Maßgabe der *Kaiserlichen Verordnung, betreffend die Rechte an Grund-*

---

824 Kolonialblatt 1905, S. 732 ff.; abgedruckt in: Deutsche Kolonialgesetzgebung, Band IX, S. 275-276.

825 Dazu ausführlich Schnee 1920, S. 180 f.

826 Das Beschwerdeverfahren wurde geregelt durch §§ 16-21 der Kaiserlichen Verordnung, betreffend die Zwangs-und Strafbefugnisse der Verwaltungsbehörden in den Schutzgebieten Afrikas und der Südsee vom 14. Juli 1905, RGBl. 1905, S. 717 ff.

827 Dazu sogleich unter III. A. 2. c) (6).

stücken in den deutschen Schutzgebieten vom 21. November 1902[828] und den dazu am 30. November 1902 vom Reichskanzler erlassenen Ausführungsbestimmungen[829] zu führen.[830] Dieses wurde jedoch erst durch die Verfügung des Gouverneurs vom 30. Mai 1910 bei den Bezirksgerichten eingerichtet.[831]

(c) Bergpolizeiliche Aufsicht

Der Bergbehörde oblag nach § 87 KBergVO die bergpolizeiliche Aufsicht über alle Bergbaubetriebe. Diese Aufsicht umfasste neben der Sicherheit der Baue und Arbeiter und dem Schutz gegen gemeinschädliche Einwirkungen in Abweichung zu dem ansonsten inhaltsgleichen § 196 des preußischen Allgemeinen Berggesetzes auch die „Aufrechterhaltung der guten Sitten und des Anstands im Betriebe" (§ 88 Nr. 3) und gab der Bergbehörde durch diese Vorschrift einen wesentlich breiteren Ansatz zur Einflussnahme auf die Regelung allgemeiner Betriebsabläufe und die Kontrolle der – zumeist indigenen – Bergarbeiter.

(6) Rechtsschutz

Nach § 5 KBergVO konnte gegen alle Entscheidungen der Bergbehörde der Rechtsweg beschritten werden, solange die betroffenen Ansprüche des Klägers privatrechtlicher Natur waren und der Rechtsweg durch die Verordnung nicht explizit ausgeschlossen war. Die ausschließliche Zuständigkeit wurde durch § 6 KBergVO für das Bezirksgericht begründet, in dessen Bezirk das betroffene Schürf- oder Bergbaufeld lag.

Vom Ausschluss des Rechtsweges machte die KBergVO für zumeist auf der Grenze zwischen öffentlichem und privatem Recht liegenden Fällen in umfassendem Maße Gebrauch: so konnte etwa weder gegen die zwangsweise Anordnung der Umwandlung eines Schürffeldes in ein Bergbaufeld (§ 38 Absatz 3), noch gegen die Durchführung der Umwandlung selbst (§ 47 Absatz 1) geklagt werden. Auch konnte lediglich die Einleitung (§ 70), nicht aber die eigentliche

828 RGBl. 1902, S. 283 ff.; abgedruckt in: Deutsche Kolonialgesetzgebung, Band VI, S. 4-10.

829 Deutsches Kolonialblatt 1902, S. 568 ff.; abgedruckt in: Deutsche Kolonialgesetzgebung, Band VI, S. 10-14.

830 § 1 Nr. 5 der Verfügung des Auswärtigen Amts (Kolonialabteilung) zur Ausführung der Kaiserlichen Bergverordnung für Deutsch-Südwestafrika vom 8. August 1905 vom 3. Dezember 1905, Kolonialblatt 1905, S. 732 ff.; abgedruckt in: Deutsche Kolonialgesetzgebung, Band IX, S. 275-276.

831 Verfügung des Gouverneurs von Deutsch-Südwestafrika in Windhuk vom 30. Mai 1910, betreffend die Einrichtung des Berggrundbuches, Deutsches Kolonialblatt 1910, S. 650; abgedruckt in: Zeitschrift für Bergrecht, Band 51 (1910), S. 553 f.

Durchführung der Aufhebung des Bergwerkseigentums vor Gericht angefochten werden (§ 73 Absatz 1). Insbesondere konnte auch die Einschätzung der Bergbehörde nicht gerichtlich überprüft werden, wann ein dem Betriebszwang nach § 57 KBergVO genügender Bergbaubetrieb vorliegt (§ 57 Absatz 2).[832]

Die Verjährung der sich aus Schürf- und Bergbauarbeiten ergebenden Schadenersatzansprüche des Grundeigentümers war in Anlehnung an § 852 des Bürgerlichen Gesetzbuches auf drei Jahre ab Kenntnis des Schadens, höchstens jedoch 30 Jahre festgesetzt (§§ 21, 85).

d) Entwicklung

Die bereits als VII. Referat des Gouvernements bestehende Bergbehörde in Windhuk wurde nach einer Neugliederung des Gouvernements 1906 als Spezialverwaltung direkt dem Gouverneur unterstellt.[833] Die Behörde wurde weiterhin von Gustav Duft – zwischenzeitlich zum Bergassessor befördert – geleitet, dem zwei Geologen und drei Bohrinspektoren zur Seite standen.[834] Nach den Diamantenfunden im Jahr 1908[835] wurde im Dezember 1909 eine zusätzliche Außenstelle in Lüderitzbucht eingerichtet.[836]

Aufgrund der Anerkennung der bestehenden Konzessionen und Sonderberechtigungen der Land- und Minengesellschaften hatte die neu eingeführte KBergVO in großen Teilen des Landes zunächst keine Geltung. Dieser Umstand änderte sich erst ab dem Jahr 1908 vor dem Hintergrund der an dem passiven Verhalten der Land- und Minengesellschaften geführten Kritik[837]. Aufgrund von Verhandlungen, die der Staatssekretär des Reichskolonialamtes mit Vertretern der einzelnen Gesellschaften geführt hatte,[838] erkannte zunächst die DKGfSWA im April 1908 durch den sogenannten „Bergrezess" die Geltung der KBergVO ab dem 1. Oktober 1908 für ihr Gebiet an.[839] Diesem Beispiel folgend haben bis

---

832 Der Rechtsweg wird weiterhin durch die §§ 18 Absatz 1, 41 Absatz 2, 53 Absatz 3, 54, 55 Absatz 2, 68, 82 Absatz 2 und 86 Absatz 4 KBergVO ausgeschlossen. Siehe dazu Schnee 1920, S. 180 f.

833 Kaulich 2000, S. 92–94.

834 Külz 1909a, S. 196.

835 Dazu sogleich unter III. A. 3.

836 Verfügung des Gouverneurs von Deutsch-Südwestafrika über Einrichtung der Bergbehörde vom 29. Dezember 1909, abgedruckt in: Deutsche Kolonialgesetzgebung, Band XIII, S. 661.

837 S.o. III. A. 2. a).

838 Kaulich 2000, S. 306.

839 §§ 1, 13 des Vertrages zwischen dem Staatssekretär des Reichs-Kolonialamtes und der Deutschen Kolonial-Gesellschaft für Südwestafrika, betreffend die Bergwerksgerechtsame der letzteren vom 17. Februar/2. April 1908, Deutsches Kolonialblatt 1909, S. 426-429; abgedruckt in: Deutsche Kolonialgesetzgebung, Band XII, S. 52-56. Die nach der KBergVO anfallenden Ab-

1913 die vorhandenen Land- und Minengesellschaften der Anwendung der KBergVO und damit des Grundsatzes der allgemeinen Schürffreiheit auf ihren Gebieten vertraglich zugestimmt,[840] wobei mitunter Abweichungen im Hinblick auf Feldgröße, Abgaben und Gebühren vereinbart wurden, die für den einzelnen Schürfer zumeist eine finanzielle Mehrbelastung bedeuteten.[841]

Nach der Niederschlagung des Aufstandes der Herero und Nama im Jahre 1907 wurde die zuvor begonnene planmäßige geologische Untersuchung des Schutzgebietes durch die Minengesellschaften weiter vorangetrieben.[842] Trotz einiger Funde in anderen Regionen[843] gelang – von der Diamantengewinnung auf dem Gebiet der DKGfSWA abgesehen – nur der OMEG der Aufbau eines auch langfristig erfolgreichen Bergbaubetriebes. Nach der Fertigstellung der Eisenbahnlinie nach Swakopmund begann im Jahr 1906 der äußerst einträchtige Abbau von Kupfer und Blei in den Minen in Otavi und Tsumeb, durch den die OMEG Gewinne in Millionenhöhe erzielen konnte.[844] Obwohl dieser Kupferabbau in den Jahren 1907 und 1908 ungefähr vier Fünftel des gesamten Ausfuhrhandels des Schutzgebietes ausmachte,[845] wurde die Entwicklung des Bergbaus in Südwestafrika insgesamt auch im Jahre 1909 noch als in den Anfängen steckend bezeichnet.[846]

Aufgrund dieses langfristig wirtschaftlich lohnenden Kupfer- und Bleiabbaus, der in der Mine von Tsumeb erst im Jahr 1996 zum Erliegen kam, entwickelte sich die OMEG schließlich zu einer der profitabelsten Unternehmungen in der Geschichte Südwestafrikas und hatte auch über die deutsche Kolonialzeit hinaus Bestand.[847] Mit Ausnahme der SWAC als Muttergesellschaft der OMEG war den übrigen Land- und Minengesellschaften in den letzten Jahren von Deutsch-Südwestafrika kein langfristiger Erfolg beschieden: Der HLMHGfDSWA wurde 1907 die Konzession wegen Untätigkeit entzogen, die GSHG ließ 1910 ihre Konzessionen schlicht verfallen und die KLMG musste ihre 1893 von der DKGfSWA erworbenen Gebiete wegen Steuerschulden 1913 an den südwestafrikanischen Fiskus veräußern.[848]

---

gaben waren nach §§ 2, 7 durch den Landesfiskus einzuziehen und an die DKGfSWA abzuführen.

840 Kaulich 2000, S. 307 mit ausführlichen Einzelnachweisen auf S. 387 Fn 159.

841 Külz 1909a, S. 305.

842 Külz 1909a, S. 340 f.; Schneider 2002, S. 82.

843 Kaulich 2000, S. 391.

844 Külz 1909a, S. 342 f.; Kaulich 2000, S. 313 f.

845 Für eine statistische Übersicht der Kupferausfuhr in Relation zum gesamten südwestafrikanischen Ausfuhrhandel von 1906-1913 siehe: Hintrager 1956, S. 177 f.

846 Külz 1909a, S. 338.

847 Schneider 2002, S. 80, 82.

848 Kaulich 2000, S. 312–317.

Einen Sonderfall bildete die DKGfSWA. Sie war die einzige Gesellschaft, auf deren Gebiet es in großem Umfang zu den schon seit Beginn der Kolonialzeit erhofften Funden von Edelsteinen kam, als im Jahre 1908 an der südlichen Küste des Schutzgebietes Diamanten gefunden wurden.

3. Sonderregelung des Diamantenbergbaus

Der Diamantenbergbau nahm eine Schlüsselposition in der wirtschaftlichen Entwicklung des Schutzgebietes ein. Im Folgenden wird seine Entwicklung in Deutsch-Südwestafrika überblickartig dargestellt und in rechtlicher Hinsicht herausgearbeitet, ob und inwieweit seine Regelung dabei auf der KBergVO und dem durch sie formulierten Grundsatz der Schürffreiheit aufgebaut war.

a) Diamantenfunde im Jahr 1908

Bereits im Jahr 1855 erwähnte der Missionar Kreft den Fund von „kleinen, eckigen, durchsichtigen Kristallen" in der Namib-Wüste im Hinterland der *Angra Pequena*-Bucht, denen er allerdings keine weitere Beachtung schenkte.[849] Obwohl ab der Mitte des 19. Jahrhunderts auf dem späteren Diamantengebiet auch intensiv nach Kupfer und anderen Mineralien gesucht worden war,[850] wurden in dieser Zeit die dortigen Diamantenvorkommen nicht entdeckt.[851] Erst Anfang Mai 1908 kam es auf dem Land der DKGfSWA zu einem zufälligen Fund von Diamanten an der Eisenbahnlinie zwischen Lüderitzbucht und Keetmanshoop, als der Bahnarbeiter Zacharias Lewala einen „*moi klip*" (schönen Stein) im Sand fand und seinem Vorgesetzten, dem Bahnvorsteher August Stauch überbrachte, den der interessierte Hobby-Mineraloge sogleich als Diamanten erkannte.[852]

Da der Fund auf dem Land der DKGfSWA erfolgt war,[853] begann Stauch eine Vielzahl von Schürferlaubnissen bei der Niederlassung der DKGfSWA in Lüderitzbucht zu beantragen.[854] Diese Schürferlaubnisse umfassten ein kreisförmiges Gebiet mit einem Radius von einem Kilometer und entsprachen damit nach Ausmaß und Inhalt den Regelungen der §§ 4-10 der Bergverordnung von 1889, der sich die DKGfSWA im Jahre 1898 freiwillig unterstellt und ihr Land so für

849 Lenssen 1999, S. 16.
850 S.o. III. A. 1. a) (2) (a).
851 Vedder 1934, S. 330.
852 Kuntze 2002, S. 431 f.
853 Übersichtskarte über die Besitzungen der Kolonialgesellschaft bei Otzen 1952, S. 75; Karte der Diamantenvorkommen bei Schnee 1920, S. 448.
854 Külz 1909a, S. 346.

den Bergbau durch die Allgemeinheit weitgehend geöffnet hatte.[855] Stauch zeigte schließlich am 20. Juli 1908 seine Funde dort an, woraufhin die Echtheit der Diamanten bestätigt und ein erster amtlicher Bericht durch den Regierungsgeologen Dr. Range verfasst wurde.[856] Dieser Bericht war der Auslöser für einen „Diamantenrausch“ in Südwestafrika, der eine Vielzahl von Glücksrittern aus dem gesamten südlichen Afrika an die südliche Küste des Schutzgebietes zog.[857]

b) Errichtung des „Sperrgebietes“

Innerhalb kurzer Zeit wurden im Sommer 1908 durch die DKGfSWA an die aus allen Teilen des Landes angereisten Diamantensucher 450 Schürferlaubnisse vergeben.[858] Es kam zu einem wilden Schwarzmarkt-Handel mit diesen Schürflizenzen und chaotischen Szenen, insbesondere auch deshalb, weil viele Inhaber der Schürflizenzen fälschlicherweise glaubten, sie wären dadurch auch zum Abbau und zur Verwertung der aufgefundenen Diamanten berechtigt.[859]

Diese Situation drohte sich im Herbst 1908 noch um ein Vielfaches zu verschärfen, da die DKGfSWA ihre Sonderrechte durch den erst im April 1908 ausgehandelten Bergrezess[860] mit Wirkung zum 1. Oktober 1908 aufgegeben hatte und auf ihrem Gebiet die KBergVO eingeführt werden sollte, wodurch die Verleihung der Schürffelder mit Hinblick auf deren Kosten nochmals liberalisiert und die Erlangung einer Abbaulizenz durch die ohne Nachweis eines Fundes mögliche Umwandlung eines Schürffeldes in ein Bergbaufeld vereinfacht worden wäre.

Die DKGfSWA versuchte durch umtriebige Lobbyarbeit, in der vor allem die schlechten Kontrollmöglichkeiten einer Vielzahl von Kleinunternehmungen, Schmuggel und Diebstahl, sowie der mögliche komplette Verlust der Diamantenfelder an ausländisches Kapital betont wurden, diese Vereinbarung zumindest für das Diamantengebiet rückgängig zu machen und das von ihr erst im April 1908 aufgegebene, nun äußerst kostbar gewordene exklusive Bergbauprivileg zu behalten.[861] Diese Bestrebungen trafen mit der Absicht der Kolonialverwaltung im Reich zusammen, die in dieser Sache durch den sich im Sommer 1908 in

855 Instruktion an den Generalbevollmächtigen der DKGfSWA, abgedruckt in: Deutsches Kolonialblatt, 1898, S. 543-545; s.o. III. A. 1. e) (3).

856 Hintrager 1956, S. 111.

857 Kuntze 2002, S. 433; Sander 1912, S. 227–264.

858 Kaulich 2000, S. 394.

859 Kuntze 2002, S. 433.

860 S.o. III. A. 2. d).

861 Hahlo 1959, S. 157.

Deutsch-Südwestafrika aufhaltenden Staatssekretär des Reichskolonialamtes, Bernhard Dernburg vertreten wurde, und die die finanziellen Interessen des deutschen Fiskus an der Diamantenausbeute am effektivsten durch Beteiligung nur weniger Großgesellschaften umgesetzt sah.[862]

Nachdem die Argumente der DKGfSWA in einer Eingabe vom 18. September 1908 noch einmal an den Staatssekretär des Reichskolonialamtes herangetragen worden waren,[863] bestimmte dieser im Namen des Reichskanzlers durch die *Verfügung des Reichs-Kolonialamtes vom 22. September 1908, betreffend Bergbau in dem Gebiete der Deutschen Kolonialgesellschaft für Südwestafrika*[864], dass der DKGfSWA das Gebiet,

> *„[...] welches im Norden durch den 26. Grad südlicher Breite, im Süden durch das nördliche Ufer des Orangeflusses, im Westen durch den Atlantischen Ozean und im Osten durch eine 100 km vom Meeresufer entfernte und mit letzterem parallel laufende Linie begrenzt wird, vom 1. Oktober d. J. ab der genannten Gesellschaft zur ausschließlichen Aufsuchung und Gewinnung von Mineralien bis auf weiteres widerruflich vorbehalten wird, soweit dem nicht wohlerworbene Rechte Dritter entgegenstehen. [...]"*

Durch diese Sonderberechtigung gemäß §§ 94, 97 KBergVO zugunsten der DKGfSWA, der sogenannten „Sperrverfügung", wurde in diesem „Sperrgebiet" die bevorstehende Einführung der allgemeinen Schürffreiheit ausgesetzt und die Öffentlichkeit damit von der Aufsuchung und Gewinnung aller Mineralien ausgeschlossen, im Übrigen aber die Bestimmungen der KBergVO eingeführt. Die zuvor nur durch die freiwillige Öffnung des Jahres 1898 eingeschränkten umfassenden Minenrechte der DKGfSWA auf ihrem Grundeigentum hatten sich also nun aufgrund der Vereinbarungen des Bergrezesses und der Sperrverfügung in eine „bloße" Sonderberechtigung nach § 94 KBergVO umgewandelt.

Im Rahmen einer Übergangsregelung konnten die bereits existierenden Schürferlaubnisse bis zum 1. April 1909 wahlweise in Schürffelder nach § 23 der KBergVO samt einem Umwandlungsanspruch nach § 37 KBergVO oder in Edelmineralschürffelder nach den der Verordnung von 1889 entlehnten Bestimmungen der freiwilligen Öffnung ihrer Gebiete durch die DKGfSWA von 1898

---

862 Kaulich 2000, S. 394 f. Neben der Vorbereitung einer Besteuerung sicherte das Reich sich durch Sonderberechtigungen nach § 94 KBergVO auch frühzeitig die exklusiven Minenrechte an eigenem Grundbesitz im Diamantengebiet: vgl. die Verfügung des Staatssekretärs des Reichs-Kolonialamtes, betreffend Erteilung einer Sonderberechtigung an den Landesfiskus von Deutsch-Südwestafrika zum Bergbau längs der Eisenbahnlinie Lüderitzbuch-Keetmanshoop vom 25. Juni 1908, Deutsches Kolonialblatt, S. 618; abgedruckt in: Deutsche Kolonialgesetzgebung, Band XII, S. 230. Diese Gebiete waren dem Landesfiskus als Ausgleich für den Bau der Eisenbahnstrecke von der DKGfSWA übereignet worden.

863 Sander 1912, S. 277 f., Band II.

864 Deutsches Kolonialblatt 1908, S. 934; abgedruckt in: Zeitschrift für Bergrecht, Band 50 (1908), S. 1 f.

umgewandelt werden.[865] Die aus den bereits bestehenden Schürflizenzen der Kleinunternehmer erwachsenen Abbaurechte sind Ende 1908 in zunächst vier großen Firmen zusammengefasst worden, die mit der DKGfSWA eine Bruttoförderungswertabgabe von fünf Prozent ausgehandelt hatten, ansonsten aber zunächst frei nach Diamanten suchen konnten: der Kolonialen Bergbaugesellschaft m.b.H., der Colmanskop Diamond Mines Ltd., der Vereinigte Diamantenminen AG, und der Diamanten-Aktiengesellschaft.[866]

Die Durchsetzung der Sperrung des Gebietes gegenüber allen übrigen Bergbauinteressierten wurde im Folgenden durch scharfe Strafbestimmungen gewährleistet, die es nur Inhabern eines durch das Bezirksamt Lüderitzbucht auszustellenden Erlaubnisscheines gestatteten, das Sperrgebiet abseits der Wege zu betreten.[867]

Als ein Beispiel für Unternehmertum und den Willen, auch mit Hilfe von juristischen Winkelzügen und Spitzfindigkeiten an dem großen Diamantenreichtum teilzuhaben, kann folgende Begebenheit[868] gelten: Nachdem ihnen der Zugang zu den bekannten Diamantenvorkommen durch die Errichtung des Sperrgebietes verschlossen worden war, bemühten sich einige Glücksritter im Frühjahr 1911 bei der Bergbehörde um Schürffelder auf dem Meeresgrund vor der südlichen Küste und dem dazugehörigen Strand. Die Aufsuchung und Gewinnung von Mineralien im Meeresboden war durch die *Kaiserliche Verordnung, betreffend die ausschließliche Berechtigung der Landesfisci der Schutzgebiete Afrikas und der Südsee zur Aufsuchung und Gewinnung von Mineralien im Meeresboden* vom 13. Oktober 1910[869] klar geregelt, die ein landesfiskalisches Berregal für den Meeresboden eingesetzt hatte. Aufgrund der ungeklärten Rechtsfrage, ob sich die Sonderberechtigung der DKGfSWA an der Küste bis an die Niedrigwasserlinie oder nur an die Hochwasserlinie erstreckte, blieb der diesbezügliche Status des Strandes offen und konnte vor Ausbruch des Ersten Weltkrieges und dem Ende der deutschen Herrschaft über Südwestafrika nicht mehr abschließend geklärt werden.[870]

865 Bekanntmachung des Gouverneurs von Deutsch-Südwestafrika, betreffend Schürffelder im Lüderitzbuchter Diamantensperrgebiet vom 31. Januar 1909, abgedruckt in: Deutsche Kolonialgesetzgebung, Band XIII, S. 36.

866 Schnee 1920, S. 452 f.

867 Verordnung des Gouverneurs von Deutsch-Südwestafrika, betreffend die Sicherung der Diamantenfelder im Bezirke Lüderitzbucht vom 12. April 1909, Deutsches Kolonialblatt 1909, S. 238 ff.; ersetzt durch die Verordnung gleichen Namens vom 14. März 1911, Deutsches Kolonialblatt 1911, S. 374 ff.; abgedruckt in: Zeitschrift für Bergrecht, Band 53 (1912), S. 1-3.

868 In der sich die Problematik des vermutlich größten südafrikanischen Zivilrechtsfalles des 20. Jahrhunderts bereits andeutete, s. u. III. B. 3.

869 RGBl. 1910, S. 1095 f.; abgedruckt in: Zeitschrift für Bergrecht, Band 52 (1911), S. 2 f.

870 Hahlo 1959, S. 159.

Aber auch die Inhaber bzw. Anteilseigner von Abbauberechtigungen mussten sich neuen Regeln unterwerfen. Der Handel mit Diamanten wurde umfassend reglementiert: zunächst durch die *Verordnung des Gouverneurs von Deutsch-Südwestafrika, betreffend den Handel und Verkehr mit rohen oder ungeschliffenen Diamanten* vom 21. Oktober 1908[871], die es bei Strafe nur dem Inhaber eines vom Bezirksamt gegen Gebühr von 1.000 Mark ausgestellten Erlaubnisscheines gestattete, Rohdiamanten zu besitzen oder in Verkehr zu bringen (§§ 1, 2, 7). In einem weiteren Schritt wurde nach südafrikanischem Vorbild[872] durch die *Kaiserliche Verordnung, betreffend den Handel mit südwestafrikanischen Diamanten* vom 16. Januar 1909[873] dem Reich ein Monopol auf die Verwertung eingeräumt, um so einem Überangebot und damit einem Preisverfall vorzubeugen (§ 2). Alle Diamanten waren bei Strafe bei einer vom Reichskanzler zu bestimmenden Einrichtung zur ausschließlichen Verwertung abzugeben (§§ 1, 3).

c) Diamanten-Regie und Deutsche Diamantengesellschaft

Als diese zentrale Verkaufseinrichtung wurde am 25. Februar 1909 in Berlin die „Diamanten-Regie des südwestafrikanischen Schutzgebietes" (Diamantenregie) gegründet und mit dem Monopol für die Verwertung der südwestafrikanischen Diamanten ausgestattet.[874] Der Geschäftsbetrieb war minutiös durch eine Verordnung des Reichskanzlers[875] geregelt. Die wöchentlich von den Förderern bei der Geschäftsstelle der Diamantenregie in Lüderitzbucht abzugebenden (§ 1) Diamanten wurden dort sortiert und zur weiteren Verwertung[876] nach Deutschland verschifft, über die jährlich mit den Förderern abgerechnet wurde (§ 7). Die Diamantenregie war neben der Einziehung der ihr zustehenden Verwertungsgebühr (§ 8) nach dieser Verordnung insbesondere auch zuständig für die Einbe-

871 Deutsches Kolonialblatt 1908, S. 1199 f.; abgedruckt in: Deutsche Kolonialgesetzgebung, Band XII, S. 446 f.

872 Schnee 1920, S. 455.

873 RGBl. 1909, S. 270, abgedruckt in: Deutsche Kolonialgesetzgebung, Band XIII, S. 14 f.

874 Hintrager 1956, S. 114; Verordnung des Reichskanzlers, betreffend die Ausführung der Kaiserlichen Verordnung, betreffend den Handel mit südwestafrikanischen Diamanten vom 16. Januar 1909 vom 26. Februar 1909, Deutsches Kolonialblatt 1909, S. 241 f.; abgedruckt in: Deutsche Kolonialgesetzgebung, Band XIII, S. 109.

875 Verordnung des Reichskanzlers, betreffend den Geschäftsbetrieb der Diamanten-Regie des südwestafrikanischen Schutzgebietes vom 25. Mai 1909, Deutsches Kolonialblatt 1910, S. 2 ff.; abgedruckt in: Deutsche Kolonialgesetzgebung, Band XIII, S. 261-268.

876 Diese war nur insoweit reglementiert, als sie in der für Förderer „günstigsten Weise" zu erfolgen hatte. Die Masse der Diamanten gelangte von Deutschland über Schleifereien in Antwerpen auf den nordamerikanischen Markt; Otzen 1952, S. 7; Kaulich 2000, S. 397, Fn 205.

haltung aller anfallenden Abgaben (§ 9, 10), deren Eintreibung dadurch für den Landesfiskus enorm vereinfacht wurde.[877]

Die Einrichtung des Sperrgebietes war zunächst nur als temporäre Maßnahme vorgesehen, die der DKGfSWA lediglich einen Vorsprung in der Diamantengewinnung gewähren und ihr ermöglichen sollte, sich die besten Schürf- und Abbaurechte zu sichern, bevor das Gebiet wieder unter die allgemeine Schürffreiheit gestellt werden würde. In einem Abkommen zwischen dem Reichskolonialamt und der DKGfSWA wurde eine Verlängerung der Sperrung bis zum 1. April 1911 vereinbart, im Gegenzug verpflichtete sich die DKGfSWA, das Sperrgebiet auf Diamantenvorkommen zu untersuchen und ihre Rechte zur Ausbeutung der Diamanten in einer einzigen Gesellschaft zu bündeln.[878] Am 13. März 1909 erfolgte zu diesem Zweck die Gründung der Deutschen Diamantengesellschaft (DDG) als Tochterunternehmen der DKGfSWA, der alle der DKGfSWA vormals zustehenden Bergrechte im Sperrgebiet übertragen wurden.[879]

Sowohl die Aussetzung der allgemeinen Schürffreiheit für das Diamantengebiet als auch das eingeführte Verwertungsmonopol, das zwar nicht grundsätzlich, wohl aber aufgrund seiner konkreten Ausgestaltung[880] kritisiert wurde, führten zu starken Protesten der südwestafrikanischen Bevölkerung, die sich vom Reich zugunsten des deutschen Großkapitals um ihre Chance auf Wohlstand und Reichtum gebracht sah.[881] Auch der Gouverneur und die Beamten des Schutzgebietes sprachen sich 1909 gegen die Vorgehensweise aus, die Ausbeutung der Diamanten allein vom Reichskolonialamt aus zu regeln.[882] Die Thematik wurde aber auch von Politikern im Reich ausgiebig diskutiert,[883] woraufhin Staatssekretär Dernburg sein Vorgehen am 25. Januar 1910 vor dem Reichstag verteidigen musste.[884]

Diese Eskalation trug zwar sowohl zum Rücktritt von Staatssekretär Dernburg als auch des damaligen südwestafrikanischen Gouverneurs Bruno von Schuck-

---

877 Zur Besteuerung sogleich unter III. A. 3. d).

878 §§ 1, 4, 7 Abkommen zwischen dem Staatssekretär des Reichskolonialamtes und der Deutschen Kolonialgesellschaft für Südwestafrika, betreffend den Bergbau im Gebiete der letzteren vom 28. Januar 1909, Deutsches Kolonialblatt 1909, S. 567 ff.; abgedruckt in: Deutsche Kolonialgesetzgebung, Band XIII, S. 34-36.

879 Kaulich 2000, S. 309.

880 Die Anteile an der Diamantenregie wurden zunächst im Wesentlichen von 16 deutschen Großbanken gehalten, erst ab 1912 wurden auch die Diamantenförderer aus Südwestafrika beteiligt; Hintrager 1956, S. 114.

881 Kuntze 2002, S. 435; Kaulich 2000, S. 310.

882 Hintrager 1956, S. 116.

883 Vgl. dazu die kritische Denkschrift Erzberger 1910.

884 Hintrager 1956, S. 116 f.

mann bei,[885] führte aber nicht zu der von den Einwohnern des Schutzgebietes erhofften generellen Öffnung des Sperrgebietes. Vielmehr suchte die Reichsregierung angesichts des bevorstehenden Auslaufens der Sperrverfügung am 31. März 1911 weiter nach Ansätzen, dem Fiskus einen noch größeren Teil der gewaltigen Verdienste durch eine ausschließliche Verwertung der Diamantenvorkommen zu sichern. Es kam zwischen dem Reichskolonialamt und den Vertretern der DKGfSWA und DDG erneut zu Verhandlungen.[886]

Als Ergebnis dieser Gespräche wurden die Regelungen des Bergrezesses durch *das Abkommen mit der Deutschen Kolonialgesellschaft für Südwestafrika, betreffend Bergrechte der Gesellschaft und Abtretung von Landgebieten an den südwestafrikanischen Landesfiskus* vom 7. Mai 1910[887], mithin also die Einführung der KBergVO bei Abführung der anfallenden Gebühren und Abgaben an die DKGfSWA, nochmalig bestätigt (§§ 1, 4). Die DKGfSWA verpflichtete sich in dieser Vereinbarung, einen Großteil ihrer Ländereien dem Landesfiskus zu übereignen, wobei das Sperrgebiet ausdrücklich ausgenommen war, solange es noch Diamantvorkommen aufwies (§ 3). Dieses Abkommen war der letzte einer Vielzahl von Verträgen, durch die die DKGfSWA ihren Grundbesitz dem Fiskus des Schutzgebietes übertrug und dadurch ihren Charakter als Landgesellschaft verlor.[888]

Einen Ausgleich erfuhr die DKGfSWA durch das am gleichen Tag mit ihrer Tochtergesellschaft hinsichtlich der zukünftigen Ausbeutung des Sperrgebietes geschlossene *Abkommen mit der Deutschen Diamantengesellschaft m.b.H., betreffend Bergrechte der Gesellschaft* vom 7. Mai 1910[889]. Danach wurde erneut bestätigt, dass für die Bergverwaltung des Sperrgebietes die Bergbehörde zuständig war, die eingetriebenen Gebühren und Abgaben jedoch an die DDG als Rechtsnachfolgerin der DKGfSWA nach Maßgabe des Bergrezesses abzuführen waren. Alle von der DDG im Sperrgebiet belegten Schürffelder wurden in Bergbaufelder im Sinne der KBergVO umgewandelt, das Bergwerkseigentum jedoch auf den ausschließlichen Abbau von Diamanten beschränkt (§ 3 Absatz 2). Bis zum Ablauf der Sperrverfügung am 31. März 1911 wurde der DDG zudem das ausschließliche Recht auf Aufsuchung und Gewinnung von Diamanten im

885 Kuntze 2002, S. 436; Hintrager 1956, S. 117–120.

886 Nachdem es überdies zu Rechtsstreitigkeiten zwischen Fiskus und DKGfSWA/DDG bezüglich der Umwandlung von Schürffeldern in Bergwerkseigentum durch die Bergbehörde gekommen war, s. Schnee 1920, S. 453.

887 Deutsches Kolonialblatt 1910, S. 242 ff.; abgedruckt in: Zeitschrift für Bergrecht, Band 51 (1910), S. 356-360.

888 Kaulich 2000, S. 307, 310 m.w.N.

889 Deutsches Kolonialblatt 1910, S. 412 ff.; abgedruckt in: Zeitschrift für Bergrecht, Band 51 (1910), S. 360-363.

Sperrgebiet übertragen. Dem Landesfiskus wurde dafür eine Beteiligung am Reingewinn der Gesellschaft in Höhe von einem Drittel zugestanden (§ 2).

Durch *Verfügung des Reichskanzlers, betreffend den Bergbau im südwestafrikanischen Schutzgebiete* vom 12. Mai 1910[890] wurde dem Landesfiskus von Deutsch-Südwestafrika ab dem 1. April 1911 eine Sonderberechtigung nach §§ 94, 97 KBergVO zur ausschließlichen Aufsuchung und Gewinnung von Mineralien im Sperrgebiet erteilt.

Nach § 3 Absatz 5 des Abkommens mit der DDG vom 7. Mai 1910 sollten alle nach dem 1. April 1911 gemachten Diamantenfunde sowie alle übrigen Mineralien im Sperrgebiet durch eine neu zu gründende Kolonialgesellschaft, der sogenannten „Halbscheid"-Gesellschaft,[891] ausgebeutet werden. An dieser Gesellschaft sollten die DDG sowie der Fiskus je zur Hälfte beteiligt sein (§ 3 Absätze 4, 5). Zu ihrer Gründung ist es jedoch vor Ausbruch des Ersten Weltkrieges nicht mehr gekommen. Der *status quo* dieses rechtlichen Rahmens für den Diamantenbergbau hat sich bis zum Ende von Deutsch-Südwestafrika, abgesehen von einer Vielzahl von Anpassungen der auf Diamanten erhobenen Abgaben, Zölle und Steuern, nicht mehr geändert.

d) Wirtschaftliche Bedeutung

Der Witwe des 1947 verarmt in Thüringen verstorbenen August Stauch wird folgendes Zitat zugeschrieben: *„Und wenn uns Stauchs auch nichts von ihnen blieb, so waren sie doch der Motor, der alles in Bewegung setzte und Südwestafrika zu dem machte, was es heute ist.*"[892]

Diese Beschreibung der südwestafrikanischen Diamantenfunde bringt deren wirtschaftliche Bedeutung für Deutsch-Südwestafrika treffend auf den Punkt. Zwischen 1908 und 1913 wurden 4,7 Millionen Karat Diamanten im Wert von 150 Millionen Reichsmark in Südwestafrika gefördert – nach der Menge ein Fünftel, dem Wert nach ein Viertel der Weltmarktproduktion.[893]

Nachdem in einem ersten Schritt ein Ausfuhrzoll für Diamanten festgesetzt worden war,[894] wurde die Förderungsabgabe auf Edelsteine durch die *Verord-*

---

890 Deutsches Kolonialblatt 1910, S. 535; abgedruckt in: Zeitschrift für Bergrecht, Band 51 (1910), S. 552.

891 Hahlo 1959, S. 158.

892 Kuntze 2002, S. 439.

893 Längin 2005, S. 149; Hintrager 1956, S. 177.

894 Zunächst in Höhe von 10 Mark pro Karat, Verordnung des Gouverneurs von Deutsch-Südwestafrika, betreffend die Erhebung eines Ausfuhrzolles auf rohe oder ungeschliffene Diamanten vom 16. Dezember 1908, Deutsches Kolonialblatt 1909, S. 189 ff.; abgedruckt in: Deutsche Kolonialgesetzgebung, Band XII, S. 536-538; nach Gründung der Diamantenregie umge-

nung des Reichskanzlers, betreffend die Kaiserliche Bergverordnung für Deutsch-Südwestafrika vom 8. August 1905 vom 26. Februar 1909[895] von zwei auf zehn Prozent erhöht. In einer Reform der Diamantenbesteuerung durch die *Kaiserliche Verordnung, betreffend die Besteuerung von Diamantenabbaubetrieben in Deutsch-Südwestafrika* vom 30. Dezember 1912[896] wurden Ausfuhrzoll und Förderungsabgaben abgeschafft und eine einheitliche Nettosteuer in Höhe von 66 Prozent des durch die Verwertung der Diamanten erzielten Erlöses, vermindert um 77 Prozent der Betriebskosten (§ 3) eingeführt.[897] An dieser Steuer wurde die DKGfSWA anteilig mit 3 ½ Prozent des bereinigten Erlöses beteiligt, von welcher sie pauschal 50.000 Mark pro Jahr an die DDG abzuführen hatte.[898]

Die durch die Diamantenförderung erzielten Steuereinnahmen von bis zu 15 Millionen Mark pro Jahr waren so hoch, dass das Schutzgebiet die Kosten für die Verwaltung aus den erzielten Steuern und Abgaben mit Ausnahme der Unterhaltung der Schutztruppe selbst bestreiten und die finanzielle Unterstützung des Reiches weitgehend entfallen konnte.[899]

4. Zusammenfassung und rechtliche Bewertung

Die Entwicklung des Schutzgebietes Deutsch-Südwestafrika spiegelte sich in den rechtlichen Regelungen des Bergbaus wider. Die in den 1880er Jahren mit den indigenen Stammesführern geschlossenen Schutzverträge[900] enthielten neben der abstrakten Anerkennung der deutschen Schutzherrschaft und der Überschreibung von Land auch immer Regelungen zur Gewährung von Bergrechten. Durch diese Trennung war bereits in den Schutzverträgen die Anwendung des Grund-

---

wandelt in einen Wertzoll in Höhe von einem Drittel, Verordnung des Gouverneurs von Deutsch-Südwestafrika, betreffend die Erhebung eines Ausfuhrzolls auf Diamanten vom 28. Februar 1909, Deutsches Kolonialblatt 1909, S. 478 f.; abgedruckt in: Deutsche Kolonialgesetzgebung, Band XIII, S. 133 f.

895 Deutsches Kolonialblatt 1909, S. 242; abgedruckt in: Deutsche Kolonialgesetzgebung, Band XIII, S. 110.

896 RGBl. 1913, S. 5 ff.; abgedruckt in: Otzen 1952, S. 103–109.

897 Für eine ausführliche Übersicht über die Entwicklung der Besteuerung der Diamanten s. Otzen 1952, S. 1–7.

898 §§ 2 und 3 des Abkommens zwischen dem Staatssekretär des Reichskolonialamtes und der Deutschen Kolonialgesellschaft für Südwestafrika, betreffend die Einführung der Diamantensteuer vom 7. August 1912/13. Januar 1913; abgedruckt in: Otzen 1952, S. 110 f.

899 Vedder 2001, S. 48; ausführlich zu der finanziellen Entwicklung des Schutzgebietes. Kaulich 2000, S. 191–197.

900 S.o. II. A. 1. und 2. (a); III. A. 1. b) (1).

satzes der Unterscheidung der Bergrechte und des Grundeigentums wie im deutschen Bergrecht erkennbar.

a) Kaiserliche Bergverordnungen von 1888 und 1889

Die Verfügung des Reichskommissars von 1886 verdeutlichte den Anspruch der neuen Schutzmacht auf das Bergregal, wobei das rechtliche Regelungsvakuum zunächst durch die pauschale Übernahme des preußischen Allgemeinen Bergrechts geschlossen wurde.[901] Die dadurch eingeführte allgemeine Schürffreiheit wurde dem Grundsatz nach auch nicht durch die wenig später erlassene Kaiserliche Bergverordnung von 1888 ersetzt, durch die ein Bergregal für den Gold- und Edelsteinbergbau zugunsten der DKGfSWA eingeführt wurde. Der angeführten Begründung, dies sei vor allem aufgrund der schlechten Übertragung der Regelungen des Bergrechts im Deutschen Reich auf die völlig anders liegenden Umstände in den neuen Kolonien notwendig,[902] muss dabei das Argument hinzugefügt werden, dass die Gewährung dieser umfassenden Bergbaukonzessionen zudem ein Anreiz für die DKGfSWA darstellen sollte, entsprechend den politischen Absichten der Reichsregierung in Eigenregie den infrastrukturellen Aufbau des Schutzgebietes zu übernehmen und durch die erhofften Gewinne aus den auf den Bergbau erhobenen Gebühren, Abgaben und Steuern[903] zumindest anteilig zu finanzieren. Die Einschränkung, dass eine solche Finanzierung des Schutzgebietes aus den Einnahmen erst nach einer Anlauffrist von fünf Jahren zu erfolgen hätte,[904] als auch die Tatsache, dass vom Regelungsgehalt dieser Vorschrift nur Gold und Edelsteine erfasst waren, alle anderen Mineralien sich aber gleichsam in einem rechtsfreien Raum befanden, zeugen davon, dass der Gesetzgeber zwar schnell einen konkreten Sachverhalt – die vermeintlichen Goldfunde am Swakopfluss – rechtlich absichern wollte, die allgemeinen Erfolgsaussichten des Bergbaus in Südwestafrika jedoch nicht als unmittelbar gegeben ansah. Die damalige Einschätzung wurde durch die Schwierigkeiten der Durchsetzung der deutschen Schutzherrschaft im Allgemeinen[905] und den sich anschließenden schnellen Zusammenbruch des Goldbergbaus im Speziellen[906] bestätigt.

In der Folgeregelung durch die Kaiserliche Bergverordnung von 1889 schien der Grundsatz der Schürf- und Bergbaufreiheit zunächst durch die Erweiterung der unter die Bergfreiheit fallenden Mineralien ausgebaut worden zu

901 S.o. III. A. 1. b) (3).
902 S.o. III. A. 1. c) und d).
903 Vgl. §§ 34, 49 und 50 der Kaiserlichen Bergverordnung von 1888.
904 Vgl. § 52 Absatz 1 der Kaiserlichen Bergverordnung von 1888.
905 S.o. II. A. 2. b) (2) (d).
906 S.o. III. A. 1. d) (3).

sein.[907] Durch die Regelungen dieser Verordnung sollte die Aufnahme eines Bergbaubetriebes möglichst vereinfacht, dann jedoch durch den eingeführten Betriebszwang[908] auch durchgesetzt werden.

Tatsächlich wurde die Schürffreiheit jedoch stark eingeschränkt, da die DKGfSWA und andere Land- und Minengesellschaften, die zwischenzeitlich vielfältige Bergbaurechte erworben oder übertragen bekommen hatten, durch die neue Verordnung nicht mehr dazu verpflichtet waren, Dritten das Schürfen und Gewinnen von Mineralien auf den fraglichen Gebieten zu gestatten. In der Zeit bis zur Jahrhundertwende blieb das Interesse der Reichsregierung auch im Hinblick auf den Bergbau weiterhin darauf gerichtet, den Aufbau des Schutzgebietes durch Land- und Minengesellschaften zu gewährleisten. Es zeigte sich jedoch, dass es diesen Gesellschaften fast nur um den Erhalt von Konzessionen zwecks Spekulation auf mögliche spätere Funde ging, ohne dabei den Bergbau durch Erschließung und Untersuchung des Landes selbst durch eigene Expeditionen und Investitionen voranzubringen. Obwohl auch die Gebühren und Abgaben im Vergleich zur Vorgängerregelung durch die neue Verordnung substantiell verringert wurden, kam es nicht zu einer durchgreifenden Entfaltung bergbaulicher Aktivitäten.

Da die Gesellschaften ihr Land für den Bergbau durch Dritte geschlossen hielten, stand die Realität also insoweit im Gegensatz zu der durch die bisherigen Kaiserlichen Bergverordnungen von 1888 und 1889 postulierten Schürf- und Bergbaufreiheit, als mehr als drei Viertel der Fläche des Schutzgebietes sich im Eigentum der Landgesellschaften befanden oder durch Minenkonzessionen von diesen kontrolliert wurden.

Als Zwischenergebnis lässt sich festhalten, dass die Verordnungen von 1888 und 1889 neben der Regelung des Bergbaus vor allem eine politische Komponente beinhalteten, die sich auf den grundlegenden Aufbau des Schutzgebietes bezog. Sie war insoweit ein Wechsel auf die Zukunft, durch den es möglichst einfach gemacht werden sollte, mit dem Aufsuchen von Mineralien und ihrem Abbau zu beginnen. Die Abgrenzung von Edelsteinen und normalen Mineralien zeigt, dass immer die Hoffnung auf große Funde bestand, und im System insoweit schon Vorkehrungen getroffen wurden, um flexibel eine Trennung oder Sonderregelung zu ermöglichen.

---

907 Vgl. § 1 der Kaiserlichen Bergverordnung von 1889, s. o. III. A. 1. e) (2).

908 Vgl. §§ 26, 27 der Kaiserlichen Bergverordnung von 1889.

b) Kaiserliche Bergverordnung von 1905

Die KBergVO vom 25. August 1905 bildete die zentrale Norm des Bergrechts im Schutzgebiet, auch über die deutsche Kolonialzeit hinaus. Sie war Vorbild für die fast wortgleiche Bergverordnung von 1906, die das Bergrecht der übrigen deutschen Schutzgebiete mit Ausnahme von Kiautschou[909] regelte.[910] Das Ziel der Schaffung eines einheitlichen Bergrechts, welches die Bergrechtswissenschaft sich bereits 1861 gesetzt hatte und in Deutschland letztlich erst durch das Bundesberggesetz vom 13. August 1980 umgesetzt werden konnte, wurde für die Gebiete der deutschen Kolonien mit dieser Bergverordnung damit bereits 1906 erreicht.[911]

In inhaltlicher Hinsicht setzte die KBergVO die Grundsätze der Verordnungen von 1888 und 1889 fort. Es blieb bei einer allgemeinen Schürf- und Bergbaufreiheit, die zwar insoweit ausgeweitet wurde, als es keiner Erlaubnis mehr für das nicht-exklusive Schürfen bedurfte, jedoch durch Sonderberechtigungen jederzeit außer Kraft gesetzt werden konnte. Allen Sonderberechtigungen lagen die Regeln der KBergVO nunmehr gleichsam als Auffangrecht zugrunde.[912] Das Bergrecht wurde an die Bedürfnisse der wachsenden Kolonie angepasst: Es fanden sich nun Rechtsschutzbestimmungen und Regelungen, die Konflikte durch sich überschneidende Rechte mehrerer Parteien im Vorhinein verhindern sollten.[913] Der angelaufene Bergbau sollte durch die Einführung eines strengeren, überprüfbaren Betriebszwanges weiter vorangebracht werden.[914] Dass die Regelungen der KBergVO nun von einem funktionierenden und lohnenswerten Bergbaubetrieb ausgingen, lässt sich auch an der Senkung der Feldessteuer zugunsten einer neuen Förderabgabe erkennen.[915] Eine durch den Herero- und Nama-Aufstand zu erklärende, auffallende Besonderheit ist zudem die nun erstmals explizit in das Gesetzeswerk aufgenommene, umfassende Diskriminierung der indigenen Bevölkerung.

---

909 Hier fiel dem Staatsfiskus ein Bergregal für alle nach dem preußischen Allgemeinen Berggesetz bergfreien Mineralien zu, § 1 der Verordnung betreffend das Bergwesen im Kiautschougebiete vom 16. Mai 1903, abgedruckt in: Deutsche Kolonialgesetzgebung, Band VII, S. 306; Hoffmann (Edler von) 1907, S. 134.

910 Kaiserliche Bergverordnung für die afrikanischen und Südseeschutzgebiete mit Ausnahme von Deutsch-Südwestafrika vom 27. Februar 1906, RGBl. 1906, S. 363 ff.; abgedruckt in: Deutsche Kolonialgesetzgebung, Band X, S. 36-55.

911 Brassert, in: Zeitschrift für Bergrecht, Band 1 (1861), S. XI; zitiert nach: Westhoff und Schlüter 1910, S. 163.

912 Vgl. § 93 KBergVO.

913 Vgl. §§ 5, 44 KBergVO.

914 Vgl. § 57 KBergVO.

915 S.o. III. A. 2. c) (3) (d).

Die Regelungen der KBergVO sind insbesondere im Zusammenhang mit den Verhandlungen und Konflikten, die von der Regierung mit den Landgesellschaften zu dieser Zeit geführt wurden,[916] zu betrachten. Die Regierung rückte demnach nicht von der grundsätzlichen Politik ab, den Bergbau maßgeblich durch mit Sonderrechten versehene private Kapitalgesellschaften betreiben zu lassen, wollte sich dabei jedoch in größerem Umfang als bisher Gestaltungsrechte und Einnahmequellen sichern und zu einer auch tatsächlichen Umsetzung des durch die KBergVO postulierten Prinzips einer allgemeinen Bergbaufreiheit kommen.

c) Diamantenbergbau

Nachdem durch den Bergrezess vom April 1908 die Besitzungen des größten privaten Halters von Bergrechten, der DKGfSWA, unter die allgemeine Bergbaufreiheit zurückfallen sollten, haben die speziellen Regelungen, die in Folge des Bekanntwerdens der Diamantenfunde am südlichen Küstenstreifen des Schutzgebietes im Juli 1908 erlassen wurden, die Durchführung dieser Vereinbarung wenn auch nicht gänzlich, so aber doch für die entscheidenden Gebiete verhindert.

Durch die Errichtung des Sperrgebietes[917] hat die Reichsregierung den zuvor eingeschlagenen Kurs der Förderung der allgemeinen Bergfreiheit aus fiskalischen und wohl auch politischen Gründen für den wirtschaftlich bedeutendsten Teil des südwestafrikanischen Bergbaus *ad absurdum* geführt. Jedoch muss angeführt werden, dass die in dieser Sache geführten Verhandlungen mit der DKGfSWA und ihrer Rechtsnachfolgerin, der DDG, dazu führten, dass diese in – freilich in wirtschaftlicher Hinsicht in wesentlich uninteressanteren Gebieten – ihre exklusiven Bergrechte aufgaben.[918] Die Sonderregelung des Diamantenbergbaus kann so als ein Vehikel bezeichnet werden, durch das der DKGfSWA ihre umfangreichen Sonderrechte abgetrotzt wurden, um diese dann unter der allgemeinen Bergbaufreiheit der KBergVO zu vereinheitlichen.

In rechtlicher Hinsicht ist herauszustellen, dass die Sonderregelung des Diamantenbergbaus trotz dieses Politikwechsels komplett in dem von der KBergVO gesteckten Rahmen der Sonderrechte nach §§ 93, 94 KBergVO sowie der erweiterten Befugnisse des Reichskanzlers zur Änderung der Vorschriften hin-

916 Als deren prominenteste Ergebnisse die Freigabe ihrer Besitzungen durch die DKGfSWA von 1898 sowie der mit der DKGfSWA vereinbarte "Bergrezess" von 1908 zu nennen sind, s.o. III. A. 1. e); III. A. 2. a) (2) sowie III. A. 2. d).

917 S.o. III. A. 3. b).

918 S.o. III A. 3. c).

sichtlich des Edelsteinbergbaus (§ 96 Nr. 3) und der Gebühren, Steuern und Abgaben (§ 96 Nr. 5) erfolgte.

d) Fazit

Das Bergrecht in Deutsch-Südwestafrika war insoweit in maßgeblichen Punkten eine Übernahme des preußischen Allgemeinen Bergrechts, als die Regelungen der Bergfreiheit, also der Abtrennung der Rechte an Mineralien von den Rechten des Grundeigentümers, an den im Reichsgebiet geltenden Leitsätzen ausgerichtet waren.

Gerade in der Anfangszeit kam den bergrechtlichen Regelungen jedoch auch eine starke politische Rolle zu, um so die gewünschte Entwicklung und Erschließung des Schutzgebietes zu fördern. Dazu blieb die Ausgestaltung des kolonialen Bergrechts flexibel und war stets praxisorientiert. Durch mögliche Sonderberechtigungen waren Ausnahmen vorgesehen und wurden in Form der Konzessionen für die Kolonialgesellschaften auch mannigfaltig umgesetzt, was zu einem zwanglosen Umgang mit Prinzipien, also den Grundsätzen von Bergregal und Bergfreiheit führte, die je nach Entwicklung wirtschaftlicher Bedürfnisse abgeändert wurden.

Die Landgesellschaften konnten die ihnen in der Entwicklung der Kolonie vorgesehene Rolle jedoch nicht ausfüllen, was nicht zuletzt an ihrem – gerade durch ausbleibende Rohstofffunde bedingten – wirtschaftlichen Misserfolg lag. Daraufhin änderte sich der Kurs der Regierung, um die durch die exklusiven Sonderrechte der Gesellschaften erfolgte Sperrung des Großteils des Schutzgebietes für bergbauliche Aktivitäten Dritter durch eine Ausdehnung der allgemeinen Bergbaufreiheit zu überwinden.

Der Fund von Diamanten katalysierte diese rechtspolitischen Bestrebungen. Das entgegen der bergrechtlichen Grundsätze eingeführte Diamantenbergbaumonopol half dabei, die allgemeine Bergbaufreiheit in weiten Teilen des Landes durchzusetzen, was seit Jahrzehnten durch die aus den Anfangszeiten des Schutzgebietes überkommenen Rechte der Land- und Minengesellschaften verhindert worden war. Diese Betrachtung ist freilich rein rechtstheoretisch: In der Praxis führte die Diamantenpolitik der Reichsregierung zu einer offenkundigen Spaltung der Interessen der Regierung des Reiches und der Bewohner der sich mehr und mehr emanzipierenden Kolonie – es wird wohl kaum einen „Südwester“ gegeben haben, der nicht zugunsten eines Schürffeldes im Sperrgebiet auf Bergrechte in anderen Landesteilen verzichtet hätte.

B. Bergrecht im südafrikanischen South West Africa

Die Darstellung des Bergrechts während der südafrikanischen Besatzungszeit lässt sich in zwei Abschnitte einteilen: Nach einer grundsätzlichen Übernahme des Bergrechts des Schutzgebietes Deutsch-Südwestafrika und dessen schrittweiser Anpassung und Abänderung erfolgte nach Ausbruch des Zweiten Weltkrieges die Außerkraftsetzung der KBergVO und die Neuordnung des südwestafrikanischen Bergrechts durch neue Gesetze, zunächst durch die *Mining Consolidation and Amendment Proclamation* von 1940. Die sich anschließenden Gesetzesreformen orientierten sich an den oben dargestellten Perioden der politischen Entwicklung. In die Zeit der Verhärtung des Konfliktes mit den Vereinten Nationen[919] und der Reformen durch den *South West Africa Affairs Amendment Act* von 1949[920] fiel die durch die neue *Legislative Assembly* erlassene *Mines, Works and Minerals Ordinance* von 1954. Diese wurde schließlich im Jahr 1968 durch die *Mines, Works and Minerals Ordinance* ersetzt, nachdem es einen Monat zuvor zur Umsetzung des Odendaal-Planes zur staatsrechtlichen Neuausrichtung von *South West Africa* durch den *South West Africa Constitution Act* von 1968 gekommen war.[921] Letztgenannte Regelung hatte bis zur Unabhängigkeit Namibias Bestand.

1. Fortgeltung des deutschen kolonialen Bergrechts ab dem 1. Januar 1920

a) Hintergrund

Das nach der deutschen Kapitulation in Südwestafrika am 11. Juli 1915 eingesetzte Militärgouvernement[922] traf noch im gleichen Monat erste Anordnungen mit Bezug zum Bergbau.

Zunächst wurden alle rechtlichen Regeln bezüglich des Inverkehrbringens von Rohdiamanten[923] sowie des Schürfbetriebes auf Diamanten[924] streng reglementiert.[925] Ebenso wurde die etwaige Vergabe von Bergbau-Lizenzen durch indige-

919 S.o. II. A. 3. a) (3) (c).

920 S.o. II. A. 3. b) (1) (c) (ii).

921 S.o. II. A. 3. b) (1) (c) (iii).

922 S.o. II. A. 3. b) (1) (a).

923 Traffic in Rough Diamonds Proclamation No. 9 of 1915, Gazette vom 13. August 1915.

924 Prospecting for Diamonds Proclamation No. 19 of 1915, Gazette vom 20. Oktober 1915.

925 Die Produktion war zunächst auf 10.000 Karat pro Monat begrenzt. Bis 1917 wurde diese Quote auf 30.000 Karat pro Monat erhöht, die aufgrund Arbeitskräftemangels und fehlender Maschi-

ne Häuptlinge nach der deutschen Kapitulation rückwirkend für den Zeitraum ab Ausbruch der kriegerischen Auseinandersetzung zwischen Deutschland und Großbritannien am 4. August 1914[926] durch den Militärgouverneur für nichtig erklärt.[927] Mit der *Control and Treatment of Natives on Mines Proclamation*[928] wurde den südafrikanischen Offizieren die Kontrolle über den Arbeitsbetrieb in den Minen übertragen (Section 1), für die das südafrikanische System der Kasernierung der indigenen Arbeiter in abgeschlossenen *Compounds*[929] eingeführt (Sections 6, 17) und Ungehorsam, Arbeitsverweigerung und -unfähigkeit unter harte Strafen gestellt wurden (Section 3).

Durch diese Proklamationen wurde keine Novellierung des Bergrechts an sich veranlasst. Die neuen Regelungen dienten vor allem der Sicherung der Betriebsabläufe in den Gruben unter Bewahrung des vor dem Kriege herrschenden *status quo*. Die Diamantengewinnung lag aufgrund der weitgehenden Suspendierung durch das Militärgouvernement bis auf eine Minimalförderung brach. Mangels weitergehender Regelungen blieb das Schicksal des Bergrechts in dieser Zeit wenn auch nicht gänzlich unklar, so doch zumindest in der Schwebe.

Als nach dem Ende des Ersten Weltkrieges und der Aushandlung des grundlegenden Inhalts des Friedensvertrages von Versailles im Dezember 1919 die Einführung des römisch-holländischen Gemeinrechts durch die *Administration of Justice Proclamation*[930] zum 1. Januar 1920 angeordnet worden war, befasste sich der südwestafrikanische *Administrator* in den unmittelbar darauf folgenden Proklamationen sogleich mit der Regelung des Bergrechts.

Da der politische Status von Südwestafrika nunmehr geklärt war, ging es neben der Wiederherstellung der ursprünglichen Betriebsabläufe im Bergbau dabei vor allem darum, inwieweit die Konzessionsvergaben an Kolonialgesellschaften durch die neue Administration anerkannt werden sollten – und in welcher Form die neuen Herren gleichsam als „Kriegsbeute“[931] einen möglichst großen Nutzen aus dem Diamantenreichtum des Landes für sich ziehen konnten. Zur Prüfung der Frage, ob und in welchem Umfang die zu deutscher Zeit erteilten Bergbaukonzessionen und Sonderberechtigungen von Gesellschaften, insbesondere der DKGfSWA, aufrecht erhalten werden sollten, wurde im Dezember 1919 durch

---

nen und Ersatzteile nicht erfüllt werden konnte. Zur Diamantenförderung von 1915-1919 s. Otzen 1952, S. 12 f.; ausführlich: Schneider 2009, S. 116–119.

926 S.o. II. A. 3. a) (1).

927 Concession from Natives, Proclamation No. 8 of 1915, Gazette vom 13. August 1915.

928 Proclamation No. 3 of 1917, Gazette vom 16. März 1917.

929 Dazu Fisch 1991, S. 170 f.

930 S.o. II. A. 3. b) (2) (b).

931 So Otzen 1952, S. 15.

den *Administrator* eine dreiköpfige Kommission eingesetzt.[932] Bis zu deren Entscheidung waren alle aus den entsprechenden Rechten der größten Gesellschaften erzielten Einnahmen zur treuhänderischen Verwaltung an die südwestafrikanische Administration zu leisten.[933]

Mitte 1920 legte die Kommission dem *Administrator* ihr – nichtöffentliches – Ergebnis vor: Während der Vorsitzende eine vollständige Konfiszierung aller bestehenden Rechte vorschlug, sprachen sich die beiden Beisitzer für eine Beibehaltung des *status quo* aus.[934] Der *Administrator* folgte wohl nicht zuletzt aus fiskalischen Gründen der Minderheitsmeinung und begann sogleich mit deren rechtlicher Umsetzung.

b) Verordnungskompetenz des Administrators

Die Verordnungskompetenz des *Administrators* leitete sich zunächst vom südafrikanischen *Governor-General* ab, der nach dem *Treaty of Peace and South Africa Mandate Act* von 1919 zur Gesetzgebung für *South West Africa* ermächtigt war und diese Kompetenzen an den dort eingesetzten *Administrator* übertragen hatte.[935] Explizit davon ausgenommen waren jedoch laut Section 4 Subsection 2 des *Treaty of Peace and South West Africa Mandate Act* von 1919 die Neuvergabe von Land- und Bergrechten. Schon aufgrund dieser Ausnahme hätte eine völlige Abänderung und Neuregelung des Bergrechts wohl außerhalb der Kompetenzen des *Administrators* gelegen.

Nach Erlass des *South West Africa Constitution Act* von 1925 blieb das Bergrecht von der Gesetzgebungskompetenz der neuen *Legislative Assembly* ausgenommen,[936] so dass der *Administrator* die an ihn delegierte Verordnungskompetenz behielt.

c) Anmerkung zur Gesetzessprache

Wie die südafrikanische[937] erfolgte auch die südwestafrikanische Gesetzgebung zweisprachig in den beiden Amtssprachen Afrikaans und Englisch. Von den bei-

---

932 Concession Commission Appointment, Proclamation No. 19 of 1919, Gazette vom 24. Dezember 1919.

933 Im Einzelnen waren dies: die DKGfSWA, OMEG, SWAC, South African Territories Limited, KLMG und die Hanseatische Minen-Gesellschaft; Schedule 1, Mining Rights of Concession Companies, Proclamation No. 23 of 1919, Gazette vom 24. Dezember 1919.

934 Otzen 1952, S. 14.

935 Section 1, 2; s.o. II. A. 3. b) (1) (b).

936 Section 26 lit. (b), Section 44; s.o. II. A. 3. b) (2) (i).

937 Zimmermann 1983, S. 47.

den veröffentlichten Versionen wurde jeweils nur eine Ausgabe durch den Herausgeber unterzeichnet. Diese war dann in Zweifelsfällen maßgeblich. Bis zum Ausbruch des Zweiten Weltkrieges wurden alle neuen Gesetze im südwestafrikanischen Amtsblatt, der *Official Gazette*, zudem auch auf Deutsch veröffentlicht. Die deutsche Version hatte jedoch keinen amtlichen Charakter und konnte daher in Auslegungsfragen nicht verbindlich zu Rate gezogen werden.

Die übernommenen deutschen Regelungen hingegen wurden amtlich sowohl ins Englische wie auch ins Afrikaanse übersetzt. In Auslegungsfragen behielt dabei der deutsche Wortlaut die maßgebliche Autorität.

Soweit im Folgenden von übernommenen deutschen Regelungen in ihrer ursprünglichen oder novellierten Fassung die Rede ist, wird weiterhin von Paragraphen und der jeweiligen Verordnung gesprochen. Im Übrigen werden neue Regelungen des südafrikanischen Gesetzgebers mit ihrem englischen Namen bezeichnet und die jeweilige Section angegeben.

d) Inhalt

(1) Grundlegende Übernahme der deutschen KBergVO

Entsprechend des Interesses der neuen Besatzungsmacht an der wirtschaftlichen Bedeutung des Diamantenbergbaus erging zunächst die *Diamond Mining Proclamation*[938] vom 12. Dezember 1919, welche die 1915 erfolgten Einschränkungen wieder aufhob:

> „*[...]*
>
> *(1) All and singular the provisions of the law relating to prospecting for, mining and disposal of rough or uncut diamonds as it existed in the Protectorate on the 4th August, 1914, shall again become of full force and effect from the date of this Proclamation.*
>
> *(2) For the objects and purposes of the said law the Administrator may assume such functions of the Diamond Regie of the South-West Africa Protectorate as he may deem fit. [...]*“

Durch diese Proklamation Nr. 22 wurden am 12. Dezember 1919 mit sofortiger Wirkung alle vor Kriegsbeginn im Schutzgebiet Deutsch-Südwestafrika geltenden Bestimmungen für das Aufsuchen, Gewinnen und Inverkehrbringen von Rohdiamanten wieder in Kraft gesetzt, wobei der *Administrator* nach Belieben in die Rechte der Diamantenregie eintreten konnte.

Da das übrige Bergrecht im Gegensatz zu den Regelungen des Diamantenbergbaus nicht explizit suspendiert worden war, bedurfte es auch keiner entspre-

938 Proclamation No. 22 of 1919, Gazette vom 24. Dezember 1919.

chenden Wiedereinsetzung der Regelungen. Um aufgrund der unklaren Lage in den Kriegsjahren Rechtssicherheit für die Zeit zwischen 1915 und 1919 herzustellen, wurde am 12. Dezember 1919 die *Suspension of Mining Law Ended Proclamation*[939] erlassen, die in ihrer Section 1 festlegte:

> „*[...]*
>
> *(1) All requirements of the German Imperial Mining Ordinance of the 8th August, 1905, whether as modified in terms of any Agreement made by the late Government of the Protectorate with any person or company or not, in respect of rights obtained by persons in this Protectorate prior to its occupation by the Military Forces of the Union of South Africa, shall be deemed to have been suspended and inoperative during the period from the 4th August, 1914, to the 31st December, 1919, and shall come again into operation on the 1st January, 1920, save as provided herein or by any other provision of law; [...]*"

Diese rückwirkend erklärte Suspendierung der Regelungen der KBergVO gewährte allen Bergbautreibenden, die ihre Rechte in dieser Zeit haben ruhen lassen, eine Übergangsfrist bis zum 16. Februar 1912, um ihren nun erneut entstandenen Verpflichtungen, mithin Gebühren- und Abgabenzahlungen, nachzukommen oder die ihrer Ansicht nach während der Zeit der Suspendierung erworbenen Rechte, mithin die Belegung neuer Schürffelder, bei der Administration anzumelden (Section 2).

Da die Übernahme der KBergVO implizit und die aller rechtlichen Regelungen mit Bezug zum Diamantenbergbau explizit per Proklamation bereits am 12. Dezember 1919 und damit noch vor der Einführung des römisch-holländischen Gemeinrechts zum 1. Januar 1920 durch den *Administrator* deklariert wurde, ergibt sich ihre Weitergeltung demnach schon durch Section 1 Subsection 2 der *Administration of Justice Proclamation* von 1919, die alle vor dem 1. Januar 1920 erlassenen Proklamationen des *Administrators* bestätigte. Dadurch erübrigt sich an dieser Stelle eine Überprüfung, inwieweit die dergestalt bestätigten Regelungen dem römisch-holländischen Recht widersprechen.

Das deutsche koloniale Bergrecht mit der KBergVO als ihrem Kernstück galt damit auch nach dem 1. Januar 1920 in *South West Africa* fort. Zeitgleich mit den soeben beschriebenen Regelungen kam es jedoch durch die *Mines Proclamation* vom 12. Dezember 1919[940] bereits zur ersten einer ganzen Reihe von Novellierungen der KBergVO.

939 Proclamation No. 25 of 1919, Gazette vom 24. Dezember 1919.

940 Proclamation No. 24 of 1919, Gazette vom 24. Dezember 1919.

(2) Novellierungen der KBergVO von 1919 bis 1937

Die Bestimmungen der KBergVO wurden zunächst insoweit an die neue politische Situation angepasst, als die Währung umgestellt und die Reichsmark durch den *Shilling Sterling* ersetzt wurde; anstelle der Bezirksgerichte nun auf die durch die *Administration of Justice Proclamation* errichteten *District Courts* verwiesen und alle durch die KBergVO vormalig dem Reichskanzler übertragenen Befugnisse dem *Administrator* zugewiesen wurden, wobei entsprechend den Vorgaben von Section 4 Subsection 2 des *Treaty of Peace and South Africa Mandate Act* von 1919[941] die Befugnis zur Erteilung von Sonderberechtigungen nach § 93 KBergVO sowie die Beteiligung von Grundeigentümern an den Förderabgaben nach § 86 KBergVO ausgenommen wurden.[942]

Neben weiteren kleineren praktischen Anpassungen und der Entfernung von Verweisen auf deutsche Gesetze oder Verordnungen[943] hat die KBergVO bis 1940 in drei wesentlichen Bereichen Anpassungen erfahren:

(a) Bergfreie Mineralien

Zunächst wurde im Dezember 1919 der Anwendungsbereich insoweit ausgedehnt, als die unter § 1 II. KBergVO enumerierten gemeinen bergfreien Mineralien unter Nr. 3 lit. e) nunmehr um „*Phosphates (organic and inorganic) and Guano*" ergänzt wurden.[944] Im Jahr 1925 wurde sodann der Verweis auf Edelsteine in § 1 I Nr. 2 KBergVO durch eine Aufzählung (*diamonds, rubies, emeralds and sapphires*) konkretisiert und Fluorspar als bergfreies gemeines Mineral zu § 1 II. Nr. 2 KBergVO hinzugefügt.[945]

(b) Schürflizenzen und Schürffelder

Des Weiteren wurde die allgemeine Schürffreiheit nach § 10 KBergVO eingeschränkt. Schürfarbeiten durften ab 1919 nur noch von Inhabern einer Schürflizenz (*prospecting license*) durchgeführt werden. Eine solche wurde gegen eine

941 Vgl. o. III. B. 1. b).

942 Mines Proclamation No. 24 of 1919, Section 1 lit. (a), (b) und (c), Gazette vom 24. Dezember 1919.

943 Vgl. etwa Mines Proclamation No. 24 of 1919, Section 1 lit. (g).

944 Zunächst nur unter dem Begriff *mineral phosphates*: Mines Proclamation No. 24 of 1919, Section 1 lit. (d); später auf den obigen Wortlaut konkretisiert, Mining Law Amendment Proclamation No. 29 of 1921, Section 2, Official Gazette vom 21. Juli 1921.

945 Mining Law Further Amendment Proclamation No. 15 of 1925, Section 2 Subsection 1, Official Gazette vom 1. August 1925.

monatliche Gebühr von zwei *Shilling and Sixpence* durch die *Mining Authority* als Nachfolgerin der Bergbehörde oder den Magistrat des jeweiligen Distrikts vergeben, wobei die Einzelheiten dieser Lizenz im Übrigen durch den Ausgebenden frei bestimmt werden konnten.[946] Voraussetzung für die Verleihung einer solchen Schürflizenz war eine Sicherheitsleistung durch den Antragsteller, die den ordnungsgemäßen Rückbau und die Wiederherstellung des durch Schürfarbeiten veränderten Geländes gewährleisten sollte.[947]

Die Genehmigung des Bergbaus auf „Eingeborenenland" oblag nun nicht mehr der Lokalverwaltung, sondern wurde auf den *Administrator* übertragen.[948] Die Verleihung von Bergrechten im Sinne der KBergVO an die indigene Bevölkerung wurde völlig ausgeschlossen. Nachdem die Möglichkeit einer Ausnahmegenehmigung für die Erteilung von Bergrechten an die indigene Bevölkerung durch Aufhebung des § 2 KBergVO im Jahre 1919 zunächst beseitigt worden war,[949] wurde § 10 KBergVO im Jahre 1926 explizit um den Passus ergänzt, dass eine Schürflizenz nur an weiße Personen über 18 Jahre verliehen werden durfte.[950]

Schürffelder im Sinne des § 23 KBergVO konnten nur noch von Inhabern einer solchen Schürflizenz abgesteckt werden.[951] Nach einer Neufassung des § 11 KBergVO waren Schürfarbeiten nunmehr auch an Plätzen verboten, die gewohnheitsrechtlich von der Öffentlichkeit genutzt wurden und konnten im freien Ermessen der *Mining Authority* zudem für bestimmte Landstriche gänzlich untersagt werden.[952]

Neben kleineren Änderungen bezüglich der Kenntlichmachung von Schürffeldern und einer Verschärfungen der Regelungen zur Zahlung der Schürffeldgebühren wurde vor allem eine Betriebspflicht als neuer § 31 Absatz 1 KBergVO eingeführt, der den Inhaber bei Androhung des Entzuges seiner Schürfrechte

946 Mines Proclamation No. 24 of 1919, Section 1 lit. (m); Mining Law Further Amendment Proclamation No. 15 of 1925, Section 3.

947 Mines Proclamation No. 24 of 1919, Section 1 lit. (m); diese Bestimmung wurde 1937 weiter konkretisiert: es war eine Banksicherheit zu leisten, deren Höhe durch die Mining Authority auch im Nachhinein angepasst werden konnte. Eine solche Sicherheitleistung wurde auch zur Voraussetzung der Umwandlung eines Schürffeldes in ein Bergbaufeld nach § 48 KBergVO; Mining Law Further Amendment Proclamation No. 2 of 1937, Sections 2 und 3, abgedruckt in: Laws of South West Africa, Vol. XVI (1937), S. 238-242.

948 Mines Proclamation No. 24 of 1919, Section 1 lit. (n).

949 Mines Proclamation No. 24 of 1919, Section 1 lit. (e).

950 Mining Law Amendment Proclamation No. 10 of 1926, Section 2, Official Gazette vom 3. August 1926.

951 Mines Proclamation No. 24 of 1919, Section 1 lit. (o).

952 Mining Law Amendment Proclamation No. 10 of 1926, Section 3, Official Gazette vom 3. August 1926.

verpflichtete, einen Schürfbetrieb zur Zufriedenheit der *Mining Authority* innerhalb einer von dieser frei festsetzbaren Frist aufzunehmen.[953] Während die Regelungen hinsichtlich der vorgeschriebenen rechteckigen Form der Schürffelder gelockert wurden, um so eine bessere Ausnutzung des Landes zu gewährleisten, wurden die Sanktionen des Verbotsverstoßes verschärft, anlässlich von Schürfarbeiten geförderte Mineralien ohne explizite Erlaubnis der *Mining Authority* zu verwerten.[954]

(c) Ausweitung der Geltung auf das gesamte Protektorat

Die wichtigste Änderung erfuhr die KBergVO durch Section 2 Subsection 2 der *Mining Law Amendment Proclamation*[955] von 1920, durch die der zweite Halbsatz des § 93 KBergVO entfiel. Durch den Wegfall des Passus „[…], soweit sich nicht aus dem Inhalte der Berechtigung ein anderes ergibt" (*so far as the deed conveying such privileges does not otherwise specify*) ist die Anwendbarkeit der KBergVO damit durch einen Federstrich ohne Ausnahmen auf das gesamte Protektorat ausgedehnt worden. Rechtsmittel gegen diese Maßnahme, die in den Subsections 1 und 3 der Section 2 der Proklamation durch eindeutige deklaratorische Bestimmungen gestützt wurde, konnten gemäß Section 3 nicht eingelegt werden.

(d) Rechtliche Bewertung der Novellierungen

Auch wenn zunächst die Vorschriften der KBergVO unter ihrer alten Bezeichnung als das maßgebliche Bergrecht in *South West Africa* eingesetzt wurden, stellt sich aufgrund der Vielzahl der Novellierungen durch Proklamationen des *Administrators* die Frage, ob die KBergVO dadurch in ihrem Kern und Wesensgehalt verändert wurde und so nur noch dem Namen nach fort galt. Als Ansatzpunkt für eine solche Überprüfung bietet sich § 96 KBergVO an, da die Funktion von Reichskanzler und *Administrator* als Vertreter der Exekutive vergleichbar war.[956] Eine Novellierung der KBergVO durch den *Administrator* kann deren Wesensgehalt nicht verändern, wenn auch der Reichskanzler entsprechend den

953 Mining Law Further Amendment Proclamation No. 15 of 1925, Section 8.

954 Mining Law Amendment Proclamation No. 10 of 1926, Sections 4 und 5, Official Gazette vom 3. August 1926.

955 Proclamation No. 59 of 1920, Official Gazette vom 24. November 1920.

956 S.o. II. A. 2. c) (2) (b) und II. A. 3. b) (2) (a); überdies wurden die Funktionen des Reichskanzlers dem Administrator mit Hinblick auf die KBergVO auch explizit zugewiesen, s.o. III. B. 1. d) (2).

Bestimmungen der KBergVO zu ebensolchen Veränderungen befugt gewesen wäre.

Die Anordnung der Anwendung der Bestimmungen der KBergVO auf andere Mineralien als die unter § 1 KBergVO genannten fiel nach § 96 Absatz 1 Satz 2 KBergVO ausdrücklich in den Kompetenzbereich des Reichskanzlers. Die Erweiterung des § 1 KBergVO um organische und anorganische Phosphate, Guano und Fluorspar sowie die Aufzählung der Edelsteine veränderte den Wesensgehalt der KBergVO somit nicht.

Auch die Abschaffung der allgemeinen Schürffreiheit durch die Einführung von durch die Bergbehörde zu verleihenden Schürflizenzen konnte nach § 96 Absatz 2 Nr. 4 KBergVO durch den Reichskanzler angeordnet werden. Zur Neufestsetzung der Abgaben, Steuern und Gebühren war er nach § 96 Absatz 2 Nr. 5 KBergVO, zur Regelung der Zuständigkeit von Behörden nach § 96 Absatz 2 Nr. 2 KBergVO ermächtigt. Die Novellierung der Regelungen zur Aufsuchung von Mineralien erscheint schon aufgrund dieser Bestimmungen nur noch hinsichtlich der Einführung eines Betriebszwanges in § 31 Absatz 1 KBergVO und der Sperrung von Landstrichen für den Schürfbetrieb durch die *Mining Authority* in der Neufassung des § 11 KBergVO zweifelhaft.

Anders als in den vorherigen Fällen ergibt sich eine direkte Ermächtigung des Reichskanzlers zur Regelung des Schürfbetriebes insoweit nicht, als diese sich nach § 96 Absatz 2 Nr. 3 KBergVO nur auf Edelsteine und Edelmineralien, nicht jedoch auf gemeine Mineralien erstreckte. Bezüglich der beiden fraglichen Punkte lässt sich gegen eine Wesensveränderung der KBergVO jedoch anführen, dass beide Veränderungen ihrem Kern nach bereits in der Ausgangsversion der KBergVO bekannt waren: einen Betriebszwang enthielt die KBergVO für Bergwerkseigentümer in § 57, die Sperrung von Gebieten für den Schürfbetrieb konnte – wenn freilich auch nur, soweit ein öffentliches Interesse bestand – bereits in der alten Fassung des § 11 KBergVO angeordnet werden. Gegen eine Abänderung, die dem deutschen kolonialen Bergrecht fremd wäre, spricht in diesem Falle jedoch auch die Tatsache, dass die Kaiserlichen Bergverordnungen von 1888 (§ 7) und von 1889 (§ 3) Regelungen enthielten, nach denen der Schürfbetrieb nur auf dafür von der Bergbehörde eröffneten Gebieten statthaft war. Nach dem Grundsatz *a maiore ad minus* kann die Ermächtigung zu einer nachträglichen Sperrung einzelner Landstriche dem Charakter dieser Regelungen zugerechnet werden.

Die Ausdehnung der Anwendung der KBergVO auf das gesamte Protektorat durch den Wegfall der Anerkennung von Sonderrechten nach § 93 2. Halbsatz KBergVO fällt zwar ebenfalls nicht unter die Kompetenzen des Reichskanzlers nach § 96 KBergVO. Die Einstufung dieser Novellierung als eine Änderung des Wesensgehaltes der KBergVO würde jedoch einen Widerspruch darstellen – die bloße Ausweitung der Geltung eines Gesetzes impliziert schließlich keinerlei Änderung des eigentlichen Regelungsgehaltes.

Durch die erfolgten Novellierungen wurde die KBergVO somit nicht in ihrem Wesensgehalt verändert, es hat sich vielmehr um Anpassungen gehandelt, die den Rechtscharakter der Vorschrift unangetastet gelassen haben.

e) Entwicklung

Der *Administrator* trat mit Hinblick auf das Bergrecht in die Befugnisse des Reichskanzlers und des Reichskolonialamtes sowie der Diamantenregie ein. Die Funktion der Bergbehörde übernahm in der südwestafrikanischen Administration der *Inspector of Mines* mit Sitz in Windhuk,[957] dem später als Nachfolgerin der Bergbehörde die *Mining Authority* unterstellt wurde.

(1) Konzessionen

Die *Mining Law Amendment Proclamation* von 1920, durch welche die Sonderrechte der Gesellschaften abgeschafft wurden, führte in ihrem Anhang die wenigen Ausnahmen zu dieser Regelung auf. Erwähnenswert sind in dieser Hinsicht lediglich die DKGfSWA und die OMEG – allen anderen Gesellschaften wurden ihre Rechte meist vollumfänglich aberkannt. Erstere behielt den Anspruch auf alle Abgaben, Steuern und Gebühren aus unter der vormaligen Konzession bereits vergebenen Bergbaufeldern[958] sowie auf die Beteiligung an der Besteuerung der im Sperrgebiet gewonnenen Diamanten gemäß der Vereinbarung mit dem Reichskolonialamt vom 7. August 1912 und 16. Januar 1913, letztere behielt ihr Grundeigentum in der Otavi-Region.[959]

Zur Wahrnehmung dieser übriggebliebenen Rechte hatten die Gesellschaften sich als Gesellschaften in der *Union of South Africa* oder dem Protektorat *South West Africa* zu registrieren und aus ihren Satzungen alle Einflussmöglichkeiten

957 Vgl. Suspension of Mining Law Ended, Proclamation No. 25 of 1919, Section 3, Official Gazette vom 24. Dezember 1919.

958 Dieser wurde in der Praxis häufig dadurch unterlaufen, dass die Administration es zugelassen hat, dass Bergwerkseigentümer ihre Felder aufgaben und unmittelbar danach die Verleihung derselben Felder nach den Regeln der KBergVO beantragten; Otzen 1952, S. 20.

959 Mining Law Amendment Proclamation No. 59 of 1920, Schedule, Official Gazette vom 24. November 1920. Während Konzessionen für Gesellschaften, die durch die deutsche Kolonialverwaltung vergeben worden waren, auch wieder entzogen werden konnten, traf dies nicht für die DKGfSWA und die KLMG zu, die ihre Rechte aus noch vor der deutschen Kolonialzeit erfolgten Erwerbungen ableitete. Die Enteignung dieser beiden Gesellschaften ist folglich mit Max Otzen als Willkürakt der südwestafrikanischen Administration zu bewerten; Otzen 1952, S. 15 f.

der deutschen Regierung oder deutscher Anteilseigner, etwa durch Sperrminoritäten, zu streichen.[960] Die DKGfSWA ging aufgrund dieser Vorschriften in der *South-West Finance Corporation, Limited* (SWFC) auf,[961] während die OMEG in Form einer Aktiengesellschaft weiterexistierte.[962]

Dieser rechtliche Umbruch wurde insoweit relativiert, als den ehemaligen Inhabern der drei größten Konzessionen – der OMEG mit der Konzession für die Otavi-Region, der SWAC mit der Damaraland-Konzession und der KLMG – ihre vormaligen Rechte nun im Rahmen einer Sonderberechtigung nach § 94 KBergVO, und somit unter der Geltung dieser Verordnung, befristet zurückgewährt wurden.[963] Die Änderungen durch diese rechtliche Rochade blieben mit Blick auf den tatsächlichen Bergbaubetrieb vor Ort demnach ohne Bedeutung.

(2) Konsolidierung des Diamantenbergbaus

Obwohl die Anerkennung ihrer Rechte durch die südafrikanische Regierung zugesichert wurde,[964] entschlossen sich die DDG und die Betreiber der sieben weiteren deutsch-südwestafrikanischen Diamantenfirmen, die ihre Bergbauberechtigungen aus der Vergabe von Bergwerkseigentum durch die DKGfSWA vor Schließung des Sperrgebietes ableiteten,[965] ihre Interessen mit denen der südafrikanischen Diamantenwirtschaft zu bündeln, als nach dem Verlust des 1. Weltkrieges die Möglichkeit einer Enteignung der DKGfSWA absehbar wurde. Dadurch wurde nicht nur eine bessere Absicherung gegen eine mögliche südafrikanische Siegerwillkür, sondern vor allem auch die Umgehung der Institution der Diamantenregie insoweit bezweckt, als die südafrikanische Diamantenwirtschaft ihre Produktion eigenständig vermarkten konnte.[966] Nach Verhandlungen mit der südafrikanischen *Anglo-American Corporation of South Africa Ltd.* wurde unter dem 9. Februar 1920 die *Consolidated Diamond Mines of South Africa Ltd.* (CDM) gegründet, in der alle beteiligten Diamantenfirmen aufgingen.[967] Die SWFC erwarb als Tochterfirma der CDM alle Rechte an der DKGfSWA.

960 Mining Law Amendment Proclamation No. 59 of 1920, Section 1 Subsection 1.

961 Schneider 2009, S. 125.

962 http://www.otavi.de/de/geschichte.html, zuletzt abgerufen am 17. April 2012.

963 Kaoko Land- und Minen-Gesellschaft Temporary Mining Reserve, Proclamation No. 60 of 1920; Otavi Minen- und Eisenbahn-Gesellschaft Temporary Mining Reserve, Proclamation No. 61 of 1920; South West Africa Company Limited Temporary Mining Reserve, Proclamation No. 62 of 1920; Official Gazette vom 24. November 1920. Die Befristungen wurden regelmäßig verlängert.

964 Otzen 1952, S. 315 f.

965 S.o. III. A. 3. a).

966 Otzen 1952, S. 21 f.

967 Schneider 2009, S. 122 f.

Die Hoffnungen auf einen eigenständigen Vertrieb der Diamanten erfüllten sich jedoch nicht. Der Genehmigungsvorbehalt für alle Diamantenverkäufe verblieb bei dem *Administrator*, mit dem *Diamond Board* wurde keine Verwertungsgesellschaft nach dem Vorbild der Diamantenregie, sondern lediglich ein Gremium geschaffen, das den *Administrator* bei seinen Entscheidungen beriet.[968]

Durch das sogenannte *Halbscheid-Agreement*[969] vom 15. Januar 1923 wurde zwischen der CDM als Rechtsnachfolgerin der DDG und der südwestafrikanischen Administration als Rechtsnachfolgerin des Landesfiskus von Deutsch-Südwestafrika vereinbart, dass die Verpflichtung zur Gründung einer neuen Gesellschaft zur Ausbeutung der Mineralien im Sperrgebiet[970] entfallen und deren Rechte und Pflichten nunmehr durch die CDM wahrgenommen werden sollten.[971] Die sich aus diesem Abkommen ergebende Verpflichtung der CDM, den südwestafrikanischen Fiskus zur Hälfte an dem Nettogewinn der Mineralförderung im Sperrgebiet zu beteiligen,[972] sowie alle anderen Verpflichtungen zur Zahlung von Abgaben, Steuern, Gebühren und Gewinnbeteiligungen aus den übernommenen Vereinbarungen zwischen der DKGfSWA, DDG und dem deutschen Fiskus, wurden von der CDM und der südwestafrikanischen Administration durch die Vereinbarung einer pauschalen Abgabe ersetzt.[973]

(3) Wirtschaftliche Entwicklung

(a) Diamantenabbau

Nachdem die rechtlichen Rahmenbedingungen derart ausgestaltet worden waren, konnte der Diamantenabbau Anfang der 1920er Jahre nach einem schwachen Start mit Erfolg fortgesetzt werden. In klarer Abgrenzung zu der restlichen Wirtschaft des Landes entwickelte sich der Diamantenbergbau schnell zu einer Hochtechnologiebranche, die zwischen 1920 und 1930 zwischen 45 und 60 Prozent des südwestafrikanischen Exportvolumens ausmachte.[974] Die Weltwirt-

---

968 Diamond Board Establishment Proclamation No. 4 of 1921; abgedruckt in: Laws of South West Africa, Vol. I (1915-1922), S. 544.

969 Abgedruckt bei: Otzen 1952, S. 339–343.

970 Vgl. das Abkommen vom 7. Mai 1910, s.o. III. A. 3. c).

971 Diese Vereinbarung ist noch heute in Kraft. Sie war zunächst auf 50 Jahre befristet und wurde zuerst 1970, zuletzt 2010, wenn auch nach erheblichen Umstrukturierungen, verlängert.

972 Clause 3 des Halbscheid-Agreements, abgedruckt bei: Otzen 1952, S. 342.

973 Consolidated Royalty Agreement, abgedruckt bei: Otzen 1952, S. 343–347. Zur dieser Besteuerung ausführlich Otzen 1952, S. 24–35; Schneider 2009, S. 248 f.

974 Schneider 2009, S. 253.

schaftskrise führte ab dem Jahr 1931 zu einem starken Einbruch der Erträge, die mit dem Verlust vieler Arbeitsplätze einherging, von der insbesondere deutschstämmige Arbeitnehmer betroffen waren.[975]

Nach dieser Krise erfuhr die Diamantenförderung Mitte der 1930er Jahre einen gewaltigen Schub durch die Ausbeutung der bereits 1927 entdeckten reichhaltigen Felder an der Mündung des Oranjeflusses und des südlichen Küstenstreifens.[976] Nachdem die Diamantenausfuhr während der Weltwirtschaftskrise nur noch einen Anteil von 5 Prozent am Exportvolumen hatte, pendelte sich der Anteil in den Folgejahren vor Beginn des Zweiten Weltkrieges zwischen 10 und 25 Prozent ein.[977]

(b) Abbau gemeiner Mineralien

Der Bergbau auf gemeine Mineralien entwickelte sich aufgrund der für einen wirtschaftlichen Abbau notwendigen hohen Anfangsinvestitionen im Vergleich zu dem Diamantenabbau nur zögerlich. In Verbindung mit den schwankenden Weltmarktpreisen war eine gewinnbringende Förderung, etwa von Eisenerz im Kaokofeld, durch die hohen Betriebskosten oft nicht rentabel, so dass der Bergbau fast ausschließlich in der Hand großer Kapitalgesellschaften war und viele bekannte Vorkommen brach lagen.[978] Die Mine in Tsumeb blieb die mit Abstand größte und mit einer Teufe von über 1.500 Metern tiefste Buntmetallmine in Südwestafrika. Sie wurde bis zum Ausbruch des Zweiten Weltkrieges weiterhin erfolgreich durch die OMEG betrieben, deren Betriebe 1940 beschlagnahmt und 1947 von der amerikanisch kontrollierten *Tsumeb Corporation Ltd.* übernommen wurden.[979] Auch der Bergbau auf gemeine Mineralien wurde durch die Weltwirtschaftskrise hart getroffen.[980]

975 Blumhagen 1934, S. 113.
976 Schneider 2009, S. 167–174; Wellington 1967, S. 111 f.
977 Schneider 2009, S. 254.
978 Blumhagen 1934, S. 115; Wellington 1967, S. 113; Bilger 1976, S. 529.
979 Wellington 1967, S. 113 f.; Schippling 1991, S. 174 f.
980 Blumhagen 1934, S. 114–117; Wellington 1967, S. 114 f.

2. Neufassungen des Bergrechts durch den südwestafrikanischen Gesetzgeber

a) Hintergrund

Am 28. Februar 1940 trat als *Mining Consolidation and Amendment Proclamation*[981] ein zusammenhängendes Berggesetz in Kraft, durch dessen Section 2 die Regelungen der KBergVO in ihrer aktuellsten Fassung aufgehoben wurden. In formeller Hinsicht endete an diesem Tag somit die Geltung des deutschen Bergrechts in Südwestafrika.

Die sich anschließenden Gesetzesreformen orientierten sich zeitlich an den oben dargestellten Perioden der politischen Entwicklung. In die Zeit der Verhärtung des Konfliktes mit den Vereinten Nationen[982] und der Reformen durch den *South West Africa Affairs Amendment Act* von 1949[983] fiel die durch die neue *Legislative Assembly* erlassene *Mines, Works and Minerals Ordinance* von 1954. Diese wurde schließlich im Jahr 1968 durch die *Mines, Works and Minerals Ordinance* ersetzt, nachdem es einen Monat zuvor zur Umsetzung des Odendaal-Planes zur staatsrechtlichen Neuausrichtung von *South West Africa* durch den *South West Africa Constitution Act* von 1968 gekommen war.[984] Diese Regelung hatte bis zur Unabhängigkeit Namibias Bestand.

Die detaillierte Wiedergabe der gesamten Inhalte jedes einzelnen dieser Berggesetze aus südafrikanischer Zeit würde nicht nur den Rahmen der Darstellung sprengen, sondern aufgrund der großen Ähnlichkeit vieler Vorschriften auch zu vielen unnötigen Wiederholungen führen. Aufbauend auf der ausführlichen Beschreibung der KBergVO und ihrer Novellen beschränken sich die folgenden Darstellungen insoweit neben der jeweiligen Beschreibung von Geltungsbereich und allgemeinen Grundsätzen auf die maßgeblichen Neuerungen und Änderungen, die durch das jeweilige Gesetz im Vergleich zur KBergVO und dem oder den Vorgängergesetzen implementiert wurden. Mit Blick auf die Fragestellung ist diese Vorgehensweise ausreichend, um am Ende dieses Abschnittes die Kontinuität der Berggesetzgebung Südwestafrikas zu Zeiten der südafrikanischen Besatzung beurteilen zu können.

981 Proclamation No. 4 of 1940, Official Gazette vom 28. Februar 1940.

982 S.o. II. A. 3. a) (3) (c).

983 S.o. II. A. 3. b) (1) (c) (ii).

984 S.o. II. A. 3. b) (1) (c) (iii).

b) Mining Consolidation and Amendment Proclamation von 1940

Nach Überwindung der Weltwirtschaftskrise konnte die südwestafrikanische Diamantenindustrie mit der Ausbeutung der neuen Vorkommen am Oranjemund beginnen, die sich als die weltweit reichste Diamantenlagerstätte ihrer Zeit erwies.[985]

Es mögen zum einen diese rosigen Aussichten gewesen sein, zum anderen die Erfahrung der Wirtschaftskrise, welche die Diamantenausfuhr Südwestafrikas in den Jahren 1933 und 1934 auf null hatte sinken lassen,[986] die die Administration Mitte der 1930er Jahre zu einer Reform des Bergrechts inspirierte, um ihren Einfluss auf den Bergbau und insbesondere den Diamantenvertrieb ausdehnen zu können. Der erste Entwurf eines neuen Berggesetzes wurde 1938 veröffentlicht,[987] nach der Kritik der Diamantenproduzenten[988] an der Ausweitung der Befugnisse der Bergbehörde sowie des *Administrators* jedoch überarbeitet und im Anschluss vom *Administrator* aufgrund seiner Verordnungsbefugnis[989] in Kraft gesetzt.

(1) Geltungsbereich und Grundsätze

Section 1 der Proklamation von 1940 bestimmte den Geltungsbereich und übertrug alle Rechte zur Aufsuchung, Gewinnung und Verwertung von Mineralien auf die Administration von Südwestafrika:

> *„The right of mining for and disposing of precious and base minerals in the Territory including the territorial waters thereof and the sea bottom within such territorial waters, is vested in the Administration and no precious or base mineral shall be searched for or won save in accordance with the provisions of this Proclamation."*

Es folgte in der Tradition südafrikanischer Gesetze[990] in Section 3 ein breiter Definitionskatalog von Begrifflichkeiten zur Vermeidung von Unklarheiten und Erleichterung der Gesetzesinterpretation, der auch die gemeinen (*base)* und Edelmineralien (*precious minerals)* definierte. Im Vergleich zur novellierten KBergVO wurden Uranerze und Doppelspat zur Gruppe der gemeinen Mineralien gezählt,

985 Schneider 2002, S. 83; Schneider 2009, S. 167–174.

986 Schneider 2009, S. 254.

987 Draft Mining Consolidation and Amendment Proclamation No. 23 of 1938, Official Gazette vom 17. August 1938.

988 Vorgetragen in einem Brief des Geschäftsführers der CDM an den Administrator vom 28. Februar 1939; abgedruckt in: Otzen 1952, S. 545–548.

989 S.o. III. B. 1. b).

990 Dazu Zimmermann 1983, S. 48 f.

Salze in Salzpfannen waren nicht mehr von den Bestimmungen ausgenommen.[991] Der *Administrator* konnte die Zugehörigkeit anderer Mineralien zur Gruppe der gemeinen oder Edelmineralien durch Bekanntmachung erklären. Der räumliche Geltungsbereich der Proklamation von 1940 ergab sich aus den in Section 13 definierten Grenzen. Die indigene Bevölkerung blieb insoweit vom Bergbau ausgeschlossen, als eine Schürflizenz nach Section 18 Subsection 1 der Proklamation von 1940 auch weiterhin nur an weiße Europäer ab 18 Jahren verliehen werden durfte.[992]

Laut Section 75 der Proklamation von 1940 konnte der *Administrator* für bestimmte Gebiete eine Sonderberechtigung (*deed of grant*) für das ausschließliche Aufsuchen und Gewinnen für bestimmte Mineralien verleihen, in denen die Bestimmungen der Proklamation von 1940 anwendbar waren, soweit sie nicht durch die Sonderberechtigung abgeändert worden waren. Abgesehen von einer Ergänzung, nach der eine solche Sonderberechtigung gemäß Section 42 Subsection 2 der Proklamation von 1940 gleich einer Umwandlungsurkunde (*deed of conversion*) in einem *Mining Area Register* zu registrieren war, entsprach diese Vorschrift sinngemäß dem § 94 KBergVO.

(2) Aufsuchung von Mineralien

(a) Schürflizenzen

Das Schürfen (*prospecting*) blieb den Inhabern einer Schürflizenz (*prospecting licence*) vorbehalten. In örtlicher Hinsicht wurde die Schürferlaubnis nun nicht mehr auf einen *magisterial district* beschränkt, sondern galt auf dem gesamten Gebiet der sogenannten „Polizeizone“[993], wodurch nur die nördliche Grenzregion als „Eingeborenenland“ grundsätzlich von Schürfarbeiten ausgeschlossen war (Section 13). Die durch die novellierte KBergVO noch in das Ermessen der *Mining Authority* gelegten Verleihungsmodalitäten und –voraussetzungen einer solchen Lizenz wurden nunmehr detailliert geregelt (Sections 18-20). Im Rahmen einer Novelle wurde 1948 die Vergabe von Schürflizenzen für Gebiete innerhalb

---

991 Mining Consolidation and Amendment Proclamation No. 4 of 1940, Section 3 "*base minerals*" lit. (h) und (m).

992 Ausgenommen waren lediglich die Mitglieder der *Rehobother Baster* auf dem *Rehoboth Gebiet*. In Gütergemeinschaft verheiratete Frauen durften nur mit schriftlicher Zustimmung des Ehemannes eine Schürflizenz besitzen.

993 Zur Polizeizone Woeller 2005, S. 49 f.; ausführlich zur Frage des Landbesitzes unter südafrikanischer Herrschaft Woeller 2005, S. 56–77.

von Reservaten auch an die dort lebende – beziehungsweise zwangsumgesiedelte – indigene Bevölkerung gestattet.[994]

Nach Section 14 Subsection 2 lit. (a) der Proklamation von 1940 wurde das vormals absolute Verbot von Schürfarbeiten auf öffentlichen Siedlungsflächen, Friedhöfen, Straßen und Eisenbahnen aufgehoben und diese nunmehr wie auch das der indigenen Bevölkerung zugewiesene Land lediglich einem Genehmigungsvorbehalt durch den *Inspector of Mines* unterstellt.

(b) Schürffelder

Das Abstecken von Schürffeldern (*claims*) war weiterhin an eine gültige Schürflizenz gebunden, ebenso wurde weiterhin zwischen gemeinen und Edelmineralschürffeldern unterschieden (Section 20). Sie mussten nach wie vor grundsätzlich eine rechteckige Form haben und durften eine Maximalgröße von 200 x 100 Metern (Edelmineralien) und 600 x 300 Metern (gemeine Mineralien) aufweisen, womit ihr Umfang im Vergleich zu den Regelungen der KBergVO um die Hälfte verringert wurde (Section 22).[995]

In Section 27 der Proklamation von 1940 wurde der *Inspector of Mines* ermächtigt, auf allen Schürffeldern den Beginn von „den Mineralvorkommen angemessenen Schürfarbeiten“ (*prospecting operations appropriate to the character of the mineral deposit on such claim*) binnen einer Frist von mindestens drei Monaten anzuordnen. Da sich die Proklamation darüber ausschweigt, wie genau der Charakter eines Mineralvorkommens zu bemessen war, wurde durch diese Vorschrift die Möglichkeit geschaffen, unter nur vagen Voraussetzungen einen direkten Betriebszwang auch für Schürffelder einzuführen.

Das Verwertungsverbot von anlässlich von Schürfarbeiten gewonnen Mineralien in Anlehnung an den novellierten § 22 KBergVO wurde durch Section 31 der Proklamation von 1940 insoweit verschärft, als eine Ausnahme für wissenschaftliche oder experimentelle Zwecke nun nicht mehr vorgesehen war und auch der Erwerb solcher Mineralien von einem Schürffeldinhaber nun bei Strafe nur dann gestattet war, wenn der Käufer nachweisen konnte, dass ihm vom Verkäufer eine entsprechende Ausnahmegenehmigung des *Inspector of Mines* vorgelegt worden war.

---

994 Mining Consolidation and Amendment (Further Amendment) Proclamation No. 27 of 1948, Section 1, Official Gazette vom 1. Juli 1948.

995 Auch die anfallenden Gebühren wurden um die Hälfte verringert, Mining Consolidation and Amendment Proclamation No. 4 of 1940, Section 25 Subsection 1. Ein indirekter Betriebszwang wurde durch die Bestimmung eingeführt, dass sich die zu zahlenden Gebühren für alle nicht in Bergbaufelder umgewandelten Schürffelder nach zwei Jahren verdoppelten.

(3) Gewinnung von Mineralien

(a) Bergbaufelder

Schürffelder konnten entsprechend dem Vorbild der §§ 37, 38 KBergVO auf Antrag des Inhabers in Bergbaufelder (*mining areas*) umgewandelt werden (Section 37). Nach Ablauf von zwei Jahren konnte eine Zwangsumwandlung jedoch nicht mehr durchgeführt werden, der *Inspector of Mines* konnte lediglich die Schließung des Schürffeldes aufheben (Section 38).

Eine bedeutende Änderung war die in Section 42 der Proklamation von 1940 erstmals eingeführte gesetzliche Verpflichtung des Antragstellers, die Vermessung (*survey*) als Voraussetzung für die Umwandlung durch einen staatlichen Landvermesser auf eigene Kosten ausführen zu lassen. Deren Genehmigung durch den staatlichen *Surveyor General* war Voraussetzung für die Durchführung der Umwandlung.

(b) Bergwerkseigentum

Die Rechte und Pflichten des Bergwerkseigentümers wurden durch die Proklamation von 1940 insoweit beschränkt, als dem *Inspector of Mines* nunmehr neben der Entscheidung über die Wasserbenutzung (Section 54) auch ein Genehmigungsvorbehalt für die Errichtung aller Arten von Vorrichtungen und Hilfsbauen durch den Bergwerkseigentümer im freien Feld zustand (Section 52). Ebenso konnte die Aufhebung des Bergwerkseigentums nunmehr durch einseitige Erklärung des *Inspector of Mines* erfolgen (Section 58 Subsection 4).

Eine bedeutende Einschränkung des Bergwerkseigentums erfolgte in Form eines Genehmigungsvorbehaltes des *Inspector of Mines* für die Verwertung von Mineralien im Allgemeinen (Section 62 Subsection 6 i.V.m. Section 31) sowie für jeglichen Export von gemeinen oder Edelmineralien aus dem Protektorat *South West Africa* im Besonderen (Section 73). Durch diese Bestimmung wurde die Entscheidungsgewalt über die Verwertung von Mineralien *de facto* allein in die Hände der südwestafrikanischen Administration gelegt. 1944 erfolgte eine Novellierung, nach der ein Verkauf von Gold und Silber nur noch über die in Südwestafrika registrierten Handelsbanken erfolgen durfte.[996]

996 Mining Amendment Proclamation No. 9 of 1944, Section 7 Subsection 1, Official Gazette vom 15. Februar 1944.

(c) Abgaben

Die Feldessteuer wurde durch Section 61 der Proklamation von 1940 auf jährlich 40 *Shilling* pro Hektar für Edelmineralbergbaufelder, für gemeine Bergbaufelder auf zwei *Shilling* und *Sixpence* pro Hektar, mindestens jedoch 40 *Shilling* festgelegt. Die Höhe einer zu erhebenden Förderabgabe wurde in das Ermessen des *Administrators* gelegt, der diese für alle Mineralien mit Ausnahme von Diamanten durch Proklamation festlegen konnte (Section 62).

Die Rechte der Bergbehörde in Form des *Inspector of Mines* gegen säumige Zahler wurden in vielerlei Hinsicht gestärkt: Die Verwertung von Mineralien konnte bei Zahlungsverzug von Gebühren und Abgaben untersagt werden (Sections 51 lit. (c), 61 Subsection 6 i. V. m. Sections 31, 79), zudem konnte die Gestellung einer Sicherheitszahlung für zukünftige Gebühren verlangt werden (Section 61 Subsection 4). Alle geförderten Mineralien sowie darauf errichtete Vorrichtungen und Hilfsbaue waren mit den für das Bergbaufeld anfallenden Gebühren dinglich belastet (Sections 61 Subsection 4, 79).

(4) Rechte und Pflichten des Grundeigentümers

Im Hinblick auf Rechte und Pflichten des Grundeigentümers gegenüber Schürfern und Bergwerkseigentümern entfiel nun die Verpflichtung von Schürfer und Bergwerkseigentümer zum Grunderwerb im Falle von fortdauernder Benutzung. Die Beteiligung des Eigentümers von landwirtschaftlich genutztem Land an der Förderabgabe in Höhe von einem Viertel nach Section 71 der Proklamation von 1940 entsprach zunächst den Vorschriften des § 86 KBergVO, wurde 1944 jedoch auf eine Pauschalzahlung von monatlich einem *Shilling* pro Schürffeld und jährlich einem *Shilling* pro angefangenem Hektar des Bergbaufeldes abgeändert.[997]

(5) Bergverwaltung

In Chapter 1 der Proklamation von 1940 wurden die Kompetenzen der Bergbehörde in Form des *Inspector of Mines* geregelt, der vom *Administrator* ernannt wurde (Section 5) und neben den in der Proklamation vorgesehenen Aufgaben für die bergpolizeiliche Aufsicht, insbesondere auch den Arbeits- und Umweltschutz zuständig war und dafür entsprechende Verordnungen (*regulations*) erlassen konnte (Section 6).

997 Mining Amendment Proclamation No. 9 of 1944, Section 8 Subsection 1, Official Gazette vom 15. Februar 1944.

(6) Rechtsschutz

Nach Section 12 Subsection 1 der Proklamation von 1940 waren Beschwerden gegen Entscheidungen des *Inspectors of Mines* innerhalb von drei Wochen nach Erlass schriftlich vorzutragen. Die Entscheidung des *Inspector of Mines,* zu der er in analoger Anwendung der Prozessordnung für die *Magistrates' Courts* Zeugen und Sachverständige hinzuziehen konnte (Section 8), war endgültig, ein Beschreiten des Rechtsweges war nicht vorgesehen.

Der Rechtsweg war in Section 12 Subsection 2 der Proklamation von 1940 jedoch ausdrücklich vorbehalten für alle zivilrechtlichen Ansprüche, die ein Betroffener aus dem römisch-holländischen Gemeinrecht geltend machen konnte. Ebenso wurde der Grundeigentümer hinsichtlich seiner Rechte gegen den Schürfer oder Bergwerkseigentümer neben der Beschwerde auf den Zivilrechtsweg verwiesen (Sections 36, 48 Subsection 2, 70 Subsection 2).

c) Mines, Works and Minerals Ordinance von 1954

Nach Zustimmung des *Administrators* am 25. Juni 1954 trat am 13. Juli 1954 die *Mines, Works and Minerals Ordinance*[998] in Kraft, welche die *Mining Consolidation and Amendment Proclamation* von 1940 aufhob (Section 3) und deren Vorschriften ersetzte. Durch den *South West African Affairs Amendment Act* von 1949[999] gehörte das Bergrecht nun nicht mehr zu den Sachgebieten, die nach Section 26 des *South West Africa Constitution Act* von 1925 der Regelung durch *Governor-General* und *Administrator* vorbehalten waren und fiel damit in den Kompetenzbereich der *Legislative Assembly.*

(1) Geltungsbereich und Grundsätze

Die grundlegende Section 1 der Rechtsverordnung von 1954 stimmt mit Ausnahme des expliziten Verweises auf den Meeresboden mit der Proklamation von 1940 überein:

> *„The right of mining for and disposing of precious and base minerals in the Territory, including the territorial waters, is vested in the Adminstration and no precious or base mineral shall be searched for or won save in accordance with the provisions of this Proclamation."*

In den sich in Section 2 der Rechtsverordnung von 1954 anschließenden Begriffsbestimmungen werden Mineralien (*minerals*) erstmals durch eine Negativdefinition umrissen:

---

998 Ordinance No. 26 of 1954, Official Gazette vom 13. Juli 1954.

999 S.o. II. A. 3. b) (1) (c) (ii).

„[...] „mineral" shall mean and include all mineral substances that can be obtained from the earth by mining, digging, drilling, dredging, quarrying or other operations and shall include guano as well as coal, oil shale, natural oil, natural gas, and brine, but shall not include water;

Provided that subject to the provisions of section seventeen, sub-section (3) hereof the term mineral shall not apply to soil, sand, clay, gravel or stone (other than limestone or marble) if these mineral substances are bona fide required for –

(i) Agriculture.
(ii) Building.
(iii) Fencing.
(iv) Road making.
(v) The manufacture of bricks and tiles.
(vi) The construction of sports fields or air fields.
(vii) The construction of bridges, dams, reservoirs, weirs, canals, or irrigation works.
(viii) Railway construction.
(ix) Any other purpose so declared by the Administrator by notice in the Official Gazette.

[...]"

Die letztgenannte Ausnahme konnte durch den *Administrator* gemäß Section 17 Subsection 3 der Rechtsverordnung von 1954 im Falle einer gewerblichen Verwertung ausgesetzt werden. Im Rahmen einer Übergangsfrist von drei Monaten ab Geltung der Rechtsverordnung wurde den Landbesitzern angesichts dieser Ausweitung der bergfreien Mineralien ein Vorzugsrecht für das Abstecken von Schürffeldern auf Marmor, Feldspar und andere, vormals dem Grundeigentum zugerechnete Rohstoffe gestattet.[1000] Die Definition von Edelmineralien in Section 2 der Rechtsversordnung von 1954 entsprach dem Wortlaut der Proklamation von 1940.

Durch *deed of grant* konnte der *Administrator* weiterhin nicht übertragbare Sonderberechtigungen verleihen, die dem Berechtigten das exklusive Schürfrecht auf einzelne oder alle Mineralien für ein bestimmtes Gebiet sicherten (Section 58 Subsections 1, 6). Mit Genehmigung des *Administrators* konnte in diesen Gebieten ohne den Umweg eines Schürffeldes die sofortige Verleihung des Bergwerkseigentums beantragt werden (Section 59 Subsection 1). Davon abgesehen fielen ansonsten aber alle bergbaulichen Aktivitäten unter die Regelungen der Ordinance von 1954 (Section 58 Subsection 3, Section 59 Subsection 3).

Durch die Rechtsverordnung von 1954 kam es darüber hinaus zu folgenden maßgeblichen Abweichungen und Neuerungen:

1000 Mines, Works and Minerals Ordinance No. 26 of 1954, Section 17 Subsection 2; im Einzelnen: *Apatite, Barytes, Borax, Carnalite, Corundum, Cryolite, Feldspar, Garnet, Gypsum, Limestone, Marble, Talc, Vermiculite.*

(2) Aufsuchung von Mineralien

(a) Schürflizenzen

Das freie Schürfen war Inhabern einer Schürflizenz weiterhin innerhalb der gesamten sogenannten „Polizeizone“[1001] erlaubt. Das Schürfverbot wurde auf Flugplätze (*air fields*) sowie auf Siedlungspunkte der indigenen Bevölkerung, sogenannte *Kraale*, und für *Townships* ausgewiesene Gebiete (*erfs*) ausgedehnt (Section 19). Vor der Aufnahme von Schürfarbeiten hatte der Inhaber seine Schürflizenz dem Grundeigentümer vorzuweisen und sein Vorhaben von diesem bestätigen zu lassen (Section 19 Subsection 1 lit. (c)).

(b) Schürffelder

Die Aufteilung in gemeine und Edelmineralschürffelder wurde durch Section 38 der Rechtsverordnung von 1954 für die Vergabe von neuen Schürffeldern aufgehoben. Diese Trennung blieb nur in bereits bestehenden Schürffeldern bestehen, soweit sich Rechte überschnitten.

Die Maße des neuen Einheitsschürffeldes betrugen 600 x 300 Meter (Section 24, Subsection 3). Als einheitliche Gebühr für ein Schürffeld waren nunmehr vier *Shilling* pro Monat zu entrichten (Section 29 Subsection 1). Diese Gebühr vervierfachte sich, wenn nach zwei Jahren keine Umwandlung in ein Bergbaufeld stattgefunden hatte (Section 29 Subsection 3).

Es durften nach wie vor keine auf dem Schürffeld geförderten Mineralien ohne Zustimmung des *Inspector of Mines* verwertet und verkauft werden (Sections 23 Subsection 2, 37 Subsection 1), allerdings ist die Ausnahme für die Entnahme kleiner Mengen zum Zwecke der wissenschaftlichen Bestimmung und Einordnung des Vorkommens wieder aufgenommen worden. Selbst bezüglich des ersten Fundes, der zur Anmeldung eines Schürffeldes geführt hatte, existierten nunmehr detaillierte Regeln: Sowohl die genaue Menge als auch der Aufbewahrungsort der geförderten Mineralien waren nachweispflichtig (Section 37 Subsection 1).

(3) Gewinnung von Mineralien

(a) Bergbaufelder

Auch im Hinblick auf Bergbaufelder wurde die Trennung zwischen gemeinen und Edelmineralien aufgegeben. Diese wurden nur noch für ein oder mehrere

1001 Zur Polizeizone s. Woeller 2005, S. 49 f.

konkret bezeichnete Mineralien verliehen, die auf dem Umwandlungsantrag angegeben werden mussten (Section 43 Subsection 4 lit. (f)).

Die verpflichtende Vermessung eines Bergbaufeldes wurde umfangreich reglementiert (Sections 43, 75-89).

(b) Bergwerkseigentum

Das Bergwerkseigentum wurde nach Section 41 Subsection 1 lit. (a) der Rechtsverordnung von 1954 nunmehr ausschließlich für die in der Umwandlungsurkunde bezeichneten Mineralien verliehen. Die Einschränkung hinsichtlich der Verwertung von Mineralien, die in der Proklamation von 1940 noch durch einen indirekten Verweis erfolgte, wurde in Section 41 Subsection 2 der Rechtsverordnung von 1954 explizit festgeschrieben.

(c) Abgaben

Die Feldesabgabe wurde durch Section 45 der Rechtsverordnung von 1954 auf jährlich drei *Shilling* pro angefangenem Hektar festgelegt, eine Förderabgabe wurde nicht festgesetzt.

(4) Rechte und Pflichten des Grundeigentümers

Zum Grunderwerb der Flächen des Landwirtes, die durch den Bergbaubetrieb nicht mehr bewirtschaftet werden konnten, wird der Bergwerkseigentümer in Section 71 der Rechtsverordnung von 1954 wieder verpflichtet, ohne dass eine bestimmte Mindestdauer für die fortgesetzte Nutzung festgelegt wurde. Neben einer Abgabe in Höhe von monatlich drei *Shilling* pro Schürffeld oder jährlich zwei *Shilling* pro angefangenem Hektar eines Bergbaufeldes war zudem eine Abgabe von monatlich zwei *Shilling* für jede auf dem Gebiet beschäftigte Person an den Grundeigentümer zu leisten (Section 73).

(5) Bergverwaltung

Neben dem bisherigen Amt des *Inspector of Mines* wurde die *Mines Division* geschaffen, die namens des *Administrators* die Aufsicht über die Bergbauindustrie ausüben sollte und ihn in allen diesbezüglichen Funktionen vertrat (Section 5 Subsections 1, 2). Der *Inspector of Mines* wurde durch eine Generalklausel zum Erlass von Anordnungen zur Gefahrenabwehr gegenüber allen Bergbaubetrieben ermächtigt (Section 6 Subsection 2). Die Kompetenz für den Erlass von bergpolizeilichen Verordnungen verblieb beim *Administrator* (Section 105).

Die Regelung der bergpolizeilichen Aufsicht in Chapter I der Rechtsverordnung von 1954 wurde durch eine Vielzahl von Einzelbestimmungen konkretisiert, insbesondere im Hinblick auf die Strafbarkeit der Verletzung von Sicherheitsbestimmungen, die zu Personenschäden führten (Sections 9-12). Zur Ahndung von Ordnungswidrigkeiten nach der Rechtsverordnung von 1954 wurde eine Sonderzuständigkeit der *Magistrates' Courts* begründet (Section 8 Subsection 2).

Durch Section 13 der Rechtsverordnung von 1954 wurden die Betriebsführer zum Erlass von Vorschriften zur Gewährleistung von Arbeitssicherheit sowie „Disziplin und Ordnung" (*discipline and order*) auf dem Betriebsgelände befugt. Nach Genehmigung durch den *Administrator* beziehungsweise der *Mines Division* erlangten diese Vorschriften Gesetzeskraft.

Der *Administrator* wurde durch Section 97 der Rechtsverordnung von 1954 ermächtigt, alle durch das Bergrecht gewährten Rechte gegen Entschädigung zu enteignen, wenn dieses dem öffentlichen Interesse diente. Frauen und Kinder unter 16 Jahren wurden erstmals von der Arbeit unter Tage ausgenommen (Section 104).

(6) Rechtsschutz

Gegen Entscheidungen des *Inspector of Mines* oder der *Mines Division* konnte nach wie vor binnen drei Wochen Beschwerde bei dem *Administrator* eingelegt werden. Das Beschwerdeverfahren wurde detaillierter ausgestaltet. Zuständig für die Entscheidung war nunmehr nach Wahl des Beschwerdeführers der *Administrator* allein oder ein *Special Committee*, das sich aus dem *Administrator* als Vorsitzendem und zwei von ihm bestimmten Beisitzern, von denen einer ein Betriebsführer eines Bergbaubetriebes sein musste, und zwei weiteren Mitgliedern nach Wahl des Beschwerdeführers zusammensetzte (Section 16). In beiden Fällen war die Entscheidung sofort rechtskräftig.

Für die Geltendmachung von Ansprüchen des Grundeigentümers auf Schadens- und/oder Wertersatz gegen Schürfer oder Bergwerkseigentümer und die Schlichtung von Streitigkeiten im Hinblick auf die Nutzungsüberlassung wurde als Schlichtungsstelle ein *Board of Adjudication* geschaffen, das in diesen Fragen Entscheidungen fällen konnte, gegen die eine Berufung zum *Administrator* möglich war (Section 66). Für Ersatz von Schäden an Grund und Boden sowie die Zahlung der gesetzlichen Abgaben wurde der Grundeigentümer daneben auf den Zivilrechtsweg verwiesen (Sections 51 Subsection 2, 74).

d) Mines, Works and Minerals Ordinance von 1968

Die *Mines, Works and Minerals Ordinance* von 1954 wurde durch die gleichlautende Rechtsverordnung der *Legislative Assemby* vom 27. Mai 1968 aufgehoben und ersetzt.[1002] Das Bergrecht fiel zu dieser Zeit nach Section 22 des *South West Africa Constitution Act* von 1968 noch in den Kompetenzbereich der *Legislative Assembly.*[1003]

(1) Geltungsbereich und Grundsätze

Section 2 der Rechtsverordnung von 1968 lautete:

> *"(1) Subject to the provision of subsection (2) the right of prospecting and mining for and disposing of precious and base minerals in the Territory, including its territorial waters and continental shelf, is vested in the Administration.*
>
> *(2) The right of prospecting and mining for and disposing of base minerals, excluding natural oil and source material, in any Native reserve is vested in the South Africa Bantu Trust. [...]"*

Nach den Vorgaben des Odendaal-Planes, der für etwa 40 Prozent der Fläche Südwestafrikas die Einrichtung von halbautonomen *homelands* (Bantustans) für die indigene Bevölkerung vorsah,[1004] wurde ein – durch Ausklammerung von Edelmineralien und Uran wirtschaftlich jedoch nur unbedeutender – Teil dieser Rechte an den Rechtsträger dieser jeweiligen Gebiete abgetreten.

Nachdem im Jahr 1969 die Zuständigkeit für alle bergrechtlichen Belange von der südwestafrikanischen *Legislative Assembly* wieder an Südafrika zurückfiel[1005], wurde der Schlussteil von Section 2 Subsection 1 in

> *„[...], is vested in the Minister. [...]"*

abgeändert.[1006] Gemäß der ebenfalls novellierten Section 1 (xxv) der Rechtsverordnung von 1968 war damit der *Minister of Mines of the Republic of South Africa* gemeint. Nach der Einsetzung des *Administrator-General*[1007] änderte dieser Section 2 Subsection 1 der Rechtsverordnung im Jahr 1978 schließlich folgendermaßen ab:

1002 Ordinance No. 20 of 1968, Laws of South West Africa, Vol. XLVII (1968), S. 149-279.

1003 S.o. II. A. 3. b) (1) (c) (iii).

1004 Woeller 2005, S. 65–68; s.o. II. A. 3. (a) (3) (c).

1005 South West Africa Constitution Act No. 39 of 1968 in der Fassung des South West Africa Affairs Act No. 25 of 1969 vom 1. April 1969, Section 22 Subsection 1 lit. (r); s.o. II. A. 3. b) (1) (c) (iii).

1006 Proclamation No. R 89 of 1969.

1007 S.o. II. A. 3. b) (1) (d).

„(1) *The right of prospecting and mining for and disposing of precious and base minerals in the Territory, including its territorial waters and continental shelf, is vested in the Administrator-General. [...]*“.[1008]

Durch diese letzten beiden Bestimmungen wurde das Bergregal in Südwestafrika erstmals personalisiert, nachdem es vormals nur dem unbestimmten Begriff der *Administration* zugeordnet war.

Die Definition von Mineralien erfolgte in Section 1 (xxiii) der Rechtsverordnung von 1968. Als Mineral galt danach:

„*[...] any substance, whether in solid, liquid or gaseous form, occurring naturally in or on the earth or bed of the sea and having been formed by or subjected to a geological process, but does not include water, not being water taken from the earth or sea for the extraction therefrom of a mineral: Provided that subject to the provisions of section 16 (2), the term mineral shall not apply to soil, sand, clay, gravel or stone (other than limestone or marble) if these substances are bona fide required for –*

(a) Agriculture.
(b) Building.
(c) Fencing.
(d) Road making.
(e) The manufacture of bricks and tiles.
(f) The construction of sports or air fields.
(g) The construction of bridges, dams, reservoirs, weirs, canals, or irrigation works.
(h) Railway construction.
(i) Any other purpose so declared by the Administrator[1009] *by notice in the Official Gazette.*

[...]“

Die Definition von Edelmineralien (*precious minerals*) in Section 1 (xxxiii) der Rechtsverordnung von 1968 entspricht wörtlich den vorhergehenden Definitionen in der Proklamation von 1940 und der Rechtsverordnung von 1954. Gemeine Mineralien werden nunmehr durch Section 1 (iv) der Rechtsverordnung von 1968 durch die Negativdefinition

„*‚base mineral‘ means all minerals other than precious minerals; [...]*“

von den Edelmineralien abgegrenzt.

Die Voraussetzungen für die Verleihung sowie die Inhalte von nicht übertragbaren Sonderberechtigungen für das Aufsuchen und Gewinnen von Mineralien (*exclusive prospecting rights* und *exclusive mining rights*) durch den *Admi-*

1008 Mineral Rights Proclamation AG 57 of 1978, Official Gazette vom 25. August 1978.

1009 Geändert zu *Minister*, Mines Works and Minerals Amendment Proclamation No. R 89 of 1969; geändert zu *Administrator-General* durch Proclamation No. AG 57 of 1978.

nistrator[1010] in Form der *deed of grant* wurden in Chapter IV nun wesentlich ausführlicher beschrieben. Erstmalig wurde der Zweck von Sonderberechtigungen im Gesetz deklaratorisch aufgeführt. Section 60 Subsection 2 der Rechtsverordnung von 1968 lautet:

„*[...] A grant under this section shall, inter alia, provide for –*

> *(a) the adequate prospecting of the grant area concerned to the satisfaction of the Administrator;*
>
> *(b) the keeping of such books, plans and records as may appear to the Administrator to be necessary, and the inspection and examination by the Administrator or any person authorised by him of such books, plans and records of such grant area; and*
>
> *(c) the payment by the holder of such grant of a rental determined by the Administrator. [...]*“[1011]

Gemäß Section 60 Subsection 1 lit. (a) der Rechtsverordnung von 1968 konnte eine solche Sonderberechtigung für das Aufsuchen von Mineralien nach wie vor freihändig und mit individuellen Konditionen durch den *Administrator* (*Minister, Administrator General*) verliehen werden. Zusätzlich war nun auch ein Ausschreibungsverfahren möglich (Section 60 Subsection 8).

Der notwendige Antrag musste umfangreiche Informationen enthalten: Der Antragsteller musste ein abbauwürdiges Mineralvorkommen auf dem fraglichen Gebiet nachweisen, dieses auf seine Kosten vermessen, einen Betriebsplan einreichen und eine ausreichende Finanzierung seines Vorhabens darlegen (Section 60 Subsection 3). Auch nachdem einem solchen Antrag stattgegeben und die *deed of grant* durch den *Registrar of Mining Titles* registriert worden war (Section 60 Subsection 1 lit. (e)), durfte der Begünstigte seine Rechte erst ausüben, nachdem er die gütliche Einigung oder den rechtskräftigen Abschluss einer Auseinandersetzung mit allen beteiligten Grundeigentümern nachgewiesen hatte (Section 60 Subsection 4 lit. (b), Subsection 7).

Den Inhabern einer Sonderberechtigung zum Aufsuchen von Mineralien (*exclusive prospecting rights*) konnten nach einem erneuten Antragsverfahren, dessen Voraussetzungen im Wesentlichen wiederum in der Vorlage eines Aussicht auf wirtschaftlichen Erfolg versprechenden Betriebsplanes und des Nachweises einer Finanzierung bestand (Section 61 Subsections 2, 3), eine Sonderberechti-

1010 Ab 1969 durch den *Minister of Mines*, ab 1978 durch den *Administrator-General*, s. Fn 1006 und Fn 1008.

1011 Die deklaratorische Begründung der *exclusive mining rights* in Section 61 Subsection 4 ist im Wesentlichen wortgleich, mit Ausnahme des Absatzes (c): „*the payment by the holder of such grant to the Administrator, in addition to taxation, or any share of profits as may be provided for in the mining grant, of a rental determined by the Administrator*“.

gung für die Gewinnung von Mineralien (*exclusive mining rights*) verliehen werden (Section 61 Subsection 1).

(2) Aufsuchung von Mineralien

(a) Schürflizenzen

Ohne eine entsprechende Sondergenehmigung blieb die Schürflizenz auf das Gebiet der „Polizeizone“ mit Ausnahme der Wildreservate und den der indigenen Bevölkerung zugewiesenen Gebieten beschränkt (Section 63 Subsection 1). Die Gebühr für eine Schürflizenz betrug 25 *Rand* pro Jahr (Section 20 Subsection 4). Den Inhabern wurde nunmehr die Verpflichtung auferlegt, alle Informationen zu im Rahmen von Schürfarbeiten vorgenommenen Bohrungen sowie den dabei erzielten Ergebnissen der Abteilung *Geological Survey* des südafrikanischen *Department of Mines* zur Verfügung zu stellen (Section 39).

Als Vorstufe für die Gewährung einer Sonderberechtigung nach Section 60 der Rechtsverordnung von 1968 konnte die Bergbehörde nun gegen eine Gebühr die sofortige Sperrung eines bestimmten Gebietes (*withdrawal of an area*) für alle Schürfarbeiten verhängen, damit ein entsprechender Antrag vorbereitet werden konnte (Section 17).

(b) Schürffelder

Die Bestimmungen über Schürffelder wurden dahingehend ergänzt, dass Schürfarbeiten auf in privatem Grundeigentum gelegenen Schürffeldern nur nach einer gesonderten Erlaubnis durch die Bergbehörde aufgenommen werden durften. Diese Erlaubnis wurde nur erteilt, nachdem der Schürfer eine gütliche Einigung mit dem Grundeigentümer über die zu zahlende Entschädigung oder das Scheitern der Verhandlungen nachvollziehbar dargelegt hatte (Section 28).

Die monatliche Schürffeldgebühr betrug zwei *Rand* (Section 30 Subsection 1). Auch alle auf Schürffeldern vorgesehenen Bohrungen waren anzumelden und die Resultate binnen Jahresfrist an die Bergbehörde weiterzuleiten (Section 39).

(3) Gewinnung von Mineralien

Den Vorschriften über die Gewinnung von Mineralien wurde eine Generalklausel vorangestellt, durch die der *Administrator*[1012] nach eigenem Ermessen zusätz-

1012 Ab 1969: *Minister of Mines*; ab 1978: *Administrator-General*.

liche Bestimmungen für den Bergbaubetrieb auf Schürf- und Bergbaufeldern erlassen konnte (Section 40).

(a) Bergbaufelder

Ein Anspruch auf Umwandlung eines Schürffeldes (*claim*) in ein Bergbaufeld (*mining area*) bestand nach der Rechtsverordnung von 1968 nur noch, wenn der Berechtigte nachweisen konnte, dass auf dem Schürffeld abbauwürdige Rohstoffvorkommen zu finden waren (Section 42). Der Bergbau durfte erst nach Auseinandersetzung mit dem Grundeigentümer aufgenommen werden (Section 43 i.V.m. Section 28).

(b) Bergwerkseigentum

Das Bergwerkseigentum war nach wie vor insoweit beschränkt, als hinsichtlich der Verwertung der geförderten Mineralien ein Genehmigungsvorbehalt der Bergbehörde herrschte (Section 44 Subsection 2).

(c) Abgaben

Die Feldesabgabe wurde auf jährlich zwei *Rand* pro Hektar festgesetzt (Section 47 Subsection 1).

(4) Rechte und Pflichten des Grundeigentümers

Der Grundeigentümer war nach wie vor verpflichtet, dem Bergbauberechtigten die Nutzung seines Landes sowie der darauf befindlichen Infrastruktur zu gestatten (Sections 65, 66). Die Position des Grundeigentümers wurde insoweit gestärkt, als die Durchführung von Verhandlungen nunmehr Voraussetzung für die Aufnahme der Bergbautätigkeit auf Schürf- und Bergbaufeldern geworden war (Sections 43, 28). In materieller Hinsicht wurden die Entschädigungsansprüche des Grundeigentümers, insbesondere bezüglich der Wassernutzung, detaillierter ausgeführt und um die für die Unterbringung von Bergbauarbeitern angefallenen Nutzungen ergänzt (Section 67, Subsections 1 lit. (a) und (d)).

Den Grundeigentümern stand nach Section 71 Subsection 1 der Rechtsverordnung von 1968 die Hälfte der Abgaben zu, die von Bergbauberechtigten für Schürf- und Bergbaufelder, Sonderberechtigungen oder die beantragte temporäre Sperrung von Gebieten für den allgemeinen Schürfbetrieb an die Bergbaubehörde zu zahlen waren.

(5) Bergverwaltung

Die Bergverwaltung für das *Territory of South West Africa* wurde durch Section 4 der Rechtsverordnung von 1968 dem *Chief Inspector of Mines* übertragen. Dieser war bis 1969 zunächst der südwestafrikanischen Administration unterstellt. Von 1969 bis 1978 fungierte als übergeordnete Bergbehörde das südafrikanische *Department of Mines* unter dem *Minister of Mines*.[1013] Ab 1978 unterstand der *Chief Inspector of Mines* sodann dem *Administrator-General*.[1014] Die bergpolizeilichen Befugnisse des *Chief Inspector of Mines* und der ihm nachgeordneten Inspektoren (Sections 5-11), sowie auch der Betriebsführer (Section 12), entsprachen grundsätzlich den bereits durch die Rechtsverordnung von 1954 gewährten Kompetenzen.

Dem südafrikanischen *State President* wurden umfangreich enumerierte Kompetenzen zum Erlass von speziellen Ausführungsbestimmungen zugebilligt (Section 95).

(6) Rechtsschutz

Gegen Entscheidungen des *Chief Inspector of Mines* konnte binnen drei Wochen nunmehr lediglich die Beschwerde zum fünfköpfigen *Special Committee* eingelegt werden (Section 15). Bei Streitigkeiten zwischen Grundeigentümern und Inhabern von Bergrechten verblieb die Zuständigkeit bei dem *Board of Adjudication* (Section 68).

e) Entwicklung

Der Bergbausektor setzte unter südafrikanischer Herrschaft seine Entwicklung zur tragenden Säule der südwestafrikanischen Wirtschaft auch in der Nachkriegszeit bis zum Ende der achtziger Jahre fort. Im Jahr 1989 entfielen 80% aller Exporte Südwestafrikas auf die Bergbauindustrie.[1015] Durch die insoweit bedingte hohe Abhängigkeit von den Preisen auf dem Weltmarkt fiel der Anteil des Bergbaus am Bruttoinlandsprodukt Südwestafrikas auf hohem Niveau recht unterschiedlich aus.[1016] Die Preisschwankungen führten auch immer wieder zur

1013 Proclamation No. R 89 of 1969.

1014 Proclamation No. AG 57 of 1978.

1015 Schneider 1989, S. 259.

1016 Der etwa 1975 bei 27,0%, 1978 bei 46,7% und 1983 wieder bei 27,5% lag; Duggal 1987, S. 15.

vorübergehenden Stilllegung vieler Bergwerke, deren Betrieb zweitweise nicht mehr rentabel war.[1017]

Aufgrund der hohen Investitionskosten konnten umfangreiche Förderungsvorhaben nur von großen Kapitalgesellschaften durchgeführt werden, die aufgrund der Verzahnung der Infrastruktur, insbesondere aber wegen der Abhängigkeit von importiertem Strom, immer in Abhängigkeit zu Südafrika standen.[1018] Die drei in ihrem jeweiligen Segment größten Firmen CDM (Diamanten), Rössing Uranium Ltd. (Uran) und Tsumeb Corporation Ltd. (Buntmetalle) beschäftigten Anfang der 1980er Jahre 83% aller im Bergbau beschäftigten Arbeitnehmer.[1019]

(1) Diamantenabbau

Der Diamantenbergbau im „Sperrgebiet" lag nach den Vereinbarungen des *Halbscheid-Agreements* von 1923 in den Händen der CDM, die 1930 wiederum von der südafrikanischen Firma De Beers übernommen worden war.[1020] Auch wenn die genauen Befugnisse des *Diamond Board* sowie die Sicherheits- und Strafbestimmungen für den Diamantenbergbau, festgeschrieben in der *Diamond Industry Protection Proclamation* von 1939[1021], ab 1940, zuletzt noch unmittelbar vor der Unabhängigkeit im März 1990, eine Vielzahl von Änderungen und Anpassungen erfahren hatten,[1022] blieben die rechtlichen Grundlagen des Diamantenbergbaus im „Sperrgebiet" seit 1923 unverändert.

Der Diamantenbergbau erfuhr ab 1950 eine enorme Steigerung und ging nach seinem Höhepunkt im Jahr 1977 in der Folgezeit stark zurück.[1023] Das Bemühen, die Fläche zur Diamantenförderung größtmöglich auszudehnen, wird verdeutlicht durch den erbittert geführten Streit der CDM mit der Administration von *South West Africa* über die Frage, ob sich das im Westen durch den Atlantischen Ozean begrenzte „Sperrgebiet" bis zur Hoch- oder zur Niedrigwasserlinie erstreckte und damit auch der Strand unter die Berechtigungen der CDM aus dem *Halbscheid-Agreement* fiel. Der über alle Instanzen bis zur *Appellate Division* des südafrikanischen *Supreme Court* geführte Rechtsstreit entwickelte sich zum

---

1017 Schneider 1989, S. 260, 262-264.

1018 Bilger 1976, S. 530.

1019 Duggal 1987, S. 20.

1020 Schneider 2009, S. 129; s.o. III. B. 1. e). Das Halbscheid-Agreement war bis 1970 befristet und wurde dann zunächst bis 2010 verlängert.

1021 Proclamation No. 17 of 1939, Official Gazette vom 27. April 1939.

1022 Dazu ausführlich Schneider 2009, S. 247–251.

1023 Schneider 2009, S. 253.

bis dato umfangreichsten und teuersten Verfahren der südafrikanischen Rechtsgeschichte.[1024]

Im Zuge dieses Strebens nach Ausbau der bestehenden Förderung und der Erschließung neuer Diamantenvorkommen erlangte der maritime Bergbau auf Diamanten große wirtschaftliche Bedeutung. Die Rohstoffe auf dem Meeresgrund waren bereits 1910 unter das Bergregal des Kaisers gestellt worden,[1025] nachdem es erste Ausbeutungsversuche in dieser Richtung gegeben hatte. Nachdem sich in den 1950er Jahren die Beweise für nachhaltige Diamantenvorkommen auf dem Meeresgrund vor dem Küstenstreifen Südwestafrikas verdichtet hatten, wurde 1961 mit der industriellen Förderung begonnen, die sich bis heute zu einem festen Standbein der namibischen Diamantenindustrie entwickelt hat.[1026] Der Abbau konnte auch nach den maßgeblichen Folgevorschriften der Proklamation von 1940 (Section 72) sowie der Rechtsverordnungen von 1954 (Section 60) und 1968 (Section 62) ausschließlich im Rahmen von Sonderberechtigungen erfolgen.

(2) Uranabbau

Eine tragende Rolle im südwestafrikanischen Bergbau nahm ab 1973 zudem der Abbau von Uran ein. Während der Abbau gemeiner Mineralien stagnierte und in volkswirtschaftlicher Sicht an Bedeutung verlor, entstand mit der „Rössing"-Mine bei Swakopmund einer der größten Tagebaue der Welt, in dem mit großem wirtschaftlichen Erfolg Uran gefördert wurde.[1027] Das Aufsuchen sowie die Gewinnung und Verarbeitung von Uran wurde zunächst durch den südafrikanischen *Atomic Energy Act*[1028] und eine Anzahl in der Folgezeit von der südafrikanischen Regierung erlassener Bestimmungen reglementiert.[1029]

1024 *Consolidated Diamond Mines of South West Africa Ltd v Administrator, SWA and Another*, 1958 (4) SA 572 (A); dazu ausführlich: Hahlo 1959.

1025 Kaiserliche Verordnung, betreffend die ausschließliche Berechtigung der Landesfisci der Schutzgebiete Afrikas und der Südsee zur Aufsuchung und Gewinnung von Mineralien im Meeresboden vom 13. Oktober 1910, RGBl. 1910, S. 1095 f.; abgedruckt in: Zeitschrift für Bergrecht, Band 52 (1911), S. 2 f.; s.o. III. A. 3. b).

1026 Ausführlich zum maritimen Diamantenbergbau und den daran beteiligten Unternehmen: Schneider 2009, S. 229–245.

1027 Schneider 2002, S. 80; zur wirtschaftlichen und sozialen Bedeutung der „Rössing"-Mine für Südwestafrika s. Schippling 1991, S. 178–183. Kritisch zur wirtschaftlichen Verwertung des Urans durch Rössing in den 1980er Jahren: Duggal 1987, S. 95 f.

1028 Atomic Energy Act No. 90 of 1967 (South Africa).

1029 Etwa der Uranium Enrichment Act No. 37 of 1974 (South Africa); sowie der Nuclear Energy Act No. 92 of 1982 (South Africa). Zu den rechtlichen Grundlagen des Uranabbaus s. Duggal 1987, S. 93–95; Joubert und Scott 1983, S. 293–321.

Mit Blick auf die Fragestellung sollen diese Gesetze hier nicht näher vorgestellt werden, da ihnen keine bergrechtlichen Bestimmungen aus der deutschen Kolonialzeit mit entsprechendem Regelungscharakter gegenüberstehen.

(3) Abbau gemeiner Mineralien

Die Bedeutung des Abbaus von gemeinen (Bunt-) Metallen trat in seiner wirtschaftlichen Bedeutung beträchtlich hinter die Gewinnung von Diamanten und Uran zurück.[1030] Die allgemeine Entdeckung und Erschließung neuer Rohstoffvorkommen wurde durch das Bergrecht insoweit eingeschränkt, als auch allgemeine geologische Untersuchungen nur durch Inhaber einer Schürflizenz (*prospecting license*) durchgeführt werden durften.[1031]

Die Tsumeb Corporation Ltd. führte als Rechtsnachfolgerin der OMEG den Abbau in Tsumeb sowie in mehreren Bergwerken bei Windhoek fort und gewann Ende der 1980er Jahre einen Anteil von 70% der Buntmetalle und 90% aller gemeinen Mineralien in Südwestafrika.[1032] Eine erwähnenswerte Förderung von Buntmetallen[1033] fand seit 1910 in Uis statt. Das in fünf Tagebauen abgebaute Zinn wurde in den sechziger Jahren durch die ISCOR Corporation Ltd. nach Südafrika transportiert und dort weiterverarbeitet.[1034] Aufgrund der geringen Weltmarktpreise wurde der Betrieb in den achtziger Jahren jedoch vorübergehend stillgelegt.[1035]

3. Zusammenfassung und rechtliche Bewertung

Bei der Beurteilung der Entwicklung des Bergrechts in Südwestafrika unter der südafrikanischen Ägide ist zunächst ein entscheidender Gegensatz hervorzuheben: Während die Berggesetzgebung unter der deutschen Herrschaft maßgeblich zu Zeiten erfolgte, in denen der Rohstoffreichtum Südwestafrikas noch nicht offenkundig war, sind insbesondere die ergiebigen Diamantenvorkommen bereits bekannt gewesen, als die Südafrikaner im Jahr 1915 die Macht übernahmen. Der beabsichtigte Zugriff auf die Diamantenfelder ist auch als einer der wesentlichen

1030 Zum Anteil am Bruttoinlandsprodukt von 1931-1972 s. Bilger 1976, S. 528 f., von 1975-1984 s. Duggal 1987, S. 15. S. a. Wellington 1967, S. 113–115. Für einen Überblick über die Bergwerke im Südwestafrika der 1980er Jahre s. Schneider 1989, S. 262.

1031 Schippling 1991, S. 174.

1032 Schippling 1991, S. 174; Schneider 1989, S. 265; Duggal 1987, S. 20.

1033 Dazu ausführlich Schippling 1991, S. 174–179.

1034 Wellington 1967, S. 114.

1035 Schippling 1991, S. 177.

Gründe anzusehen, die zum Feldzug der Südafrikaner gegen Deutsch-Südwestafrika führten.[1036]

Der völkerrechtliche Status als C-Mandat des Völkerbundes[1037] mag im Zusammenspiel mit der komplizierten rechtlichen Ausgestaltung des Diamantenabbaus im „Sperrgebiet" mitursächlich für die südafrikanische Entscheidung gewesen sein, die KBergVO nach 1919 fortbestehen zu lassen und nur in Einzelfragen zu novellieren. Auch wenn die Konsolidierung der Konzessionen für den Diamantenbergbau[1038] für die einzelnen Inhaber und Unternehmen große und verlustreiche Einschnitte bedeuteten, fand diese zumindest in bergrechtlicher Hinsicht jedoch gänzlich innerhalb des existierenden Systems der Sonderberechtigungen statt. Eine in der Praxis einschneidende rechtliche Veränderung war die Unterstellung sämtlicher existierender Sonderberechtigungen unter die Vorschriften der KBergVO durch Novellierung von § 93 KBergVO im Jahr 1920[1039] – durch diese Veränderung wurde das Gesetz jedoch nicht geändert oder beschränkt, sondern vielmehr seine Anwendung ausgedehnt.

Die genauere Betrachtung der Regelungen der Proklamation von 1940[1040] als Nachfolgegesetz der KBergVO offenbart, dass die Gesetzessystematik, also die Vergabe von Schürffeldern und deren Umwandlung in Bergbaufelder, insbesondere aber das System der Sonderberechtigungen, fast gänzlich übernommen wurde. Die weitgehend übereinstimmenden Vorschriften wurden nur in Einzelfragen angepasst, insbesondere wurde die Regelungskompetenz der zuständigen Bergbehörde hinsichtlich der Zulassung zum Bergbau sowie der Regelung und Überwachung des Verkaufs der geförderten Mineralien ausgeweitet.[1041]

Die grundsätzliche Weitergeltung der deutschen bergrechtlichen Grundsätze auch nach der Proklamation von 1940 wird zudem dadurch indiziert, dass der *Governor-General* und damit kraft abgeleiteter Kompetenz auch der *Administrator* von Südwestafrika laut Section 4 Subsection 2 des *Treaty of Peace and South West Africa Mandate Act* von 1919 sowie nach Section 26 lit. (b) des *South West Africa Constitution Act* von 1925 zur Neuverleihung von Land- und Bergrechten nicht befugt waren[1042] und insoweit durch sie ein neues Bergrecht, durch das die bestehenden Regelungen und die aus ihnen abgeleiteten Rechte grundlegend abgeändert worden wären, gar nicht hätte erlassen werden können.

1036 S.o. II. A. 3. a) (1); Fn 194.
1037 S.o. II. A. 3. a) (2).
1038 S.o. III. B. 1. e) (1) und (2).
1039 S.o. III. B. 1. d) (2) (c).
1040 S.o. III. B. 2. b).
1041 S.o. III. B. 2. b) (2) (a) und (3) (b).
1042 S.o. II. A. 3. b) (1) (b) und (c) (i).

Die folgenden Änderungen der Berggesetze in den Jahren 1954 und 1968 orientierten sich zeitlich an den allgemeinpolitischen Umbrüchen in *South West Africa*.[1043] Dieses spricht dafür, dass die Novellierungen überwiegend politische Gründe hatten oder eine allgemeine Anpassung an die Verwaltungs- und Regierungssystematik notwendig wurde, nicht aber eine grundlegende Änderung des Bergrechts selbst das Ziel war.

Auch in den beiden Rechtsverordnungen der südafrikanischen Zeit bleibt die grundlegende Systematik des Bergregals des Staates bzw. der Verwaltung, des Erwerbes von Bergwerkseigentum durch die Umwandlung von Schürffeldern und die breite Nutzung von Sonderberechtigungen bestehen.

Hervorzuheben ist, dass diese Systematik des südwestafrikanischen Bergrechts auch keine grundlegende Änderung erfahren hat, als dieses von 1969 bis 1978 nicht mehr in die Zuständigkeit einer südwestafrikanischen Administration fiel, sondern komplett in Händen des zuständigen Ministeriums in Südafrika lag.[1044] Seit 1954 wurde das Bergrecht in Südwestafrika daraufhin optimiert, die Privatwirtschaft zu möglichst hohen Investitionen anzuregen, um so eine kurzfristige und umfassende Ausbeutung der Rohstoffvorkommen in Südwestafrika durchführen zu können.[1045] Dieses Ziel wurde gesetzgeberisch durch eine detaillierte Ausgestaltung der Bedingungen der Vergabe von Sondergenehmigungen und der durch sie gewährten Berechtigungen erreicht, die jedoch ebenfalls keine grundlegende Änderung, sondern lediglich eine Erhöhung der Regelungsdichte der Vorschriften mit sich brachte. So umfassten die Vorschriften bezüglich der Sonderberechtigungen in der Proklamation von 1940 lediglich einen Absatz (Section 75) im VI. Kapitel („*General and Miscellaneous Provisions*"), in der Rechtsverordnung von 1954 (Sections 58, 59) hingegen bereits eine Druckseite in der *Official Gazette* mitsamt Erwähnung in der Kapitelüberschrift (Chapter IV „*Special Grants of Prospecting and Mining Rights* […]"), und in der Rechtsverordnung von 1968 (Sections 60, 61) schließlich knapp fünf Druckseiten in der *Official Gazette*.

Ob es trotz oder gerade wegen der Ausweitung der Einfluss- und Steuerungsmöglichkeiten der südwestafrikanischen bzw. südafrikanischen Administration vor der Unabhängigkeit Namibias bei der Konzentration der bergbaulichen Aktivität auf wenige südafrikanische und internationale Unternehmen blieb, ist eine

1043 Vgl. den Konflikt mit den Vereinten Nationen in den fünfziger Jahren und die Einführung des Odendaal-Planes in den sechziger Jahren, die mit den Rechtsverordnungen von 1954 und 1968 zeitlich korrelieren; s. o. II. A. 3. a) (3) und (4).

1044 South West Africa Constitution Act No. 39 of 1968 in der Fassung des South West Africa Affairs Act No. 25 of 1969 vom 1. April 1969, Section 22 Subsection 1 lit. (r); s.o. II. A. 3. b) (1) (c) (iii). Siehe auch Duggal 1987, S. 82.

1045 Schneider 1989, S. 268.

Frage, die wirtschafts- und politikwissenschaftlich zu beantworten wäre. Der von Gegnern der wirtschaftspolitischen Ausrichtung des südwestafrikanischen Bergbaus durch die Südafrikaner erhobene Vorwurf, dass die natürlichen Rohstoffe durch diese Bergbaupolitik über Gebühr mittels eines Fremdarbeitersystems ausgebeutet wurden und die erzielten Gewinne zu leicht durch ausländische Unternehmen repatriiert werden konnten, ohne zuvor zum Nutzen des Landes ausreichend besteuert worden zu sein,[1046] war mit Blick auf die durch die bergrechtlichen Regelungen dieser Zeit gewährten Möglichkeiten sicher nicht unsubstantiiert – eine solche Entwicklung war aber sicher auch nicht zwangsläufig durch diese Berggesetze bedingt.

C. Bergrecht in der Republic of Namibia

1. Bergrechtliche Vorschriften in der Verfassung

a) Eigentum an natürlichen Ressourcen

Aufgrund der wirtschaftlichen Bedeutung mineralischer Rohstoffe für die Wirtschaft Namibias verwundert es nicht, dass die Verfassung sich mit deren Eigentumsverhältnissen beschäftigt. Artikel 100 NV lautet:

> *„Sovereign Ownership of Natural Resources*
>
> *Land, water and natural resources below and above the surface of the land and in the continental shelf and within the territorial waters and the exclusive economic zone of Namibia shall belong to the State if they are not otherwise lawfully owned."*

Alle Bodenschätze gehören demnach grundsätzlich dem namibischen Staat. Eine Ausnahme gilt immer dann, wenn das Eigentum an den Bodenschätzen rechtmäßig erworben wurde.[1047] Diese bezieht sich auf die Zeit vor der Unabhängigkeit im Jahre 1990, wobei durch Artikel 144 Absatz 3 NV klargestellt wird, dass sich alle Akte der Vorgängerregierung hinsichtlich ihrer Rechtmäßigkeit an den seinerzeit geltenden Regeln zu messen haben. Aus der Einordnung von Artikel 100 NV im Abschnitt „Staatszielbestimmungen"[1048] der Verfassung schließt Frank Watz, dass es sich bei Artikel 100 NV um eine rein programmatische Vorschrift handelt, wofür neben dem Wortlaut („*shall belong*") auch die Tatsache spräche,

1046 Duggal 1987, S. 19.

1047 Der erste Verfassungsentwurf der SWAPO von 1989 sah in Artikel 53 diese Ausnahme noch nicht vor, der Staat sollte danach absolutes Eigentum an allen Rohstoffen erlangen, vgl. Watz 2003, S. 185.

1048 Chapter 11, "Principles of State Policy".

dass Artikel 100 NV ansonsten Artikel 16 Absatz 2 NV entgegenstehen würde, der eine Enteignung nur aufgrund eines Gesetzes und gegen Entschädigung zulässt.[1049]

Auch wenn Frank Watz in dieser Auslegung des Artikel 100 NV zuzustimmen ist, hilft jedoch seine sich anschließende Folgerung, dass das grundsätzliche staatliche Eigentum an allen Rohstoffen sich aus Schedule 5 (1) der NV ergebe,[1050] nach dem alles Eigentum der Vorgängerregierung, ob beweglich oder unbeweglich,[1051] auf den namibischen Staat übergegangen ist, nicht bei der abschließenden Klärung der Eigentumsfrage:

> *„Property vesting in The Government of Namibia*
>
> *(1) All property of which the ownership or control immediately prior to the date of Independence vested in the Government of the Territory of South West Africa, or in any Representative Authority constituted in terms of the Representative Authorities Proclamation, 1980 (Proclamation No. AG 8 of 1980), or in the Government of Rehoboth, or in any other body, statutory or otherwise, constituted by or for the benefit of any such Government or Authority immediately prior to the date of Independence, or which was held in trust for or on behalf of the Government of an independent Namibia, shall vest in or be under the control of the Government of Namibia.[...]"*

Die Aussage des Schedule 5 (1) NV ist zu pauschal, als dass sich daraus konkrete und handhabbare bergrechtliche Rechtssätze ableiten ließen, ohne dass es vorher einer genauen Auseinandersetzung mit den einfachgesetzlichen Regelungen bedürfte. Zwar hat die oben unter III. A. und B. erfolgte Betrachtung gezeigt, dass die Rechte an den Bodenschätzen bei der Verwaltung und dem Staat und damit – ob nun in personalisierter Form oder nicht – tatsächlich bei einer „repräsentativen Autorität" im Sinne des Schedule 5 (1) NV lagen. Eine allgemeingültige Regelung der Eigentumsverhältnissen an Rohstoffen in Namibia lässt sich aus dieser Vorschrift dennoch insoweit nicht konstruieren, als es sich dabei lediglich um eine Übergangsvorschrift mit einmaligem Charakter handelt: Aus dieser Vorschrift ließe sich beispielsweise nicht das Recht ableiten, vor Erlangung der Unabhängigkeit vergebene Bergbaulizenzen oder andere Rechte abzuändern oder zu widerrufen. Solche Rechte wären von dem Übergang durch Schedule 5 (1) NV nicht umfasst, da sie zum Zeitpunkt der Unabhängigkeit nicht bei der Regierung von *South West Africa* lagen, sondern von dieser vergeben waren.

1049 Watz 2003, S. 185 f. Anders wohl noch Kießewetter 1993, S. 191. Ein bloßes Verwaltungsrecht, das nicht alle Rechte eines Eigentümers umfasst, wird in einem *obiter dictum* auch in den Gründen des Urteils des namibischen High Court vom 14. Juni 2011 (*Rostock CC vs. AJ van Viljon*, I 844/2010) angenommen.

1050 Watz 2003, S. 186.

1051 Vgl. Schedule 5 (2) NV.

Die Eigentumsverhältnisse an Bodenschätzen lassen sich allein durch die Regelungen der NV folglich nicht klären. Es bedarf dazu zwingend auch eines Blickes auf die jeweiligen einfachgesetzlichen Bestimmungen.

Weitere Vorschriften mit speziellem Bezug zum Eigentum an den natürlichen Ressourcen *per se* sind der Verfassung nicht zu entnehmen. Hervorzuheben ist in diesem Zusammenhang jedoch der bereits erwähnte Artikel 16 NV, der das Grundrecht auf Eigentum behandelt und dem Staat das Recht verleiht, Eigentum von und Eigentumserwerb durch Personen zu verbieten oder zu beschränken, die nicht namibische Staatsangehörige sind.[1052] Nach Artikel 16 Absatz 2 NV sind zudem Enteignungen durch den Staat aufgrund eines ordentlichen Gesetzes zulässig, solange ein öffentliches Interesse besteht und dem Betroffenen eine Entschädigung gewährt wird.

b) Kontrollfunktion des Ombudsmannes

Einen Bezug zum Bergrecht enthält Artikel 91 lit. (c) NV, wonach dem Ombudsmann auch in Bezug auf den Abbau von natürlichen Rohstoffen die Funktion einer Kontroll- und Beschwerdeinstanz[1053] zufällt. Sein Aufgabenbereich umfasst nach dieser Vorschrift:

> „*[...] to investigate complaints concerning the over-utilization of living natural resources, the irrational exploitation of non-renewable resources, the degradation and destruction of ecosystems and failure to protect the beauty and character of Namibia; [...]*“.

2. Fortgeltung der Mines, Works and Minerals Ordinance von 1968

Die Unabhängigkeit Namibias und das Inkrafttreten der Verfassung veränderten das geltende Bergrecht zunächst nicht: gemäß Artikel 140 Absatz 1 NV[1054] wurde die *Mines, Works and Minerals Ordinance* von 1968 in ihrer am 21. März 1990 geltenden Fassung zunächst als Bergrecht Namibias übernommen. Wie oben gezeigt hatte die Verfassung abgesehen von der programmatischen Bestimmung des Artikel 100 NV, die sich jedoch mit der durch die Rechtsverordnung von 1968 geschaffenen Rechtslage deckte, keine direkten und unmittelbaren Auswirkungen auf das Bergrecht, so dass die Regelungen bis zum Erlass eines neuen Berggesetzes fortgalten.

1052 Erwerb und Verlust der Staatsangehörigkeit ist ausführlich in Artikel 4 der NV geregelt.
1053 S.o. II. B. 1. c) (4).
1054 S.o. II. B. 2. b).

3. Minerals (Prospecting and Mining) Act von 1992

a) Hintergrund

Die namibischen Bodenschätze waren seit dem Landerwerb durch Lüderitz erklärtes und tatsächliches Ziel kolonialer Bestrebungen.[1055] Der Schutz der natürlichen Ressourcen vor fremdbestimmter Ausbeutung stand gerade angesichts ihrer wirtschaftlichen Bedeutung im Fokus der rechtlichen Ausgestaltung der Unabhängigkeit, was sich nicht nur direkt aus den Bestimmungen in Artikel 100 NV, sondern indirekt auch aus der relativen Geschwindigkeit ergibt, mit der das zunächst weitergeltende bergrechtliche Regelwerk aus der südafrikanischen Besatzungszeit, die *Mines, Works and Minerals Ordinance* von 1968, ersetzt wurde.

Schon bevor das Erreichen der Unabhängigkeit absehbar geworden war, sind in deren Erwartung umfangreiche Konzepte und Vergleiche als Vorschlag für eine Novellierung oder gänzliche Neufassung des Bergrechts mit dem Ziel ausgearbeitet worden, die Gewinne aus der Rohstoffausbeutung der namibischen Bevölkerung zugute kommen zu lassen.[1056] Die gänzliche Neufassung des Bergrechts wurde schließlich in Form des *Minerals (Prospecting and Mining) Act* von 1992[1057] (*Minerals Act*) vorgelegt.[1058] Das Gesetz trat am 1. April 1994 in Kraft[1059] und hob die *Mines, Works and Minerals Ordinance* von 1968 vollumfänglich auf.[1060]

b) Inhalt

(1) Geltungsbereich und Grundsätze

(a) Zuweisung der Rechte an Bodenschätzen

Die verfassungsrechtliche Vorgabe des Artikels 100 NV wird durch den *Minerals Act* für Rohstoffe im Sinne des Gesetzes konkretisiert. Section 2 des *Minerals Act* lautet:

1055 S.o. II. A. 2. b) und III. A. 1. und 2.

1056 Für ausführliche Vorschläge und Vergleiche mit den Erfahrungen in anderen afrikanischen Ländern s. Duggal 1987.

1057 Act No. 33 of 1992, Government Gazette vom 31. Dezember 1992.

1058 Zum Gesetzgebungsverfahren s.o. II. B. 2. a).

1059 Government Notice 41/94.

1060 Minerals (Prospecting and Mining) Act No. 33 of 1992, Schedule 2. Übergangsvorschriften und Regelungen zur Umwandlung bestehender Rechte enthält Minerals (Prospecting and Mining) Act No. 33 of 1992, Section 139.

„Rights in relation to minerals

Subject to any right conferred under any provision of this Act, any right in relation to the reconnaissance or prospection for, and the mining and sale or disposal of, and the exercise of control over, any mineral or group of minerals vests, notwithstanding any right of ownership of any person in relation to any land in, on or under which any such mineral or group of minerals is found, in the State."

Entgegen früheren Forderungen[1061] wurden die Rechte an Bodenschätzen damit nicht der Person des Präsidenten in seiner Funktion als Staatsoberhaupt übertragen, sondern lagen nun beim Staat.

(b) Definition Bodenschätze

Der *Minerals Act* nimmt eine Legaldefinition der Bodenschätze vor und klassifiziert diese in verschiedene Untergruppen, um den allgemeinen und umfassenden Begriff der „Mineralien" (*minerals*) rechtlich zu präzisieren und anwendbar zu machen.

(i) Definition „mineral"

Der *Minerals Act* definiert in Section 1 Subsection 1 als *minerals* alle festen, flüssigen oder gasförmigen Substanzen, die auf natürliche Weise in, auf oder unter dem Erdreich vorkommen und einem geologischen Prozess ausgesetzt waren oder sind. Davon ausgenommen werden Wasser, solange nicht aus dem Wasser selbst Mineralien im Sinne der Vorschrift gewonnen werden sollen,[1062] Erdöl[1063] sowie Mutterboden, Sand, Ton, Kies und Gestein zur Nutzung in der Landwirtschaft, der Herstellung von Baumaterialien sowie zur Verwendung für bestimmte Bautätigkeiten[1064]. So Mutterboden, Sand, Ton, Kies oder Gestein an einem bestimmten Ort zu gewerblichen Zwecken abgebaut werden, ist der *Minister for Mines and Energy* nach Section 1 Subsection 2 des *Minerals Act* berechtigt, den Abbau und die Weiterverwendung dieser Rohstoffe an diesem Ort mittels einer Bekanntgabe (*notice*) in der *Government Gazette* vollumfänglich

1061 Duggal 1987, S. 72.

1062 Minerals (Prospecting and Mining) Act No. 33 of 1992, Section 1 Subsection 1 "mineral" lit. (a).

1063 Minerals (Prospecting and Mining) Act No. 33 of 1992, Section 1 Subsection 1 "mineral" lit. (b). Petroleum wird in Petroleum (Exploration and Production) Act No. 2 of 1991, Section 1 definiert.

1064 Minerals (Prospecting and Mining) Act No. 33 of 1992, Section 1 Subsection 1 "mineral" lit. (c); siehe zur ausführlichen Aufzählung der Bautätigkeiten Minerals (Prospecting and Mining) Act No. 33 of 1992, Section 1 Subsection 1 "mineral" lit. (c) (i) – (iii).

oder in modifizierter Form allen oder ausgewählten Vorschriften und Bedingungen des *Minerals Act* zu unterwerfen und Mutterboden, Sand, Ton, Kies und Gestein insoweit den *minerals* im Sinne von Section 1 Subsection 1 „*mineral*" des *Minerals Act* gleichzusetzen.

(ii) Klassifizierung

Im *Schedule 1* unternimmt der *Minerals Act* in seinem Anhang eine Klassifizierung der unterschiedlichen Rohstoffe in acht verschiedene Gruppen:

Part 1 – Base and rare metals group

Unter diese Gruppe fallen etwa Aluminium, Cadmium, Kobalt, Kupfer, Eisen, Blei, Mangan, Nickel, Tungsten und Zink.[1065] So ein Rohstoff aus dieser Gruppe im Verbund mit einem Rohstoff aus einer der folgenden Gruppe auftritt, wird ein solches Vorkommen in jene Gruppe eingestuft.

Part 2 – Dimension stone group

Unter diese Gruppe fallen alle natürlichen Gesteinsformationen, aus denen Blöcke oder Platten für den Bau oder die Auskleidung von Gebäuden und Denkmälern sowie für die Pflasterung gehauen oder geschnitten werden können.

Part 3 – Industrial minerals group

In dieser Gruppe sind abschließend die Rohstoffe aufgezählt, die für die industrielle Verarbeitung verwandt werden, beispielsweise Asbest, Calciumcarbonat, Feldspar, Graphit, Lithium, Nitrat, Phosphat, Salz und Silizium.[1066]

Part 4 – Non-nuclear fuel minerals group

Diese Gruppe umfasst Kohle und Ölschiefer sowie alle damit in Zusammenhang stehenden Substanzen mit Ausnahme von Erdöl[1067].

1065 Für eine vollständige und abschließende Aufzählung der unter diese Gruppe fallenden Rohstoffe siehe Minerals (Prospecting and Mining) Act No. 33 of 1992, Schedule 1, Part 1.

1066 Für eine vollständige und abschließende Aufzählung der unter diese Gruppe fallenden Rohstoffe siehe Minerals (Prospecting and Mining) Act No. 33 of 1992 Schedule 1, Part 3.

1067 Definiert in Petroleum (Exploration and Production) Act No. 2 of 1991, Section 1.

Part 5 – Nuclear fuel minerals group

Erfasst ist jegliches Quellenmaterial mit einer Masse von mehr als einem halben Kilogramm, das entweder mehr als 0,006% Uran[1068] oder mehr als 0,5% Thorium[1069] enthält.

Part 6 – Precious metals group

Als *precious metal* werden Gold, Silber, Platin, Palladium, Osmium Rhodium, Iridium und Ruthenium eingestuft. Wie in *Part 2* gilt diese Klassifizierung dann nicht, wenn einer der oben genannten Rohstoffe nur zufällig in einem Mineral enthalten ist, das einer anderen Gruppe zugeordnet ist.

Part 7 – Precious stones group

Unter die Edelsteine fallen Diamanten, Smaragde, Rubine und Saphire.

Part 8 – Semi-precious stones group

Dieser Teil enthält eine abschließende Aufzählung der Halbedelsteine, etwa Amazonite, Aquamarine, Amethysten, Citrine, Rosenquartze, Topase, Tourmaline und Türkise.[1070]

(c) Aufbau und Gesetzessystematik

Ein Blick auf die Struktur des *Minerals Act* offenbart, dass die Gesetzessystematik im Vergleich zu den Vorgängerregelungen vielfältige Anpassungen erfahren hat. Die Gewährung von Bergrechten beruhte zuvor maßgeblich auf der Umwandlung von abgesteckten Schürffeldern (*claims*) in Bergbaufelder (*mining areas*). Dieser Grundsatz konnte nur durch die Gewährung von Sonderrechten (*deeds of grant*) durchbrochen werden, die in der Gesetzessystematik nach Position und Umfang nur einen Ausnahmecharakter – wenn auch in abnehmendem Maße, wie der Blick auf die Regelungsdichte der entsprechenden Vorschriften in der Rechtsverordnung von 1968 zeigt[1071] – eingenommen haben, obschon sie in der Praxis des Bergrechts sicherlich von großer Bedeutung gewesen sein mögen.

1068 In Form von Uraninit (U_3O_8).

1069 In Form von Thorianit (ThO_2).

1070 Für eine vollständige und abschließende Aufzählung der unter diese Gruppe fallenden Halbedelsteine siehe Minerals (Prospecting and Mining) Act No. 33 of 1992, Schedule 1, Part 8.

1071 S.o. III. B. 2. d) (1).

Diesem Aufbau stellt der *Minerals Act* ein neues zweigliedriges System gegenüber: Bergrechte werden zum einen in Form von exklusiven Mineral-Lizenzen (*mineral licences*) vergeben. Die verschiedenen Lizenzen bauen systematisch zwar aufeinander auf, sind jedoch rechtlich eigenständige Konstrukte und können jeweils unabhängig voneinander vergeben werden. Einer Umwandlung bedarf es insoweit nicht mehr. In einem „vor die Klammer gezogenen" allgemeinen Abschnitt (Part VIII) des *Minerals Act* werden zunächst die allen *mineral licences* gemeinsamen Vorschriften erläutert, bevor die einzelnen Lizenzen in Part IX bis Part XII konstituiert werden.

Daneben bleibt das System der Bergbaufelder (*claims*) in einer vereinfachten Form bestehen (Part VI und Part VII). Inhaber einer allgemeinen, nicht-exklusiven Schürflizenz (*non-exclusive prospecting licence,* Part V) können nach wie vor ein Bergfeld abstecken, soweit andere Rechte Dritter nicht entgegenstehen. Eine Unterscheidung zwischen Schürf- und Bergbaufeldern wird nicht mehr getroffen. Um Rohstoffe abbauen und verwerten zu können ist keine Umwandlung, sondern nunmehr die Registrierung des *claims* und eine Verwertungserlaubnis der Bergbehörde notwendig.

Die einzelnen Lizenzen, die Voraussetzungen zu ihrer Erlangung und die von ihnen gewährten Rechte sowie die neuen Regelungen zum Bergbau auf *claims* werden im Folgenden vorgestellt. Auch wenn die Gliederung und der Aufbau des *Minerals Act* sich im Vergleich zu den Vorgängerregelungen insoweit verändert hat, orientiert sich die Darstellung des Inhaltes dabei weiterhin an der unter III. A. 2. c) und III. B. 2. gewählten Form, um so einen einfacheren Abgleich der Kontinuität zu ermöglichen.

(2) Allgemeine Bestimmungen für Mineral-Lizenzen

Alle Arten von Lizenzen können nach Section 46 des *Minerals Act* sowohl an juristische als auch an natürliche Personen verliehen werden. Natürliche Personen müssen das 18. Lebensjahr vollendet haben, die namibische Staatsbürgerschaft besitzen und in den Augen des *Ministers of Mines and Energy* (*Minister*) eine nicht weiter konkretisierte subjektive Eignung („*fit and proper person*") aufweisen, die dieser nach eigenem Ermessen beurteilen kann.

Mineral-Lizenzen sind im Hinblick auf die Größe des umfassten Gebietes nicht beschränkt. Der für die Verleihung zuständige *Minister* kann alle Lizenzen mit Auflagen und Bedingungen versehen (Section 47 Subsection 2 lit. (a)) und hat dazu umfangreiche Auskunfts- und Informationsrechte (Section 48). Dabei hat er insbesondere auch Belange des Umweltschutzes zu berücksichtigen (Section 48 Subsection 3). Zusätzlich können Vereinbarungen, insbesondere zur wirtschaftlichen und technischen Vorgehensweise, vor Verleihung der Lizenz durch einen öffentlich-rechtlichen Vertrag (*mineral agreement*) geschlossen werden (Section 49 Subsections 1, 2 lit. (b)). Alle vergebenen Lizenzen werden in einem durch den *Mining Commissioner* geführten Register nachgewiesen (Section 51).

Section 50 *Minerals Act* enthält grundlegende Auflagen, die unabhängig von Individualvereinbarungen für alle Lizenzen gelten. Neben dem Gebot der Verhältnismäßigkeit gegenüber den Belangen der betroffenen Grundeigentümer (Section 50 lit. (a)) wird dort das Gebot der Bevorzugung von namibischen Arbeitnehmern (Section 50 lit. (b) und (c)) und der Ermittlung der Umwelteinwirkungen von geplanten Vorhaben (*environmental impact assessment*) und die Erarbeitung von Möglichkeiten zu deren Minimierung (*environmental management plan*) normiert (Section 50 lit. (f)).

Die durch die Lizenz gewährten Rechte dürfen auf privatem Grund und Boden nur nach einer schriftlichen Genehmigung durch den Grundeigentümer ausgeübt werden, für deren Aushandlung der Lizenzinhaber verantwortlich und gegenüber der Bergbehörde nachweispflichtig ist (Section 52 Subsection 1 lit. (a)).[1072] Nach Section 52 Subsection 2 *Minerals Act* haben Lizenzinhaber für alle von ihnen am Grundeigentum verursachten Schäden zu haften.

Schließlich wird der *Minister* durch Section 57 *Minerals Act* umfassend ermächtigt, den Lizenzinhabern Weisungen, insbesondere mit Bezug auf die Durchführung der bergbaulichen Tätigkeit, der Errichtung von Hilfsbauten und den Umweltschutz, für die Ausübung ihrer Rechte zu erteilen und diese im Rahmen einer Zwangsvornahme auch durchzusetzen.

(3) Aufsuchung von Mineralien

(a) Non-Exclusive Prospecting Licence

Die nicht-exklusive Schürflizenz (*non-exclusive prospecting licence*) (NEPL) fällt trotz des Namens systematisch nicht unter die Mineral-Lizenzen (Section 1 Subsection 1 „*mineral licence*"). Es handelt sich vielmehr um den Nachfolger der allgemeinen Schürflizenz, die den Inhaber zu Schürfarbeiten auf dem gesamten namibischen Staatsgebiet berechtigt, soweit dem nicht (Berg-) Rechte Dritter entgegenstehen, der Grundeigentümer dem Schürfvorhaben zugestimmt hat und kein Kulturland oder anderes privilegiertes Gebiet betroffen ist (Section 16 Subsections 1, 2, 3 i.V.m. Section 52 Subsection 1). Sie ist Voraussetzung für das Abstecken von Bergbaufeldern (*claims*) (Section 25 Subsection 1).

1072 Erst wenn das Scheitern dieser Verhandlungen nachgewiesen wird, kann eine zwangsweise Zuweisung der entsprechenden Befugnisse durch die *Minerals Ancillary Rights Commission* nach Minerals (Prospecting and Mining) Act No. 33 of 1992, Sections 109, 110 erfolgen.

Eine NEPL kann gemäß Section 17 *Minerals Act* an jede juristische und jede natürliche Person über 18 Jahren verliehen werden. Dem zuständigen *Commissioner* der Bergbehörde steht nach Section 20 *Minerals Act* jedoch ein Ermessen zu: Die Verleihung der NEPL kann natürlichen Personen versagt werden, wenn der *Commissioner* die subjektive Eignung des Bewerbers („*fit and proper person*") nicht anerkennt.

Die nicht übertragbare NEPL wird für eine Dauer von 12 Monaten verliehen und ist nicht verlängerbar (Sections 22, 23). Sie kann nach Ermessen des Commissioners mit Auflagen und Weisungen versehen werden (Section 21 Subsection 1).

(b) Mineral Licences

(i) Reconnaissance Licence

Unter *reconnaissance* wird jede Suche nach mineralischen Rohstoffen verstanden, die aus der Luft oder mithilfe von Luftbildaufnahmen, geophysikalischen Erhebungen oder photogeologischen Kartenwerken durchgeführt wird.[1073] Inhabern einer *reconnaissance licence* ist die Durchführung einer solchen Suche für alle Mineralien und Gruppen von Mineralien auf dem jeweiligen Gebiet gestattet (Section 58 Subsection 1 lit. (a)). Die Lizenz wird grundsätzlich nicht exklusiv gewährt.

Das exklusive Recht auf die Durchführung von Suchen nach einem bestimmten Mineral oder einer Gruppe von Mineralien kann im Ermessen des *Ministers* gewährt werden, solange die durch anderen Lizenzen oder *claims* gewährten Rechte Dritter davon nicht berührt werden (Section 59). Nur die Gewährung einer solchen exklusiven r*econnaissance licence* beschränkt das Ermessen des Ministers zugunsten des Halters, wenn dieser im weiteren Verlauf die Erteilung einer *exclusive prospecting licence* oder *mining licence* beantragt.[1074]

Eine *reconnaissance licence* ist nicht übertragbar (Section 64), wird für die Dauer von sechs Monaten verliehen und kann nur ausnahmsweise um weitere sechs Monate verlängert werden (Section 63).

(ii) Exclusive Prospecting Licence

Eine exklusive Schürflizenz (*exclusive prospecting licence*) (EPL) beinhaltet das Recht, auf einem bestimmten Gebiet nach einem Mineral oder einer Gruppe von

1073 Minerals (Prospecting and Mining) Act No. 33 of 1992, Section 1 Subsection 1 „*reconnaissance operations*".

1074 Dazu sogleich unter b) und unter III. C. 3. b) (4) (ii).

Mineralien zu schürfen und die dabei gewonnen Mineralien nach Genehmigung durch den *Commissioner* zu verwerten (Section 67 Subsection 1). Die Verleihung von anderen exklusiven Rechten für das gleiche Mineral oder die gleiche Mineralgruppe auf dem fraglichen Gebiet an Dritte ist dann ausgeschlossen (Section 67 Subsection 2 lit. (b)).

Die EPL wird auf Antrag durch den *Minister* verliehen. Der Antrag muss einen ausführlichen Betriebsplan für die beabsichtigten Schürfvorhaben enthalten und die finanziellen Ressourcen des Antragstellers nachweisen (Section 68). Nach Section 61 Subsection 1 lit. (a) *Minerals Act* ist der *Minister* dabei in seinem Ermessen gebunden, wenn der Antragsteller Inhaber einer *Reconnaissance Licence* für das fragliche Mineral ist. Er darf den Antrag nur ablehnen, wenn Rechte Dritter entgegenstehen oder die wirtschaftlichen und finanziellen Möglichkeiten des Antragstellers zur Durchführung der geplanten Schürfarbeiten nicht ausreichend erscheinen (Section 61 Subsection 2). Die *Reconnaissance Licence* ist hingegen keine Voraussetzung für die Verleihung, jedoch ist der *Minister* gegenüber allen anderen Antragstellern in seinem Ermessen bezüglich der Vergabe frei.

Die EPL kann mit Auflagen versehen werden (Section 70 i.V.m. Sections 48, 62), kann nach Maßgabe der Sections 46-48 *Minerals Act* übertragen werden und wird für einen Zeitraum von drei Jahren verliehen, der bis zu zwei Mal um einen Zeitraum von zwei Jahren verlängert werden kann (Section 71, Subsections 1, 2). Die durchgeführten Schürfarbeiten sowie die erzielten Ergebnisse unterliegen umfangreichen Nachweispflichten (Section 76).

(iii) Mineral Deposit Retention Licence

Eine *Mineral Deposit Retention Licence* (MDRL) kann vom Inhaber einer EPL erfolgreich beantragt werden, wenn dieser dem *Minister* nachvollziehbare Gründe vorträgt, dass ein von ihm gefundenes und ausreichend erschlossenes Mineralvorkommen zum gegenwärtigen Zeitpunkt nicht wirtschaftlich abgebaut werden kann (Sections 77, 79 lit. (h)). Die MDRL wird für eine Dauer von zunächst fünf Jahren verliehen und kann für einen Zeitraum von jeweils zwei Jahren verlängert werden (Section 82 Subsection 1).

So der *Minister* zu der Erkenntnis gelangt, dass der Abbau der nachgewiesenen Vorkommen vom Inhaber der MDRL auf wirtschaftliche und umweltverträgliche Weise vorgenommen werden könnte oder weitere Schürfarbeiten die Entdeckung von weiteren Vorkommen auf dem fraglichen Gebiet vermuten lassen, kann er den Inhaber der MDRL bei Strafe auffordern, einen Antrag auf Verleihung einer *mining licence* zu stellen, die Schürfarbeiten fortzusetzen oder auf die MDRL zu verzichten (Section 88).

(4) Gewinnung von Mineralien

(a) Mining Claim

Die Verleihung eines Bergbaufeldes (*mining claim*) (MC) erfolgt nach Sections 33, 32 *Minerals Act* durch die Registrierung eines zuvor durch den Antragsteller abgesteckten rechteckigen Feldes (*claim*) von 300m x 600m (Section 28 Subsection 1 lit. (a)). Das streng reglementierte Abstecken eines Feldes (Sections 28-30) darf dabei nur von namibischen Staatsbürgern oder solchen Firmen durchgeführt werden, deren Anteile direkt oder indirekt ausschließlich von namibischen Staatsbürgern gehalten werden und die zugleich Inhaber einer NEPL sind (Section 25 Subsection 1).

Die Registrierung als MC erfolgt auf Antrag durch den *Mining Commissioner*, der nach eigenem Ermessen Auflagen und Bedingungen festlegen kann (Section 36 Subsection 1 lit. (a)). Der Antrag muss festlegen, für welches Mineral oder welche Mineralgruppe die Registrierung erfolgen soll und Aufschluss über die finanziellen und technischen Möglichkeiten des Antragstellers geben (Section 32 Subsection 2 lit. (c) (v)). Ein Nachweis von Mineralvorkommen auf dem fraglichen Gelände durch den Antragsteller ist nicht notwendig. Zwar kann der *Mining Commissioner* die Registrierung eines MC ablehnen, wenn er davon überzeugt ist, dass dort keine abbauwürdigen Mineralvorkommen zu finden sind oder der Antragsteller nicht in der Lage ist, diese Vorkommen in wirtschaftlicher und umweltverträglicher Weise zu gewinnen (Section 35 lit. (e)). Ein positiver Nachweis hingegen ist nicht erforderlich.

Der MC berechtigt seinen Inhaber zur Gewinnung der in der öffentlich einsehbaren Registerurkunde vermerkten Mineralien. Die Verwertung und der Verkauf unterliegen einem weiteren Genehmigungsvorbehalt durch den *Mining Commissioner* (Section 31 Subsection 1). Wie im Falle der Mineral-Lizenzen kann der Inhaber einer auf privatem Grund und Boden gelegenen MC seine Rechte erst ausüben, wenn er eine entsprechende Vereinbarung mit dem Grundeigentümer getroffen hat (Section 31 Subsection 2 i.V.m. Section 52 Subsection 1).

Ein MC ist innerhalb strenger Vorgaben nach Genehmigung des *Ministers* übertragbar (Section 39 Subsection 1), wird für die Dauer von zunächst drei Jahren verliehen und kann auf Antrag um jeweils zwei weitere Jahre verlängert werden (Sections 37, 38). Der Inhaber eines MC ist bei der Ausübung seiner Rechte zur Rücksichtnahme auf die Belange des Grundeigentümers verpflichtet, verantwortlich für die Arbeitssicherheit im Bergbaubetrieb und hat dem *Mining Commissioner* alle Mineralfunde zu melden (Section 41 Subsection 1 lit. (a), (c), (i)). Der *Mining Commissioner* hat eine umfassende Weisungsbefugnis gegenüber den Inhabern eines MC, die in ihrem Umfang der allgemeinen Weisungsbefugnis des *Ministers* gegenüber Inhabern von Mineral-Lizenzen entspricht (Section 40 i.V.m. Section 57).

(b) Mining Licence

Die *mining licence* (ML) gewährt ihrem Inhaber die Rechte zur Gewinnung eines bestimmten Minerals oder einer Gruppe von Mineralien im System der Mineral-Lizenzen (Section 90 Subsection 1) und entspricht in ihrem Umfang insoweit dem MC.

Die mit einem Antrag auf Erteilung einer ML einzureichenden Angaben sind wesentlich umfangreicher als im Falle eines MC. Erforderlich sind unter anderem eine durch Vermessungen nachgewiesene, substantiierte Schätzung des abzubauenden Mineralvorkommens und der erwarteten Einwirkungen auf die Umwelt (Section 91 lit. (d), (f)) sowie detaillierte Finanzierungs- und Betriebspläne (Section 91 lit. (g)-(j)).

Zuständig für die Entscheidung über den Antrag ist der *Minister* für Bergbau. Der Antragsteller muss nicht notwendigerweise Inhaber einer EPL für das fragliche Gebiet und das Mineral gewesen sein. Analog zur Bindung bei der Gewährung einer EPL ist das Ermessen des *Ministers* auf die Ausschlussgründe der Section 92 Subsection 2 *Minerals Act* reduziert („*[...] shall [...] grant such application [...]*"), wenn der Antragsteller Inhaber einer exklusiven *reconnaissance license*, einer EPL, MDRL oder eines MC für das entsprechende Gebiet und Mineral ist. Danach kann der *Minister* die Genehmigung des Antrages auf eine ML nur verwehren, wenn Rechte Dritter entgegenstehen und die technischen und finanziellen Kapazitäten des Antragstellers für das geplante Vorhaben nach Auffassung des *Ministers* nicht ausreichend sind. Im Übrigen liegt die Gewährung vorbehaltlich der Rechte Dritter im freien Ermessen des *Ministers*, der dabei lediglich die „Entwicklung der natürlichen Ressourcen Namibias" (*development of the mineral resources of Namibia*) zu berücksichtigen hat (Section 91 Subsection 3 lit. (b) (ii)).

Die Geltungsdauer einer ML beträgt 25 Jahre, kann jedoch auf eine vom *Minister* unterstellte Lebensdauer des fraglichen Vorkommens verkürzt werden (Section 94). Auf Antrag können Verlängerungen von bis zu 15 weiteren Jahren gewährt werden (Sections 94 Subsection 1 lit. (b), 96). Die für Inhaber einer MC geltenden Verpflichtungen nach Section 41 *Minerals Act* gelten für Inhaber einer ML analog (Section 91).

Der Minister ist nach Section 100 *Minerals Act* berechtigt, dem Inhaber der ML Weisungen zur Erhöhung oder Senkung der Förderungsrate zu erteilen.

(5) Rechte und Pflichten des Grundeigentümers

Das Eigentumsgrundrecht nach Artikel 16 NV des privaten Grundeigentümers wird durch den *Minerals Act* in dem in Section 107[1075] angegebenen Maße eingeschränkt. Die nach Artikel 16 Absatz 2 NV notwendige Entschädigungsregelung wird durch Section 52 Subsection 1 *Minerals Act* gewährleistet, welche die Ausübung aller durch den *Minerals Act* verliehenen Bergrechte zunächst vom Abschluss einer Entschädigungsvereinbarung mit dem Grundeigentümer abhängig macht. Seine rechtliche Grundlage findet dieser Entschädigungsanspruch in Section 52 Subsection 2 *Minerals Act,* der eine allgemeine Ersatzpflicht für alle durch den Bergbau verursachten Schäden festlegt. Zudem wird in Section 52 Subsections 5 und 6 *Minerals Act* die Pflicht des Lizenzinhabers zum Aufkauf von landwirtschaftlich genutzten Flächen konstituiert, die durch von ihm durchgeführte Bergbauarbeiten für den Grundeigentümer nutzlos geworden sind.

Dem Grundeigentümer stehen zudem die Hälfte der jeweils vom *Minister* gemäß Section 123 Subsection 1 *Minerals Act* für MC und Mineral-Lizenzen festgesetzten Gebühren zu (Section 123 Subsection 4).

Für Streitigkeiten zwischen Grundeigentümer und dem Inhaber von Bergrechten wird in Section 108 *Minerals Act* die *Minerals Ancillary Rights Commission* geschaffen, die aus drei vom Präsidenten ernannten Mitgliedern besteht und für die Genehmigungen von Eingriffen in das Grundeigentum durch den Inhaber eines Bergrechts (Section 109) sowie die Festsetzung einer angemessenen Entschädigung (Section 111) zuständig ist, soweit eine Einigung mit dem oder den Grundeigentümern nicht erzielt werden konnte.

(6) Bergverwaltung

Die Bergverwaltung liegt in den Händen des *Ministers of Mines and Energy* als Teil der namibischen Exekutive.[1076] Seine Zuständigkeiten und Befugnisse werden durch den *Minerals Act* nicht abstrakt festgelegt, sondern ergeben sich aus den jeweiligen Vorschriften. Bereits in Section 1 Subsections 2 und 3 *Minerals Act* wird dem *Minister* die Kompetenz zur Definition des Begriffes „*mineral*" zugestanden, obwohl die grundlegende Übertragung sämtlicher Bergrechte an den Staat erst in Section 2 *Minerals Act* erfolgt.

Der *Minister* hat einen *Mining Commissioner* als ausführendes Organ zu ernennen (Section 4), dessen grundlegende Befugnisse in Section 5 *Minerals Act,*

1075 Vgl. das Zitiergebot bei Grundrechtseinschränkungen nach Artikel 22 lit. (b) NV.

1076 S.o. II. B. 1. c) (2) (b).

im Übrigen durch die jeweiligen Einzelvorschriften des *Minerals Act*[1077] festgelegt sind. Der *Minister* kann sämtliche ihm zugewiesenen Befugnisse an den *Mining Commissioner* delegieren (Section 138), dem seinerseits ein Mitarbeiterstab zur Unterstützung zusteht (Section 4 Subsection 2).

Der *Minister* wird bei der Entwicklung der rohstoffpolitischen Richtlinien sowie der Anwendung der Vorschriften des *Minerals Act* durch das *Minerals Board of Namibia* beraten (Sections 9, 10). Das achtköpfige *Minerals Board* setzt sich aus dem Minister und zwei Mitarbeitern des Ministeriums, vier Vertretern der Bergbauindustrie und einem Vertreter der Gewerkschaften zusammen (Section 11). Seine Empfehlungen haben keine bindende Wirkung.

(7) Abgaben und Verwertung von Mineralien

Die nach Section 114 *Minerals Act* auf geförderte Mineralien zu zahlenden Abgaben sind gesetzlich für die *precious stone group*[1078] auf 10% des erzielten Marktwertes[1079], für die *dimension stone group*[1080] auf 5% des erzielten Marktwertes festgelegt (Section 114 Subsection 1 lit. (a), (b)). Die Rate für alle übrigen Mineralien kann durch den *Minister* frei bestimmt werden, darf 5% des erzielten Marktwertes jedoch nicht überschreiten (Section 114 Subsection 1 lit. (c)).

Die Höhe von Gebühren für *claims* und Lizenzen wird im *Minerals Act* nicht bestimmt, sondern nach Section 123 in das Ermessen des Ministers gelegt, der diese festsetzt und sodann durch Veröffentlichung in der Government Gazette bekannt macht.

Für alle getätigten Rohstoffgeschäfte sind sowohl der Verkäufer als auch der Käufer gegenüber dem *Mining Commissioner* nachweispflichtig (Section 126). Der Export von Rohstoffen bedarf einer zusätzlichen Genehmigung des *Mining Commissioners* (Section 127).

(8) Rechtsschutz

Gegen alle Entscheidungen des *Mining Commissioners* steht Betroffenen binnen 30 Tagen ein Einspruchsrecht gegenüber dem *Minister* zu (Section 138). Einen weitergehenden Rechtsschutz gibt es in Ermangelung eines öffentlich-rechtli-

---

1077 Vgl. bspw. Minerals (Prospecting and Mining) Act No. 33 of 1992, Sections 31, 90.

1078 S.o. III. C. 3. b) (1) (b) (ii) Part 6.

1079 Der Marktwert kann durch den Minister fiktiv berechnet werden, wenn er absichtlich unterschritten wurde; Minerals (Prospecting and Mining) Act No. 33 of 1992, Section 119.

1080 S.o. III. C. 3. b) (1) (b) (ii) Part 2.

chen Verwaltungsrechtswegs nur auf dem Zivilrechtsweg, wobei nach Section 8 *Minerals Act* Amtshaftungsansprüche weitgehend ausgeschlossen sind.

Die Entscheidungen der *Ancillary Rights Commission* über Entschädigungsansprüche des betroffenen Grundeigentümers nach Section 110 *Minerals Act* sind den Entscheidungen eines *Magistrates' Court* gleichgestellt (Sections 111, 113 Subsection 2). Gegen sie ist die Berufung vor dem *High Court* zulässig (Section 113 Subsection 1).

4. Entwicklung

Die Entwicklung des Bergbaus im unabhängigen Namibia ist durch eine stark wachsende Diversifizierung sowohl des Diamanten- als auch des gemeinen Bergbaus gekennzeichnet. War vor der Unabhängigkeit der Großteil der wirtschaftlichen Aktivitäten in den Händen von drei Firmen konzentriert,[1081] konkurrierten im Jahr 2010 beim Aufsuchen von Mineralvorkommen sieben und in der Gewinnung 14 internationale Firmen miteinander.[1082]

a) Diamantenabbau

Die zentrale Säule der namibischen Bergbauindustrie stellt auch nach der Unabhängigkeit die Diamantengewinnung dar. Zwischen 1990 und 2006 hielt sich der Anteil des Diamantenbergbaus am Bruttoinlandsprodukt Namibias konstant zwischen ca. 8-10%, wohingegen der Anteil des übrigen Bergbaus in dieser Zeit im Durchschnitt lediglich bei ca. 3% lag.[1083] Im Zuge der Wirtschaftskrise von 2008 erlitt die namibische Bergbauindustrie einen starken Einbruch, der die Diamantenproduktion im Folgejahr fast zum Erliegen brachte.[1084]

In rechtlicher Hinsicht endete die Kontinuität des Diamantenabbaus im „Sperrgebiet" im Jahre 1994: Am 24. November 1994 wurden alle Bergrechte mit Bezug zum Sperrgebiet in einem *mineral agreement* nach Section 49 des *Minerals Act* neu geregelt, nachdem die CDM Ltd. als Tochterfirma von De Beers in der zeitgleich neu gegründeten NAMDEB Diamond Corporation (Pty) Ltd. aufgegangen war, die zu gleichen Anteilen De Beers und dem namibischen

1081 S.o. B. II. 2. e).

1082 Ausführliche Jahresberichte der einzelnen Firmen fasst die Chamber of Mines of Namibia seit 1998 zusammen; abzurufen unter: http://www.chamberofmines.org.na/main/publications/annual-reports.html

1083 Schneider 2009, S. 303.

1084 Schneider 2009, S. 260; Chamber of Mines of Namibia 2011, S. 91.

Staat gehört.[1085] Der *Diamond Act*[1086] ersetzte 1999 die seit 1939 gültige *Diamond Industry Protection Proclamation*[1087] und enthielt eine Vielzahl von Neuerungen. Das *Diamond Board of Namibia* ist nun nicht mehr ausschließlich für die Organisation des monopolisierten Verkaufes der gewonnenen Diamanten und die Überwachung der Diamantensperrgebiete zuständig,[1088] sondern steht dem *Minister* als beratendes Expertengremium[1089] zur Seite, der nun neben den Lizenzen für den Handel mit Diamanten[1090] etwa auch Lizenzen[1091] und Genehmigungen[1092] für die Aufbereitung oder Weiterverarbeitung in Namibia verleihen kann.

Ebenso hat durch Section 57 des *Diamond Act* von 1999 auch die Förderung von Diamanten auf dem Meeresboden in den namibischen Küstengewässern erstmals eine dedizierte spezialgesetzliche Regelung erfahren. Die wirtschaftliche Bedeutung dieser Förderung wächst stetig[1093] und machte 2002 einen Anteil von über 60% der Diamantenförderung des Landes aus.[1094]

b) Uranabbau

Die Förderung und Verarbeitung von Uran und anderem spaltbarem Material *(source material)* fällt grundsätzlich unter die Vorschriften des *Minerals Act.*[1095] Die Verwertung, Anreicherung, der Im- und Export sowie der Verkauf von spaltbarem Material stehen nach Sections 102, 103 *Minerals Act* bei Strafandrohung unter einem zusätzlichen Genehmigungsvorbehalt des *Ministers.* Der Besitz ist ohne ausdrückliche Genehmigung nur Inhabern einer entsprechenden EPL oder ML erlaubt.

Der Uranabbau hat nach der Unabhängigkeit durch einen stetigen Verfall der Weltmarktpreise nach der Jahrtausendwende an wirtschaftlicher Bedeutung verloren und wurde 2002 nur noch an der Rössing-Mine betrieben.[1096] Nachdem in

---

1085 Schneider 2009, S. 258, ausführlich zu den Inhalten der neuen Lizenzen und der Entwicklung der Abbaugebiete s. S. 261-273.

1086 Diamond Act No. 13 of 1999, Government Gazette vom 30. September 1999.

1087 Proclamation No. 17 of 1939, Official Gazette vom 27. April 1939; s.o. III. B. 2. e) (1).

1088 Vgl. Diamond Industry Protection Proclamation No. 17 of 1939, Section 4 lit. (a)-(c), (i).

1089 Diamond Act No. 13 of 1999, Section 3.

1090 Diamond Act No. 13 of 1999, Section 15 lit. (a).

1091 Diamond Act No. 13 of 1999, Section 15 lit. (b), (c).

1092 Diamond Act No. 13 of 1999, Section 28.

1093 Anteil an der Gesamtproduktion an Diamanten im Jahr 1996: 30%, 1999: 50%; Schneider 2002, S. 80.

1094 Ministry of Mines and Energy 2002, S. 7. Ausführlich zur Entwicklung s. Schneider 2009, S. 274–293.

1095 Vgl. III. C. 3. b) (1) (b) (ii) Part 5.

1096 Ministry of Mines and Energy 2002, S. 7; Schneider 2002, S. 80.

der Wirtschaftskrise 2008 ein Anstieg der Weltmarktpreise zu verzeichnen war, ist Namibia mit zwei Uranminen, in denen 10% des Weltbedarfs an Uranoxid abgebaut werden, wieder zum viertgrößten Uranproduzenten der Welt aufgestiegen.[1097]

c) Abbau gemeiner Mineralien

Während der Abbau von Kupfer und Blei nach 1996 stark zurückging, als die Vorkommen in Tsumeb erschöpft und die Mine geschlossen wurde, hat sich der Zinkabbau nach der Erschließung neuer Vorkommen im Süden des Landes bis zur Jahrtausendwende stabil gehalten.[1098] Nach einem Tiefpunkt in den Jahren 2003 und 2004, in denen der Buntmetallabbau lediglich einen Anteil von 1,0 und 1,6% am Bruttoinlandsprodukt ausmachte, hat sich der Anteil bis 2009 bei steigender Wertschöpfung wieder auf zuletzt 6,3% gesteigert.[1099]

5. Zusammenfassung und rechtliche Bewertung

Die Neufassung des Bergrechts nach der Unabhängigkeit Namibias ging mit einer Änderung der Begrifflichkeiten einher, die auf den ersten Blick keine eindeutige Einordnung in die Systeme von KBergVO und der südafrikanischen Berggesetze erlaubt.

Bei der Klassifizierung helfen die Übergangsvorschriften der Section 139 *Minerals Act*, durch welche die vormaligen bergrechtlichen Institute ihrer Entsprechung im *Minerals Act* zugeordnet werden. Dabei zeigt sich, dass die verschiedenen *licences* als Fortführung der durch *deed of grant* erlangten Sonderberechtigungen eingeordnet werden können. Durch eine solche *deed of grant* erlangte Schürf- und Abbaurechte nach Sections 60, 61 der Rechtsverordnung von 1968 sind als EPL und ML im Sinne des *Minerals Act* anzusehen (Section 139 Subsection 2 lit. (d) und (e) (ii)).

Im *Minerals Act* bilden sie hingegen keine nominelle Ausnahmeregelung mehr, sondern sind das Kernstück des Gesetzes und entsprechend ausführlich ausgearbeitet. Im Umkehrschluss sind die überkommenen Regelungen der Schürffelder (*claims*) gleichsam nur als Zusatz dieser umfangreichen Regelungen anzusehen, der eine Art informelles und unkompliziert zu erlangendes „Jeder-

---

1097 United States Department of State 2011.

1098 Schneider 2002, S. 81.

1099 Chamber of Mines of Namibia 2011, S. 91. Der insgesamt starke Rückgang der Anteile des Bergbaus am Bruttoinlandsprodukt ist dabei auch vor dem Hintergrund der Diversifizierung der namibischen Wirtschaft zu sehen; Schneider 2002, S. 84.

mannsrecht" für kleine Bergbauunternehmungen namibischer Staatsbürger bieten soll. Die Einschätzung, dass dieses „kleine" Bergrecht in der Gesetzessystematik eher als ein Minus mit Ausnahmecharakter und nicht als das Standardinstitut für die Gewährung und Ausübung von Bergrechten gelten soll, wird durch die Bewertung der Übergangsvorschrift in Section 139 Subsection 2 lit. (e) (i) *Minerals Act* unterstrichen, nach der alle durch eine *deed of conversion* in Bergbaufelder (*mining areas*) umgewandelten Schürffelder (*claims*) der außer Kraft gesetzten Rechtsverordnung von 1968 nicht als *mining claim* im Sinne der Section 36 *Minerals Act*, sondern als *mining licence* nach Section 93 *Minerals Act* fortgelten sollen.

Die Systematik der Schürfrechte und der Regelung der Aufsuchung von Mineralien war von der Bergbauindustrie nicht zuletzt aufgrund der nunmehr zur Verfügung stehenden technischen Neuerungen als veraltet und wenig praktikabel kritisiert worden[1100] und wurde durch den *Minerals Act* grundlegend reformiert. Mit der *reconnaissance licence* wurde ein neues bergrechtliches Institut geschaffen, das unter den Vorgängerbestimmungen in dieser speziellen Form nicht existierte, sondern lediglich einen inhärenten Bestandteil der allgemeinen Schürflizenz bildete. Die *mineral deposit retention licence* entspricht nach ihrem Regelungsgehalt der Section 17 der Rechtsverordnung von 1968, die in der damaligen Systematik ebenfalls nicht eigenständig, sondern den Schürfrechten zugeordnet war.[1101] Das Institut des Schürffeldes wurde zugunsten des *mining claim* aufgegeben, der nach erfolgter Registrierung auch die Abbaurechte umfasst, und existiert lediglich in Form der 21-tägigen Sperrfrist fort, die gemäß Section 29 lit. (a) *Minerals Act* nach dem Abstecken des *claims* zu laufen beginnt.

Anhand dieser grundlegenden systematischen Änderungen wird die mit der Einführung des *Minerals Act* verfolgte Zielsetzung deutlich: Zum einen sollte ein einfach zu erlangendes Bergrecht für kleine Betriebe geschaffen werden, um so eine direkte Teilhabe der namibischen Bevölkerung am Rohstoffreichtum des Landes zu ermöglichen. Dem gegenüber steht ein neu geschaffenes System von unabhängigen Lizenzen für jeden einzelnen Schritt im Prozess der Aufsuchung, Gewinnung und Verwertung von Rohstoffen. Der *Minerals Act* sieht bei der Gewährung jeder einzelnen Lizenz eine umfassende Mitwirkungsmöglichkeit der Bergbehörde vor, die nicht nur durch das in Section 49 *Minerals Act* normierte *minerals agreement* verdeutlicht wird, sondern auch durch die vielen Genehmi-

1100 Schippling 1991, S. 173 f.
1101 S.o. III. B. 2. d) (2) (a).

gungs- und Prüfvorbehalte sowie Ermessensspielräume der Bergbehörde erkennbar wird.[1102]

D. Ergebnis und Schlussfolgerung

Die Untersuchung der Entwicklung des Bergrechts in Südwestafrika hat gezeigt, dass das zum Ende der deutschen Kolonialzeit gültige Berggesetz, die Kaiserliche Bergverordnung vom 8. August 1905, bereits durch Proklamation des *Administrators* übernommen wurde und dadurch in *South West Africa* fortgalt.[1103] Eine Einschränkung ihres Regelungsgehaltes aufgrund einer Kollision mit den Bestimmungen des römisch-holländischen Rechts erfolgte insoweit nicht.[1104]

1. Kontinuität der allgemeinen Gesetzessystematik

Die bis zum Erlass der *Mining Consolidation and Amendment Proclamation* von 1940[1105] durchgeführten Novellierungen veränderten den systematischen Charakter des Gesetzeswerkes in seinen Grundzügen nicht. Auch die Ausgestaltung des – wirtschaftlich äußerst bedeutenden – Abbaus von Diamanten und deren Verwertung wich zwar in materieller Hinsicht von dem *status quo* des maßgeblichen Übergabejahres 1915 ab, orientierte sich dabei aber stets an dem System der Sonderberechtigungen, durch die im Zusammenspiel mit vertraglichen Regelungen umfassende und exklusive Rechte an einen Monopolisten vergeben wurden.[1106]

In formeller Hinsicht endete der Einfluss des deutschen Bergrechts mit der Ersetzung der Vorschriften im Jahr 1940. Die Betrachtung der folgenden Gesetzeswerke und ihrer Systematik führt jedoch zu der Erkenntnis, dass die Änderungen durch die *Mining Consolidation and Amendment Proclamation* von 1940, die *Mines, Works and Minerals Ordinance* von 1954[1107] und die *Mines, Works and Minerals Ordinance* von 1968[1108] zwar eine fortlaufende Erhöhung der Regelungsdichte mit sich brachten, die insbesondere einen Zuwachs des Ermessens

1102 Vgl. etwa Minerals (Prospecting and Mining) Act No. 33 of 1992, Sections 47 Subsection 2 lit. (a); 48 Subsection 3 und 4; 57; 69 Subsection 2 lit. (c); 92 Subsection 2.

1103 S.o. III. B. 1. d) (1).

1104 Vgl. o. II. A. 3. b) (2) (b), (c).

1105 S.o. III. B. 2. b).

1106 S.o. III. B. 1. e) (2), (3) (a).

1107 S.o. III. B. 2. c).

1108 S.o. III. B. 2. d).

der Bergbehörde bei der Vergabe von Bergrechten sowie ihrer Einfluss- und Kontrollmöglichkeiten auf die Planung und Durchführung eines Bergbaubetriebes bedingte und die Regelungen des südafrikanischen Apartheidsystems implementierte. Es kam dabei jedoch nicht zu Veränderungen, durch welche die mit der KBergVO begründete Systematik des südwestafrikanischen Bergrechts in ihrem Kern berührt wurde.

Den einzelnen Vorschriften ist gemein, dass Rohstoffe grundsätzlich jeweils nach einer allgemeinen Schürfgenehmigung zunächst in Konkurrenz mit anderen Bergbautreibenden aufgesucht werden mussten, der Schürfer sich jedoch ein örtlich begrenztes, exklusives Schürfrecht sichern konnte. Bergwerkseigentum oder – um diesen spezifischen Begriff des deutschen Bergrechts zu vermeiden – eine entsprechende Abbauberechtigung konnte nur aus einer Umwandlung dieses Schürfrechts erwachsen. Diese grundlegende Systematik stellte in allen Gesetzen den Regelfall dar, der von einer speziellen Ausnahmebestimmung ungeachtet ihres Umfanges oder Detaillierungsgrades lediglich verdrängt oder überlagert werden konnte.

Mit der namibischen Unabhängigkeit kam es aufgrund der Bestimmungen von Artikel 140 Absatz 1 NV zu einer reibungslosen Übernahme der bestehenden Regelungen. Der alsbald folgende Erlass des *Minerals (Mining and Prospecting) Act* von 1992 stellt in systematischer Hinsicht insoweit eine Zäsur in der Kontinuität des südwestafrikanischen Bergrechts dar, als der soeben geschilderte Ablauf der Erlangung von Bergrechten durch die neuen Regelungen eines Systemes von voneinander unabhängigen Lizenzen für den „allgemeinen“ Bergbaubetrieb und abweichenden Sonderregelungen für einheimische Kleinunternehmer ersetzt wird.[1109]

Als erstes Ergebnis kann somit festgehalten werden, dass eine durchgängige Kontinuität der Gesetzessystematik des Bergrechts seit der deutschen Kolonialzeit in Namibia nicht mehr vorliegt.

2. Kontinuität des Bergregals

Ein weiterer Ansatzpunkt für die Prüfung einer Kontinuitätslinie des südwestafrikanischen Bergrechts bietet sich anhand des Bergregals[1110], also der Zuweisung der Rechte an bestimmten Bodenschätzen an den Staat durch § 1 KBergVO.[1111]

1109 S.o. III. C. 5.; vgl. insoweit auch das Ende der Kontinuität in der Regelung des Diamantenabbaus, III. C. 4.

1110 Zum Begriff vgl. o. III. A. 1. d) (2); Fn 747.

1111 Willecke 1977, S. 176.

Auch wenn diese Zuweisung durch die KBergVO mittels eines negativen Ausschlusses von Verfügungsrechten an den Rohstoffen gegenüber dem Grundeigentümer erfolgt, während die Folgevorschriften eine positive Zuweisung an den Staat, die Verwaltung oder die Verwaltungsspitze vornehmen, drängt sich die Annahme schon aufgrund des Wortlautes der maßgeblichen Vorschriften förmlich auf:

- § 1 KBergVO (1905):

  „[...] Die nachstehend bezeichneten Mineralien sind von dem Verfügungsrecht des Grundeigentümers ausgeschlossen. Sie dürfen nur nach den Vorschriften dieser Verordnung aufgesucht und gewonnen werden. [...]“

- Section 1 *Mining Consolidation and Amendment Proclamation* (1940):

  „The right of mining for and disposing of precious and base minerals in the Territory including the territorial waters thereof and the sea bottom within such territorial waters, is vested in the Administration and no precious or base mineral shall be searched for or won save in accordance with the provisions of this Proclamation.“

- Section 1 *Mines, Works and Minerals Ordinance* (1954):

  „The right of mining for and disposing of precious and base minerals in the Territory, including the territorial waters, is vested in the Administration and no precious or base mineral shall be searched for or won save in accordance with the provisions of this Proclamation.“

- Section 2 *Mines, Works and Minerals Ordinance* (1968):

  “[...] the right of prospecting and mining for and disposing of precious and base minerals in the Territory, including its territorial waters and continental shelf, is vested in the (Administration/Minister/Administrator-General). [...]“

- Section 2 *Minerals (Prospecting and Mining) Act* (1992):

  „Subject to any right conferred under any provision of this Act, any right in relation to the reconnaissance or prospection for, and the mining and sale or disposal of, and the exercise of control over, any mineral or group of minerals vests, notwithstanding any right of ownership of any person in relation to any land in, on or under which any such mineral or group of minerals is found, in the State.“

§ 1 KBergVO und alle weiteren genannten Vorschriften konstituieren ein Bergregal. Dabei ist mit der herrschenden Ansicht für die Einstufung als Bergregal nicht das vollumfängliche Eigentum an den Bodenschätzen, sondern allein die Gewährung des Rechts, Mineralien unter Ausschluss Dritter aufzusuchen, zu gewinnen und für sich nutzbar zu machen, als ausreichend anzusehen.[1112] Unschädlich ist auch die in den einzelnen Vorschriften unterschiedliche Zuweisung

1112 Willecke 1977, S. 15 m.w.N.; Arndt 1916, S. 51–55.

an den Staat, die Verwaltung oder – in personalisierter Form – an die Verwaltungsspitze. Das Bergregal gebührte ursprünglich dem König als Souverän, der im Allgemeinen frei darüber verfügen[1113] und die Verleihung des Gewinnungsrechts im Speziellen frei gestalten konnte.[1114] Die Rolle des Souveräns nimmt hier der Gesetzgeber ein,[1115] dem es mithin auch freistehen muss, das Bergregal nach Belieben zuzuweisen, ohne dass dieses dadurch seinen rechtlichen Charakter einbüßt.

Bereits der klare Wortlaut der jeweiligen Gesetze erlaubt mithin die Feststellung, dass die einzelnen Bestimmungen sich maßgeblich decken. Fraglich bleibt jedoch, ob und inwieweit sich diese Regelung vom südafrikanischen Bergrecht unterscheidet.

1113 Arndt 1916, S. 47, 51.

1114 Insoweit stehen die in den südwestafrikanischen Gesetzen vorgesehenen, vielfältigen Sonderberechtigungen den Prinzipien des Bergregals nicht entgegen; vgl. Willecke 1977, S. 24 f.

1115 Vgl. zur eingeschränkten Gesetzgebungskompetenz des Administrators mit Bezug auf das Bergrecht oben III. B. 1. b). Diese Einschränkung wirkt sich aufgrund der Beibehaltung der Regelungen der KBergVO vorliegend jedoch nicht aus.

IV. Abgleich des Ergebnisses mit dem südafrikanischen Bergrecht

Der Nachweis einer Kontinuität in der Gesetzessystematik des namibischen Bergrechts über die Grenzen aller bisherigen südwestafrikanischen Rechtssysteme hinweg aufgrund des Bergregals ließe sich jedenfalls dann erbringen, wenn diese rechtliche Übereinstimmung im Gegensatz zu dem in Südafrika herrschenden Bergrecht steht.

Diese Überprüfung soll durch einen summarischen Abgleich der für Südwestafrika erlassenen bergrechtlichen Vorschriften mit den Grundsätzen des südafrikanischen Bergrechts der jeweiligen Zeit durchgeführt werden. Dementsprechend ist es nicht Ziel dieses Abschnittes, die Bestimmungen des südafrikanischen Bergrechts ausführlich darzustellen und zu erläutern. Vielmehr soll mittels eines Ausschlussverfahrens lediglich nachgewiesen werden, dass ein Bergregal zugunsten des Staates oder der Verwaltung zur Zeit der Übernahme des deutschen Bergrechts zum 1. Januar 1920, des Erlasses der Proklamation von 1940 und der Rechtsverordnungen von 1954 und 1968 im südafrikanischen Bergrecht nicht bestand.

A. Vergleich mit dem südafrikanischen Gemeinrecht

Bevor die einfachgesetzlichen Regelungen des Bergrechts betrachtet werden, ist zu prüfen, ob eine dem Bergregal entsprechende Zuweisung der Rechte an natürlichen Rohstoffen im südafrikanischen Gemeinrecht enthalten ist. Eine solche Zuweisung durch das römisch-holländische Gemeinrecht oder aber das britische *common law*[1116] würde die Vermutung, die oben genannten Regeln seien ausschließlich durch die Vorschriften der KBergVO beeinflusst, in ihrer Ausschließlichkeit konterkarieren. Auch wenn etwaige bergrechtliche Bestimmungen des südafrikanischen Gemeinrechts durch die Übernahme der KBergVO unmittelbar zum 1. Januar 1920 noch nicht einmal für eine „juristische Sekunde" gegolten hatten,[1117] würde ein solcher Hintergrund zumindest einen ausführlichen

1116 Vgl. oben II. A. 3. b) (2). Um eine Einflussnahme positiv ausschließen zu können, ist das britische *common law* ebenfalls zumindest kurz zu betrachten.

1117 S.o. III. B. 1. d).

Vergleich mit den jeweiligen Bestimmungen der südwestafrikanischen Bergrechte notwendig machen.

1. Römisches Recht und römisch-holländisches Gemeinrecht

Das Konzept eines dedizierten Bergrechts war den römischen Juristen hingegen ebenso wenig bekannt wie die Trennung des Eigentums an Erdoberfläche und den darunter liegenden Erdschichten.[1118] Die Ursache dafür ist darin zu sehen, dass sowohl im Italien zu Zeiten des Römischen Reiches als auch im Holland des 16. bis 18. Jahrhunderts die Bergbauindustrie nur wenig entwickelt war.[1119] Im Römischen Reich standen die wenigen Minen zumeist im Staatseigentum,[1120] so dass es der Gestaltung eines Bergrechts zur Lösung von Kontroversen zwischen Eigentümern und Bergbautreibenden nicht bedurfte.

Im römischen sowie im römisch-holländischen Recht gibt es nur sehr vereinzelt Autoren, die sich zum Bergrecht äußern. Die unter Justinian 530 n. Chr. veröffentlichten Digesten schweigen sich zu diesem Thema größtenteils aus. Überliefert ist die Kontroverse, ob Mineralien als Früchte des Bodens anzusehen sind.[1121] Auch steht nach der Auslegung der Digesten[1122] durch Jan de Boer dem Pächter auf Lebenszeit im Rahmen des *usus fructus* das Recht zu, dem Land Steine, Gold und Silber zu entnehmen, solange er dabei den landwirtschaftlichen Charakter der Erdoberfläche nicht verändere.[1123] Nach dem *Codex Iustinianus*[1124] darf auch gegen den Willen des Landeigentümers Untertagebau betrieben werden, solange jeweils ein Zehntel des Ertrages an die Staatskasse und den Eigentümer abgeführt wird und die aufstehenden Gebäude nicht beschädigt werden.[1125]

Arndt kommt in seiner ausführlichen Betrachtung der Bergregalität im römischen Recht zwar zu dem Schluss, dass den Römern die Auffassung, dass Mine-

1118 Viljoen 1975, S. 5, 9; de Boer 1978, S. 268.

1119 Für Holland lässt sich dieses anhand des Kommentars von Groenewegen zu den *libris terribiles*, den in den Bänden 47 und 48 der Digesten enthaltenen Strafgesetzbüchern, nachvollziehen: In seinem *Tractatus De Legibus Abrogatis* schreibt dieser, dass die dort von Ulpian kommentierte Strafe der Verdammung in die Minen für die Niederlande insoweit hinfällig sei, als sich im niederdeutschen Raum keine Minen befänden; van Groenewegen 1649 D 48.19.8.4.

1120 de Boer 1978, S. 260.

1121 de Boer 1978, S. 261, 264.

1122 D 7.19.23.

1123 de Boer 1978, S. 264.

1124 C 11.7.13, in dem die entsprechenden Regelungen des *Codex Theodosianus* (C Th 10.19.10) wiedergegeben sind.

1125 de Boer 1978, S. 265 – wobei die in C 11.7.13 enthaltenen Regelungen auf den Abbau von Marmor beschränkt sind, de Boer 1978, S. 116.

ralien nicht als Teil des Grundeigentums anzusehen waren, sondern dem Staat zur Verfügung standen, durch den Kontakt mit den in den Provinzen vorgefundenen Rechtsbräuchen nicht unbekannt war.[1126] Zur Festschreibung eines Bergregals für das gesamte Römische Reich ist es dennoch nie gekommen; insbesondere wurden im römischen Kernland, dem Gebiet des heutigen Italiens, die Mineralien als Teil des Grundeigentums betrachtet.[1127]

Nach den im südafrikanischen *Van Vuren's case* durch Richterrecht festgeschriebenen Grundsätzen gehören nach dem römisch-holländischen Gemeinrecht die Bodenschätze so lange dem Grundeigentümer, bis der Inhaber eines Bergrechts diese erfolgreich aus dem Boden löst und gewinnt und sie dadurch als bewegliche Güter in dessen Eigentum übergehen.[1128]

2. Britisches Common Law

Im britischen *common law* gilt mit Blick auf das Bergrecht die Annahme *cujus est solum, ejus est usque ad coelum et usque at inferos*, dass sich das Eigentum an der Erdoberfläche also „vom Himmel bis in die Hölle" erstreckt.[1129] Dem Eigentümer eines Grundstücks gehören demnach auch alle Bodenschätze, die sich auf oder unter dem Land befinden. Das *common law* nimmt seit dem 16. Jahrhundert die Edelmetalle Gold und Silber, die sogenannten *royal metals*, davon aus.[1130] Diese gehören der Krone, und zwar unabhängig davon, ob sie sich auf öffentlichem oder privatem Grund befinden. Der Krone steht danach auch das Recht zu, das fragliche Land zu betreten und diese Edelmetalle abzubauen.

Im britischen *common law* herrscht mithin nur ein anteiliges, inhaltlich sehr beschränktes Bergregal. Für Südwestafrika ist eine Beeinflussung durch diese – jahrhundertealten – Regelungen des britischen *common law* auch insbesondere deshalb als fernliegend abzulehnen, als diese sich nicht nur in ihrem Umfang bedeutend unterscheiden, sondern die Bedeutung des britischen *common law* als

1126 Arndt 1916, S. 21.

1127 Arndt 1916, S. 7.

1128 *Van Vuren and Others v Registrar of Deeds*, 1907 TS 289 at 294 f. Der Inhalt von Bergbauberechtigungen (*right to minerals*) umfasst für das römisch-holländische Recht nach der Definition in *Van Vuren's case* die Berechtigung des Inhabers „*to go upon the property to which they relate to search for minerals, and, if he finds any, to sever them and carry them away*".

1129 Driscoll, Michael, in: Lord Mackay of Clashfern 2003, Rn 20. In bergbaulicher Hinsicht beispielsweise angewandt in *Commonwealth v New South Wales* (1923) 33 CLR 1 at 23, vgl. Hunt 2009, S. 35.

1130 *Case of Mines* 1 Plowd 310, 75 ER 472; zit. nach Hunt 2009, S. 36; Driscoll, Michael, in: Lord Mackay of Clashfern 2003, Rn 20.

„Leitrecht" in Südafrika mehr und mehr durch das römisch-holländische Recht zurückgedrängt wurde.[1131]

B. Vergleich mit dem einfachgesetzlichen Bergrecht Südafrikas

Das Bergrecht in Südafrika wurzelt wie aufgezeigt nicht in dem althergebrachten, klassischen römischen Recht oder dem römisch-holländischen Gemeinrecht, sondern wurde erst durch den Gesetzgeber und die Rechtsprechung umfangreich ausgestaltet.

1. Bergrecht in der Union of South Africa

Vor dem Zusammenschluss zur *Union of South Africa* im Jahr 1910 existierten in den unabhängigen südafrikanischen Provinzen unterschiedliche bergrechtliche Regelungen. In den Provinzen Transvaal und Natal existierte im 19. Jahrhundert ein absolutes Bergregal zugunsten des Staates, dass jedoch nach Kritik und Protesten bereits nach kurzer Zeit zugunsten der Rechte der Grundeigentümer wieder verworfen wurde.[1132]

Die Rechte an Mineralien wurden im Versuch, eine einheitliche Regelung für die unterschiedlichen bergrechtlichen Vorschriften der verschiedenen Provinzen der *Union of South Africa* zu schaffen, durch den *Land Settlement Act*[1133] erneut in vollem Umfang dem Staat zugewiesen. Diese grundlegende Änderung wurde jedoch bereits 1917 wieder revidiert und die Rechte an den Rohstoffen wieder dem Grundeigentümer zuerkannt.[1134]

Die Zuweisung von Rechten an Mineralien an den Staat in Form eines Bergregals war dem südafrikanischen Bergrecht somit nicht unbekannt. Zum Zeitpunkt der Wiedereinführung der KBergVO durch die *Suspension of Mining Law Ended Proclamation* von 1919[1135] bestand jedoch im damals geltenden Bergrecht der *Union of South Africa* ein Bergregal nur für Edelsteine und -metalle, nicht jedoch für gemeine Mineralien.[1136]

Dem südwestafrikanischen Bergrecht fiel somit eine Sonderrolle zu.

1131 S.o. II. A. 3. b) (2) (b) (i) (d).

1132 Cawood 1998, S. 370.

1133 Land Settlement Act No. 12 of 1912 (SA); Cawood 1998, S. 371

1134 Land Settlement Amendment Act No. 23 of 1917 (SA); Cawood 1998, S. 371.

1135 S.o. III. B. 1. d) (1).

1136 Cawood 1998, S. 371.

2. Bergrecht in der Republic of South Africa

a) Mining Rights Act 1967

Der 1967 in Südafrika in Kraft getretene *Mining Rights Act*[1137] enthielt in seiner Section 2 ein partielles Bergregal für das Aufsuchen von Erdöl und die Gewinnung und die Verwertung von Erdöl und Edelmetallen:

> „*2. Right of prospecting and mining for and disposing of precious metals, base minerals and natural oil –*
>
> *(1) Save as otherwise provided for in this Act -*
>
> *(a) the right of prospecting for natural oil and mining for and disposing of precious metals and natural oil is vested in the State;*
>
> *(b) the right of prospecting and mining for and disposing of base minerals on any land is vested in the holder of the right to base minerals in respect of the land. [...]*"

Aufsuchung, Gewinnung und Verwertung der übrigen gemeinen Mineralien („*base minerals*") fielen danach folglich nicht unter die staatliche Verfügungsgewalt; alle entsprechenden Rechte verblieben in den Händen des jeweiligen Grundeigentümers.[1138]

b) Minerals Act 1992

Der *Minerals Act* trat als Nachfolgegesetz des *Mining Rights Act* im Jahr 1992 in Kraft und schaffte das partielle Bergregal des Staates auf Erdöl, Edelmetalle und Edelsteine im Zuge der Privatisierungsbestrebungen der Regierung ab.[1139] In Südafrika waren damit zu dieser Zeit alle Spuren eines Bergregals des Staates beseitigt und die ursprünglichen Eigentumsrechte des Grundeigentümers nach dem römisch-holländischen Gemeinrecht vollumfänglich wiederhergestellt worden.[1140]

1137 Mining Rights Act No. 20 of 1967 (SA) vom 8. März 1968. Ein partielles Bergregal für Edelsteine enthielt der eigenständige Precious Stones Act No. 73 of 1964 (SA) in Section 2.

1138 Mostert et al. 2006, S. 667; Bertelsmann 1968, S. 157; Joubert und Scott 1983 Rn 17. Da die Rechte auch vom Grundbesitz getrennt werden konnten, musste dies nicht zwangsläufig der Grundeigentümer sein. Zur Abtrennung der Rohstoffrechte vom Grundeigentum s. Joubert und Faris 2007 Rn 40.

1139 Minerals Act No. 50 of 1991 (SA), Section 68.

1140 Mostert et al. 2006, S. 668.

Der drei Jahre vor Inkrafttreten des namibischen *Minerals (Prospecting and Mining) Act*[1141] erlassene südafrikanische *Minerals Act* steht im Hinblick auf die Vorschriften des Bergregals seinem namibischen Pendant damit diametral gegenüber.

C) Ergebnis und Schlussfolgerung

Es bestehen folglich sowohl nach dem römischen Recht, dem römisch-holländischen Gemeinrecht als auch dem britischen *common law* keine Anhaltspunkte, die auf das grundsätzliche Bestehen eines allgemeinen Bergregals zugunsten des Landesherren oder der Staates hindeuten und in dieser Hinsicht einen Einfluss auf die Gestaltung des südwestafrikanischen Bergrechts gehabt haben könnten.

Die wiederholten erfolglosen Versuche, in Südafrika Ende des 19. und Anfang des 20. Jahrhunderts ein absolutes Bergregal zugunsten des Staates einzuführen, bestätigen vielmehr den Schluss, dass es in Südwestafrika zu einer sehr bewussten Übernahme der deutschen Regelungen unter Fernhaltung von Einflüssen des eigenen (Berg-) Rechtskreises gekommen ist.

Das Bergregal der KBergVO stellt somit ein tragendes Bindeglied zu allen folgenden Berggesetzen in *South West Africa* und Namibia dar.

1141 S.o. III. C. 3.

V. Zusammenfassung und Ergebnis

Die Untersuchung hat gezeigt, dass die Übergangsbestimmungen nach der deutschen Kolonial- und der südafrikanischen Besatzungszeit einer möglichen Fortgeltung von deutschen Bestimmungen und damit einer Kontinuität des Rechtssystems grundsätzlich nicht im Wege standen. Ein radikaler Schnitt und Neuanfang ist in rechtlicher Hinsicht weder unter südafrikanischer Besatzung noch von den Vätern der namibischen Verfassung durchgeführt worden.

Eine pauschale Aussage zur Fortgeltung des deutschen Rechts kann dennoch nicht getroffen werden. Alle überlieferten deutschen Regelungen in Südwestafrika waren an den Maßstäben des römisch-holländischen Rechts zu messen, soweit sie nicht explizit einfachgesetzlich übernommen wurden. Im Einzelfall muss dazu ein Abgleich jedes einzelnen Rechtssatzes erfolgen, um eine konkrete Aussage treffen zu können.

Das Bergrecht war durch die explizite Übernahme der deutschen Regelungen von einer solchen Prüfung ausgenommen. Die Kaiserliche Bergverordnung von 1905 hat ihren Einfluss auch nach der deutschen Kolonialzeit in Südwestafrika aufrechterhalten können. Die Betrachtung hat ergeben, dass ihre grundlegende Systematik bis zum Erlass des namibischen *Minerals (Mining and Prospecting) Act* im Jahr 1992 beibehalten wurde. Auch wenn die materiellen Regelungen nach der südafrikanischen Machtübernahme in Einzelfragen an die jeweilige wirtschafts- und sozialpolitische Ausrichtung angepasst wurden, entsprach das koloniale deutsche Bergrecht den Anforderungen der Besatzer aus Südafrika in besserem Maße als die landeseigenen Berggesetze. Als Grund hierfür ist insbesondere die als zweckdienlich erachtete rechtliche Ausgestaltung der Diamantengewinnung zu nennen, die wirtschaftlich seither von enormer Bedeutung war und ist.

Erst mit der namibischen Unabhängigkeit änderten sich die grundlegenden Anforderungen, die an Zweck und Inhalt des Bergrechts gestellt wurden. Der Fokus lag nun nicht mehr auf der Maximierung, sondern auf der Nachhaltigkeit der Ausbeutung der natürlichen Ressourcen. Dieser Wechsel des Ansatzes führte zu einer Veränderung der bergrechtlichen Systematik. Die Regelungen des kolonialen Bergrechts, die zwar in materieller Hinsicht bereits zu südafrikanischer Besatzungszeit angepasst, jedoch inhaltlich und systematisch nicht grundsätzlich verändert wurden, genügten diesen neuen Ansprüchen in vielerlei Hinsicht nicht.

Durch den namibischen Verfassungs- und Gesetzgeber wurde jedoch mit dem Bergregal des Staates das Kernstück der deutschen Regelungen übernommen. Dieses steht im eklatanten Gegensatz zu den südafrikanischen Regelungen, die ansonsten als Vorbild für das namibische Rechtssystem gelten.

Auch wenn die rechts- und wirtschaftspolitischen Hintergründe sich im Laufe der bewegten südwestafrikanischen Geschichte des letzten Jahrhunderts maßgeblich gewandelt haben, die Entdeckung und technische Entwicklung der Ausbeutung der Rohstoffvorkommen im heutigen Namibia bei dem Inkrafttreten der ursprünglichen deutschen Berggesetze wohl in keiner Weise absehbar waren und deshalb im Laufe der Zeit vielfach eine Novellierung und Neugestaltung der materiellen Regelungen bedingten, wurde der darin durch das Bergregal verankerte umfassende bergrechtliche Regelungsanspruch des Souveräns von den jeweils Herrschenden dankbar über- und aufgenommen und in alle seither in Namibia geltenden Rechtssysteme implementiert.

Die Bedeutung der Kaiserlichen Bergverordnung von 1905 ist somit nicht nur darin zu sehen, dass es durch diese Vorschrift erstmalig zu einer Vereinheitlichung des deutschen Bergrechts für ein fast weltumspannendes Kolonialgebiet gekommen ist, welche in Deutschland selbst mit dem Bundesberggesetz von 1980 immerhin erst ein Dreivierteljahrhundert später erfolgte, sondern vor allem in der Verankerung der Grundsätze des deutschen Bergrechts im seither ansonsten fast ausschließlich südafrikanisch geprägten Recht Südwestafrikas.

Mit dem von den Deutschen zuletzt mit der Kaiserlichen Bergverordnung von 1905 in Südwestafrika eingeführten Bergregal wirkt ein Institut des deutschen Bergrechtes in der unabhängigen Republik Namibia noch heute fort.

www.ingramcontent.com/pod-product-compliance
Ingram Content Group UK Ltd.
Pitfield, Milton Keynes, MK11 3LW, UK
UKHW021845290926
8980IPUK00005B/655

9 783631 648520